간디의 물레

에콜로지와 문화에 관한 에세이

김종철

녹색평론사

"참다운 문명이란 자발적 포기의 기술이다."

― 마하트마 간디

"지금 세계를 파괴하고 있는 악마적인 과정을 중단시키기 위한 유일한 대안은 진정으로 인간적인 사회주의 사회이며, 그것은 고르게 가난한 사회이다. 예수가 말했듯이 우리가 하느님과 마몬을 동시에 섬길 수는 없기 때문이다."
― 카말 줌블라트(1970년대 '레바논 사회주의 진보당'을 이끌다가 암살된 사회
  주의 혁명가)

책머리에

 이 책은 지난 8년간 격월간 《녹색평론》을 엮어내는 동안 틈틈이 쓰거나 말했던 기록들을 모아서 묶어낸 것이다. 이 기막힌 생태적 위기의 시대에 아까운 나무들을 대규모로 희생시키는 출판행위를 줄여야 할 필요성에 대해 말해온 잡지의 발행·편집자로서 자신의 이름으로 된 책을 낸다는 게 마음 편한 일일 수는 없다. 더욱이 여기에 실린 글들이나 강연기록들은 그때 그때의 임시적인 필요에 의해 발표된 것들이어서 책 전체에 걸쳐 많은 부분에서 비슷한 내용이 되풀이되고 있다. 따라서 이 책은 한권의 책이 갖추고 있어야 할 균형이 있다고 말할 수 없다.
 하기는 이러한 약점이 형식적인 것이라 한다면, 그 형식적인 약점을 뛰어넘을 만한 실속을 갖추고 있느냐 하는 것이 실은 중요한 문제일 것이다. 어떻게 보면, 제 딴에는 꽤 심각한 이야기를 한다고 해왔지만, 이 책에 실린 이야기들이란 결국 상식적인 수준을 넘어서고 있는 게 아니다. 이번에 책을 만들기 위해 교정을 보면서 새삼스럽게 느낀 것은 그동안의 내 생각이란 게 늘 피상적으로 겉돌기만 하고 있다는 것이었다. 이런 사실을 뒤늦게나마 발견할 수 있게 된 것은 다행이라고 해야 하겠지만, 그런 사실을 알고도 염치없이 세상에 책을 내놓는 게 과연 옳은 일인지는 모를 일이다. 이미 2년 전에 《녹색평론》의 지면을 통하여 이 책의 출판을 예고한 뒤에도 또 한참의 뜸들임의 기간을 거쳐 비로소 이 책을 내기는 하지만, 과연 얼마나 쓸모있는 책이 될 수 있는지는 여전히 불안하고 두려울 뿐이다.

지금 되돌아볼 때, 그래도 내 삶에서 뜻있는 일이었다고 말할 수 있는 것은 고등학교 학생이었을 때 생물 선생님의 극성스러운 채근으로 친구들과 함께 학교 근처 개천 옆에 여러 그루의 나무를 심었던 일이 아닌가 싶다. 가끔 고향에 갔다가 그 근처를 지나면서 나는 이제는 그것들이 키가 크고 그늘이 짙은 나무들이 되어있음을 보곤 한다. 그 나무들을 보는 순간은 내게 순수한 기쁨의 시간이다. 그것은 그 나무들을 보면 내 소년시절이 회상되기 때문만이 아닐 것이다. 아마도 그 나무들은 땅을 떠나서는 있을 수 없는 우리의 존재의 근거를 환기시켜준다는 좀더 근원적인 맥락이 작용하고 있는지 모른다.

한그루의 큰 나무는 눈에 보이거나 보이지 않는 수많은 생명체를 그 품에서 기르고 보살피지만, 사람에게는 어떤 다른 것으로도 대체될 수 없는 큰 배움의 원천이라고도 할 수 있다. 우리들 대부분에게 있어서 최초로 시적·철학적 존재로서의 자기자신을 발견하는 순간은 키큰 나무의 가지 끝에서 하늘을 지각하는 경험을 통해서일 것이다. 미당 서정주는 젊은 날의 시 〈자화상〉에서, "나를 키운 건 8할이 바람"이라고 선언하고 있지만, 아마도 우리들 대다수에게 무의식 중의 큰 스승은 언제나 말없이 서있는 나무들이었을 게 분명하다.

그러한 나무들을 지키고, 섬기는 일보다 지금 더 중요한 일이 있을까? 그럼에도 불구하고, 우리는 모두 자기주장을 위해서, 또는 자기표현이라는 그럴싸한 명분 밑에서 쉴새없이 나무들을 파괴하는 데 열중하고 있다. 인간생존의 생물학적·사회적 기초 자체가 급속히 허물어지고 있는 상황에서 우리는 아무런 일도 없다는 듯이 옛 습관을 되풀이하면서 행동하고 있는 것이다. 8년 전 학교의 연구실에서 뛰쳐나와 팔자에도 없는 잡지를 엮어내는 일을 하기 시작한 것은 이러한 현실에 대한 나 자신의 당혹감을 감내할 수 없었기 때문이었다. 나는 뛰어난 지성을 지니고 있다는 인간이 산업기술문명이라는 이름의 거대한 집단자살체제를 만들어 놓고 오히려 그 체제를 즐긴다는 사실을 믿을 수가 없었다.

지난 8년간 《녹색평론》을 엮어내는 일은 무엇보다 내게는 개인적인 구원이었다. 아마 그 일을 하지 않았더라면 나는 미치거나 깊이 병들었을지 모른다. 다행스럽게도, 나는 《녹색평론》의 편집에 열중하는 과정에서 나와 비슷한 당혹감을 느끼고 있는 사람들이 나라 안팎에 걸쳐 의외로 많다는 사실을 발견하였고, 그러한 사람들과 깊은 유대 또는 우정을 느끼게 되었다. 그리고 궁극적으로 이러한 유대감이나 우정을 통한 새로운 정치적 공동체의 형성에 새로운 삶의 희망이 달려있다는 것을 발견하였다. 아까운 종이를 소모하면서 보잘것없는 잡문들을 굳이 책으로 묶어내는 것은 바로 이러한 우정을 다시 한번 확인하고, 강화하는 데 다소나마 도움이 될지도 모른다는 어리석은 생각을 떨쳐버릴 수 없었기 때문이기도 하다.

오랫동안 내 변덕에 시달리면서도 헌신적으로 일해온 《녹색평론》 편집실 일꾼들의 도움이 없었더라면 이 책은 나올 수가 없었을 것이다. 특히 이 책을 위한 원고정리와 교정 및 편집 등 까다로운 일에 정성을 다해준 김경숙, 변홍철 두 사람에게 감사한다.

1999년 6월
김 종 철

목차

책머리에   5

1부
생명의 문화를 위하여   12
간디의 물레   20
환경위기의 내면구조   24
생태적 위기에 맞서는 새로운 논리와 실천   41
녹색운동과 농업문화   58
개발 이데올로기의 극복을 위하여   70
자주적 공생의 논리   80
한살림 공동체운동   88

2부
'국제화'의 재앙   94
마을문화를 되찾아서   109
IMF체제를 맞으며   133
'보살핌의 경제'를 위하여   144
지역통화 — 삶과 공동체를 살리는 기술   170
'거대기계'의 욕망   180
광우병과 폭력의 논리   189
자동차 없는 세상을 꿈꾸며   193

	컴퓨터기술 ― 구원인가 저주인가	204
	Y2K 위기 앞에서	214
3부	나락 한알 속의 우주	224
	걸어다니기 ― 공경의 문화를 위하여	231
	상인의 논리를 넘어서	238
	태어남과 삶과 죽음의 순환	246
	不敢爲天下先	253
	히말라야의 나무	263
	과라니의 아이들	272
	경쟁의 논리를 넘어서	275
	자유학원	278
	어머니의 이기심	282
	"인간에 대한 모욕"	286
	밥과 하늘과 사회참여	289
	고무신 두 켤레	293
	사라지는 제비, 어리석은 권력욕망	299
	생태적 건강회복이 선결문제	305
	왜 《녹색평론》을 시작하였는가	309

1부

생명의 문화를 위하여
《녹색평론》 창간사

우리에게 희망이 있는가?

지금부터 이십년이나 삼십년쯤 후에 이 세상에 살아남아 있기를 바라는 사람이 과연 몇이나 될 것인가?

범람하는 인쇄물 공해의 시대에 또하나의 공해를 추가하는 것에 불과할지도 모를 이 조그마한 잡지를 시작하면서 우리의 마음은 참으로 무겁다. 거의 파국을 향하여 질주하고 있는 산업문명의 이 압도적인 추세속에서 우리의 보잘것없는 작업이 무슨 의미가 있을지, 게다가 이 작업이 불가피하게 삼림파손에 이바지한다는 사실을 생각할 때 우리의 마음은 실로 착잡하다고 할 수밖에 없다. 우리가 시도하려는 작업이 어떤 의미가 있든지간에 이것이 생태계의 훼손을 조금이라도 수반하는 것이라면, 이 작업이 정당화될 수는 없을 것이다.

그러나 많은 망설임 끝에 결국 이 잡지를 내기로 결정한 것은 그것이 크게 가치있거나 많은 사람들의 필요에 부응할 수 있으리라는 자기도취적인 낙관이 있어서가 아니다. 점점 가속적으로 악화일로를 걷고 있는 환경문제를 보면서, 그리고 그러면 그럴수록 인간을 포함한 수많은 생명체들이 지구상에서 지속적으로 생존할 수 있는 가능성이 대단히 불투명해지는 현실에 직면하여, 우리는 우리 자신은 그렇다치고 우리의 아이들은 어떻게 될지, 그 아이들이 성장하여 사랑을 하고 이번에는 자기 아이들을 가질 차례가 되었을 때 그들의 심중에 망설임이 없을까 — 하는 좀더 절박한 심정에 시달리지 않을 수 없다. 이것은 아마 조금이라도 생각이 있고 책임감이 있는 사람이라면 회피하기 어려운 당면 현실일 것이다. 우리가 《녹색평론》을 구상한 것은 지극히 미약한 정도로나마 우리자신의 책임감을 표현하고, 거의 비슷한 심정을 느끼고 있는 결코 적지 않을 동시대인들과의 정신적 교류를 희망하면서, 민감한 마음을 지닌 영혼들과 이 어려운 상황을 극복해나가기 위한 이야기를 나누어보고 싶은 욕망 때문이었다.

　우리는 우리가 느끼는 절박한 심정이 지금 많은 사람들에 의해 공유되고 있다고는 생각하지 않는다. 그렇지만 그러한 심정이 단지 지나치게 예민한 사람의 예외적인 판단에 기인한다고도 생각하지 않는다. 그다지 상상력이 풍부하지 않은 마음으로도 지금 상황은 인류사에서 유례가 없는 전면적인 위기 — 정치나 경제의 위기일 뿐만 아니라 무엇보다 문화적 위기, 즉 도덕적·철학적 위기라는 것을 막연하게나마 느끼지 않을 수 없을 것이다. 우리들의 대부분은 오늘날 우리의 삶이 일종의 묵시록적인 상황에 임박해 있다는 사실에 직면하는 것이 두렵기 때문에 애써 이것을 부인하거나 외면하면서 살아가고 있지만, 스스로 일상적으로 겪고 있는 안팎의 모든 체험에 비추어 다소간 정도의 차이는 있을지 몰라도 우리 각자가 저마다 내심 깊은 공포를 느끼고 있음이 분명하다. 그렇기 때문에, 지금 환경문제를 둘러싸고 벌어지고 있는 지배적인 논의방식에서 보는 것처럼 이것을 단순한 외부적 재난이 아니라 삶에 대한 우리 자신의 기본가정 자체의 결함으로 인식하는 데 무능력을 드러내는지도 모른다. 근원적인 공포가 사태의 정당한 인식을 가로막고 있는 것이다.

그래서 무엇인가 본질적인 결핍을 느끼면서도 환경재난에 대한 기술주의적 접근방법만이 활개를 치고, 또 그러한 현실에 대체로 묵종해버리는 것인지도 모른다.

하여튼 환경재난이 제기하는 보다 근원적인 물음으로부터 자꾸만 도피한다면, 모처럼 이 위기가 인간의 자기쇄신이나 성숙을 위하여 제공하는 진정한 도전에 성실하게 응답하지 못하는 결과가 될 것은 틀림없어 보인다. 오늘날 우리가 경험하고 있는 전대미문의 이 생태학적 재난은 결국 인간이 진보와 발전의 이름 밑에서 이룩해온 이른바 문명, 그중에서도 특히 서구적 산업문명에 내재한 논리의 필연적인 결과로서의 사회적·인간적·자연적 위기라는 사실을 명확히 인식하는 것이 무엇보다 중요하다. 다시 말해서, 이것은 사람이 이 세상에 산다는 것은 무엇인가, 이 지구상에서 사람이 삶을 영위하는 올바른 방식은 과연 무엇이어야 하는가를 근본적으로 성찰할 것을 요구하는, 진실로 심오한 철학적·종교적 문제에 직결되어 있다고 할 수 있다.

지난 백여년간 서양문화로부터의 충격속에서 거의 제정신을 차리지 못하고 근대화 콤플렉스에 깊숙이 젖어온 민족의 입장에서, 하나의 인간공동체로서 번영을 누릴 뿐만 아니라 단순히 살아남기 위해서도 모든 사람의 에너지를 경제성장과 산업화에 쏟아부어야 하는 것이 당연하다고 생각했고, 그 결과 어느 정도는 물질적 성공과 서구적 생활방식의 모방의 가능성이 주어지는 것으로 기대되는 바로 그 시점에서, 다름아닌 그러한 성공의 대가로 인간생존의 터전 자체의 붕괴를 경험해야 한다는 것은 한국사람들로서는 참으로 받아들이기 어려운 고통일 것임이 분명하다. 이 시점에서 대다수가 문제의 본질을 제대로 못 보고, 적당히 짜깁기함으로써 위기를 벗어날 수 있으리라고 생각하는 것도 따지고 보면, 오랜 기간 의심할 나위없이 믿어왔던 삶의 목표와 우선순위에 대한 관점을 근본적으로 변경할 만한 심리적 준비가 되어있지 않기 때문일 것이다. 그러나 아무리 환상을 갖고 싶어도, 이대로 간다면 머지않아 생존의 자연적 토대가 완전히 허물어지고 만다는 냉정한 사실이 달라지는 것은 아니다. 지금 온갖 곳에서 매순간 끊임없이 불거져 나오는 환경재난과 생명훼손의 사례들은 이 추세에 강력한 제동이 걸리지 않으면 우리 자신이나 다음 세대들의 이 지상에서의 생존이 사실상 불가능하게 될 것임을 예고하는 불길한 징후들이다. 물론 오랜 옛날부터 예언자들은 흔히 세상의 종말을 이야기해왔다. 그러나 그러한 예언은 무엇보다 종교적 열정에 근거를 둔 것임에 반해서 오늘의 묵시록적 전망은 다분히 과학적 증거에 의해 뒷받침되고 있는 것이다. 오늘날 과학자들간에는 토양오염이나 온실효과나 오존층고갈이나 세계의 사막화에도 불구하고 인류가 살아남을 수 있는 가능한 방법에 대한 기술적 탐색에 골몰하고 있는 사람들도 적지 않지만, 인간 자신이 생물학적 존재조건을 변경시킬 수 없는 한, 어떠한 기술적 재간으로도 생물체로서의 생존조건을 파괴하면서 살아남는다는 것은 있을 수 없는 일이다. 그리고 그렇게 살아남는다 한들 그것이 무슨 의미가 있겠는가? 맑은 공기도, 푸른 하늘도, 숲도, 강물도 없는 세상에서 사람은 살고 싶은 욕망을 느낄 수 있는가?

 과학기술이 모든 어려운 문제를 해결해주리라는 어리석은 믿음이 지배하고 있다는 점도 오늘의 크나큰 비극을 가중시키는 주요한 요인이라고 할 수 있다. 과학도 기술공학도 결코 만능이 아닐 뿐더러 오히려 사태의 악화에 훨씬 더 많이 기여해왔다는 것을 알기 위하여 우리 각자가 전문적인 지식을 갖추어야 할 필요는 없을 것이다. 오늘날 많은 사람들이 과학에 대해 품고 있는 맹목적인 숭배나 신뢰는 과학은 거짓이 없고 실패가 없다는 전연 근거없는 미신에 기초하고 있는데, 이런 터무니없는 미신이 널리 유포된 데에는 이 시대에 만연하고 있는 비역사적 사고가 크게 기여한 것으로 보인다. 과학사의 관점에서 볼 때, 과학의 진리에 대한 관계는 언제나 잠정적이고 모색적인 것이었지 결코 항구적인 절대성을 갖는 것은 아니었다. 진정하게 과학적인 태도는 그러니까 늘 열려있는 겸손한 태도일 수밖에 없으며, 자신의 현재 능력이나 인식방법으로써 포착할 수 없는 경험이라고 하여 그것을 무시하거나 비과학적이라고 매도하거나 적대적인 태도를 보인다는 것은 참다운 과학정신과 인연이 먼 태도라 해야 옳다.

오늘날 과학기술의 힘이 막강하고, 부분적이나마 과학기술 수준이 찬탄스러운 것이라 해도, 과학은 여전히 우리의 삶의 바탕과 이 세상과 우주의 근원적인 진리를 해명하는 데에는 너무나 미약하고 부적절한 수단밖에 가지고 있지 않다는 사실에 우리는 주목해야 한다. 하물며, 기계론적 우주관과 선형적 진보사관에 의지하여 전개되어온 지난 수세기의 근대 과학기술의 성과는 이제 인류의 파멸까지도 배제하지 않는 지구생태계의 대재난을 초래하는 데 결정적인 기여를 해온 것이 아닌가? 삶의 태반을 망가뜨리면서 그것을 진보와 발전이라고 믿어온 것은 실로 우매의 극치라 할 만하고, 완전한 미치광이 짓이라고 할 수밖에 없다. 과학과 기술에 대한 인간의 본질적 관계, 그리고 근대과학의 근본가정에 깔려있는 폭력성에 대한 뿌리로부터의 철저한 반성없이, 계속하여 더 많은 과학과 더 정교한 기술만을 구한다면 파멸은 불가피할 것이다.

그러면 어떻게 해야 하는가? 무엇보다 우리는 지금 닥친 위기가 민족단위로서는 말할 것도 없고, 인류사 전체의 경험으로서도 미증유의 것이라는 것을 생각해야 하고, 그러니만큼 여기에 관한 한 어디에서 빌려올 수 있는 손쉬운 처방이 없다는 사실에 유의해야 한다.

그리고 무엇보다도 이런 유례없는 위기는 본질적으로 우리의 삶의 현상적 측면에 대한 이러저러한 부분적·임시적·외면적 수습책으로는 절대로 극복될 수 없다는 사실을 우리는 똑바로 보지 않으면 안된다. 오늘날 우리의 생활공간에 빚어지고 있는 공해, 오염, 자연파괴의 문제는, 우리의 일반적인 사회관계가 견디기 어려울 만큼의 적의와 긴장에 차있을 뿐더러 우리의 사회상황이 극심한 부패와 윤리적 타락으로 고통당하고 우리 각자의 내면이 날로 피폐해져가고 있는 현상에 정확히 대응한다고 할 수 있다. 자연과 인간 사이의 관계는 그러니까 결국 사람과 사람 사이, 그리고 개인의 자기자신에 대한 관계의 문제와 근본적으로 일치하는 문제라 할 수 있고, 그렇기 때문에 이것을 정치·경제의 문제이자 동시에 철학과 도덕과 종교의 문제로 보아야 하는 것이다.

사람 사이의 불평등한 관계를 예의 주목하고 그것을 혁파하는 일에 주력해온 전통적으로 진보적인 사회사상은 그것이 사람에 의한 사람의 지배, 착취를 반대해왔다는 점에서 존경받아 마땅한 사상이라 할 수 있지만, 그러나 그것이 어디까지나 인간중심의 관점에 머무르고 있는 한, 특히 자연세계와의 조화가 중심문제로 된 오늘날 그것은 크게 미흡한 사상이라고 하지 않을 수 없다. 이것은 무엇보다 역사가 증명하고 있다. 때때로 인간과 자연의 동시적인 해방에 관한 언급이 없었던 것은 아니지만, 맑스주의는 일반적으로 인간의 삶을 생산과 소비의 측면에 제한하여 본다는 점에서는 부르주아 철학과 궤를 같이해왔다고 할 수 있다. 인간의 역사를 수렵채취의 생활양식으로부터 산업적 생활방식에 이르는 직선적인 진화의 흐름으로 파악하는 관점은 이 지구상에서 오랜 세월에 걸쳐 이어져온 인류생활의 최신의 전개가 반드시 바람직한 생활형태를 기록하는 것은 아니라는 사실로 해서 받아들이기 어려운 관점이다. 생산과 소비의 양적 증가는 도리어 인간생활을 비참하게 만들어버린다는 비극적인 경험을 겸허하게 받아들이지 않으면 안되는 상황이 바로 오늘의 현실인 것이다.

전통적으로 산업화의 이데올로기로 봉사해왔다고 할 수 있는 맑스주의에서 인간속에 뿌리깊이 내재한 정신적·종교적 욕구가 흔히 등한시되어 온 것은 당연한 일인지 모른다. 영국의 작가 로렌스는 볼셰비키혁명 후 러시아의 민중이 빵을 고르게 먹는 것은 가능해졌으나 그 빵이 맛이 없어졌다고 말함으로써 인간영혼의 근원적 요구를 외면하는 사상이나 사회운동에 대한 그 자신의 불신을 표명한 바 있지만, 사람이 이 세상에서 사람답게 살 수 있게 하는 불가결한 차원의 하나가 초월에 대한 욕구라는 것은 아무래도 부인하기 어려운 것으로 보인다.

  사람의 초월에 대한 욕망은 인간성에 깊이 내재하고 있는 충동인지도 모른다. 이것은 자연이나 우주적 연관에서 자신의 삶을 돌이켜 봄으로써 획득되는 정신적 체험을 통해 비로소 충족될 수 있는 것이다. 아리스토텔레스가 그의 윤리학에서 삶의 최고형태를 명상하는 삶에서 찾았을 때, 이것은 일반적으로 고대인들이 품고 있었던 조화와 균형과 통일의 세계관을 요약하는 것이었다고 할 수 있다. 고대문화에서 흔히 그러했듯이, 사람의 명상할 수 있는 능력은 개인이 자기보다 더 큰 전체, 공동체나 자연이나 우주적 전체속의 작은 일부로서 스스로의 존재를 느끼고 사색할 줄 아는 습관속에서 길러지는 것일 것이다. 인간은 좁고, 미약하고, 일시적인 자기의 개인적인 삶의 테두리를 늘 보다 큰 지평속에 관계시킴으로써 영속적인 거대한 우주적 생명활동에 스스로를 참여시킬 수 있었던 것이다. 이것이야말로 진정한 의미에서, 고대사회에서나 토착 전통사회에서나 혹은 이른바 미개사회에서 대부분의 사람들이 인생의 의미와 가치를 실현하는 방식이었다. 현대 산업사회의 핵심적인 비극은 이러한 의미에서의 인생의 의미를 완전히 몰각(沒覺)해왔다는 점에 있다. 따지고 보면, 인류의 오랜 역사에서 삶의 우주적 연관이나 자연적 근거를 완전히 망각한 문화라는 것은 거의 낯선 것이었다고 할 수 있고, 사람의 에너지를 온통 소득과 소비의 경쟁속에 쏟아붓도록 강요하는 오늘의 지배적인 산업문화는 인류사에서 극히 예외적인 생존방식이라고 할 수 있다.

  오늘날 생태학적 위기로 요약되는 이 어처구니없기도 하고 끔찍스럽기도 한 사태를 극복하기 위해서 무엇보다 필요한 것은 결국 우리들 각자가 자기 개인보다 더 큰 존재를 습관적으로 의식할 수 있게 하는 문화를 회복하는 일일 것이다. 우리가 생명의 문화라고 부를 수 있는 그러한 문화의 재건은 우리 각자의 인간적인 자기쇄신 없이는 이루어질 수 없음이 분명하다.

따지고 보면, 현대 기술문명의 기저에는 정복적 인간의 교만심이 완강하게 버티고 있다고 할 수 있다. 그렇기 때문에, 자연의 도를 따르는 순리의 생활을 우습게 여기면서, 모든 것을 자기자신의 통제와 조종속에 종속시키려고 하는 야만적인 폭력이 끝없이 창궐하고, 우리가 사는 세상이 자연적 환경이든 인문적 환경이든 나날이 지옥으로 변해가고 있는 것이 아닌가? 우리와 우리의 자식들이 살아남고, 살아남을 뿐 아니라 진실로 사람다운 삶을 누릴 수 있기 위해서 우리가 할 수 있는 것은 협동적인 공동체를 만들고, 상부상조의 사회관계를 회복하고, 하늘과 땅의 이치에 따르는 농업중심의 경제생활을 창조적으로 복구하는 것과 같은, 생태학적으로 건강한 생활을 조직하는 일밖에 다른 선택이 없다. 그러나 그러한 사회생활의 창조적 재조직이 가능하려면, 자기자신을 내세우지 않는 겸손을 실천할 수 있어야 하고, 그러한 겸손에서 기쁨을 느낄 수 있는 정신적 자질을 갖추지 않으면 안될 것으로 보인다. (1991년 11월)

간디의 물레

무슨 까닭인지 그동안 수입이 금지되었다가 최근 국내에서도 볼 수 있게 된 영화 중에 〈간디〉가 있다. 이 영화 자체는 보는 각도에 따라 미흡한 작품인 것도 사실이다. 이 영화에서 우리는 간디의 반식민주의투쟁의 비교적 충실한 연대기가 작성되어 있음을 보지만, 간디라는 한 위대한 영혼과 그 영혼의 모태인 인도 민중의 근원적인 심성과의 살아있는 관계를 깊이있게 들여다보는 시선을 느끼지는 못한다. 이것은 헐리우드영화의 피할 수 없는 한계인지 모른다. 그러나 그런 한계에도 불구하고 이 영화의 사회교육적 가치는 무시할 수 없는 것으로 보인다. 파괴와 억압의 시대라고 할 수밖에 없는 오늘의 상황에서 비폭력의 이념을 고수했던 한 고귀한 인간에 마주친다는 것은 그것만으로도 뜻깊은 경험이다. 더구나 이 영화는 매우 인상적으로, 일상생활속의 간디를 늘 물레를 돌리고 있는 모습으로 묘사하고 있는데 이것은 간디의 사상의 진의를 이해하는 중요한 단서를 제공하는 것이라 할 수 있다.

비폭력주의와 물레 — 얼핏 보아서 별 상관이 없을 것 같은 이 양자간의 유기적 관계를 해명하는 것은 간디사상의 근본에 이르는 첩경일 수도 있다.

　말할 것도 없이 비폭력·비협력주의는 영국 식민당국을 불구화시키기 위한 투쟁적인 방책으로 기능하였다. 그러한 투쟁의 한 수단으로서 영국에서 수입되는 직물을 거부하고 인도의 민중이 그동안 잊혀졌던 전통적인 가내수공업을 부활시켜 스스로의 생활필수품을 자급자족하는 길이 있었다. 그렇게 함으로써 식민지적 착취구조로부터의 이탈의 가능성도 실험할 수 있는 것이었다. 그러나 이와 같이 현실정치 및 경제적 이해관계의 차원에서만 간디의 비폭력·비협력주의를 본다는 것은 너무나 피상적인 관점이다.

　간디사상의 요체인 비폭력주의는 하나의 유효한 정치적 투쟁수단이기 이전에 근원적으로 만유의 법칙을 사랑으로 파악하는 위대한 종교적·철학적 전통에 뿌리를 두고 있는 것이다. 따라서 비폭력주의 운동은 결코 수동적인 저항인 것은 아니었다. 그것은 악에 대한 보답을 악으로 하지 않고 사랑으로 해야 한다는, 거의 불가사의하게 깊고 부드러운 영혼속에서 우러나오는 실천적 행동이었다.

　간디는 절대로 몽상가는 아니다. 그가 말한 것은 폭력을 통해서는 인도의 해방도, 보편적인 인간해방도 없다는 것이었다. 민족해방은 단지 외국지배자의 퇴각을 의미하는 것일 수는 없다. 참다운 해방은 지배와 착취와 억압의 구조를 타파하고 그 구조에 길들여져온 심리적 습관과 욕망을 뿌리로부터 변혁시키는 일 — 다시 말하여 일체의 '칼의 교의(敎義)'로부터의 초월을 실현하는 것이다.

　간디의 관점에서 볼 때, 무엇보다 큰 폭력은 인간의 근원적인 영혼의 요구에 대해서는 조금도 고려하지 않고, 물질적 이득의 끊임없는 확대를 위해 착취와 억압의 구조를 제도화한 서양의 산업문명이었다.

　근대 산업문명은 사람들의 정신을 병들게 하고, 끊임없이 이기심을 자극하며, 금전과 물건의 노예로 타락시킬 뿐만 아니라, 내면적인 평화와 명상의 생활을 불가능하게 만든다.

그로 인하여 유럽의 노동계급과 빈민에게 사회는 지옥이 되고, 비서구 지역의 수많은 민중은 제국주의의 침탈 밑에서 허덕이게 되었다.

여기에서 간디사상에서 물레의 상징이 갖는 의미가 드러난다. 간디는 모든 인도사람들이 매일 한두시간만이라도 물레질을 할 것을 권유하였다. 물레질의 가치는 경제적 필요 이상의 것이라고 생각한 것이다.

물레는 무엇보다 인간의 노역에 도움을 주면서 결코 인간을 소외시키지 않는 인간적 규모의 기계의 전형이다. 간디는 기계 자체에 대해 반대한 적은 없지만, 거대기계에는 필연적으로 복잡하고 위계적인 사회조직, 지배와 피지배의 구조, 도시화, 낭비적 소비가 수반된다는 것을 주목했다. 생산수단이 민중 자신의 손에 있을 때 비로소 착취구조가 종식된다고 할 때, 복잡하고 거대한 기계는 그 자체로서 비인간화와 억압의 구조를 강화하기 쉬운 것이다.

간디는 산업화의 확대, 혹은 경제성장이 참다운 인간의 행복에 기여한다고는 결코 생각할 수 없었다.

간디가 구상했던 이상적인 사회는 자기충족적인 소농촌공동체를 기본단위로 하면서 궁극적으로는 중앙집권적인 국가기구의 소멸과 더불어 마을민주주의에 의한 자치가 실현되는 공간이다.

거기에서는 인간을 도외시한 이윤을 위한 이윤추구도, 물건과 권력에 대한 맹목적인 탐욕도 있을 수가 없다. 이것은 비폭력과 사랑과 유대속에 어울려 살 때 사람은 가장 행복하고, 자기완성이 가능하다고 믿는 사상에 매우 적합한 정치공동체라 할 수 있다.

간디에게 있어서, 물레는 그러한 공동체의 건설에 필요한 인간심성의 교육에 알맞은 수단이기도 했다. 물레질과 같은 단순하지만 생산적인 작업의 경험은 정신노동과 육체노동의 분리 위에 기초하는 모든 불평등사상의 문화적·심리적 토대의 소멸에 기여할 것이다. 뿐만 아니라 '자기

먹을 빵을 손수 마련해 먹는 창조적 노동'에의 참여와 거기서 얻는 기쁨은 소박한 삶의 가치를 진정으로 긍정할 수 있게 하는 토대를 제공해줄 것이라고 간디는 생각하였다.

결국 간디의 사상은 욕망을 억지로 참아야 하는 금욕주의를 말하는 것이 아니라, 우리가 진정한 행복에 이르기 위해서 지금까지와는 근본적으로 다른 것을 욕망할 줄 알아야 된다는 것이었다.

간디의 메시지는 경제성장의 논리에 대한 무비판적인 순종과 편의주의적 생활의 안이성에 깊숙이 젖어있는 우리들에게 헛소리처럼 들릴지도 모른다. 그러나 온갖 생명에 위해를 가해온 산업문명이 인간생존의 자연적·생물학적 기초 자체를 파괴하는 데까지 도달한 지금, 그것이 정말 헛소리로 남는다면 우리의 장래는 어떻게 될 것인가? (1989년)

환경위기의 내면구조

　환경에 대한 사회적 관심이 높아졌다. 때늦은 대로 이것은 물론 환영할 일이지만, 한편 생각해보면 이제는 아무리 우둔한 사람도 느끼지 않을 수 없을 만큼 환경악화가 극심해졌다는 이야기가 된다. 예전에는 너무나 당연했으므로 특별히 주의할 필요가 없었던 깨끗한 공기, 물, 흙 — 이 모든 것을 어떻게 되살리느냐 하는 것이 지금은 사활(死活)의 문제가 되었다. 오랜 세월 이 산천의 정다운 형제였던 기러기도 반딧불이도 할미꽃도 사라지고 있다. 오늘날 환경문제는 지구를 통틀어 인류에게 닥친 최대의 재난이지만, 아마 그 무분별과 폭력성에 있어서 유례가 드문 지난 수십년간의 산업화·개발 덕분으로 이 나라의 자연생태계는 어처구니없을 정도로 파손되었다. 원래 온갖 무리를 무릅쓰고 개발이 강행된 가장 큰 명분은 보릿고개를 없앤다는 것이었다. 그런데 이제와서는 다 익은 보리밭을 고스란히 불태워버려야 하는 세상이 되고 말았다. 이런 기막힌 상황을 진보니 선진화니 하는 어리석은 말놀음으로 합리화해도 될까? 우리 모두가 미쳐버린 게 아닐까?
　19세기 중엽에 백인들의 강박으로 땅을 빼앗기고 죽음을 강요당하던 토착 아메리카인 어느 부족의 추장이 남긴 말이 있다. 그는 백인들이 하듯이 땅을 함부로 파헤치고, 짐승들을 마구 죽여 언젠가 짐승들이 사라지면 인간은 외로움으로 미쳐버릴 것이라고 예언했다. 인간이 자기 존재의 뿌리를 망각하고, 자연세계와의 유대를 스스로 끊으려 할 때 어떤 일이 생기는가를 우리는 지금 어디에서나 보고 있다. 망가진 것은 자연생태계뿐만이 아니다. 생태계가 파손된 것은 그만큼 우리 자신의 인간성과 인간관계, 그리고 공동체의식이 훼손되었다는 것을 뜻하고 있다.

 어떤 근본적인 방향전환 없이 이런 추세가 계속된다면 산업문명은 머잖아 자연과 인간성을 탕진시킬 것이 틀림없어 보인다. 산업체제 변호론자들이 생각하듯이 생태계의 붕괴에도 불구하고 고도의 문명을 누리는 인류의 일부가 잔존할 수 있을지도 모른다. 그러나 그렇게 된다 한들 그런 인공의 불모적인 세계에서 온전한 인간성을 가진 사람이 살기를 바라겠는가? 지금 우리에게 닥친 환경위기 또는 좀더 정확히 생태학적 재난은 실로 인간이란 무엇인가, 인간이 이 세계속에 존재하는 방식은 어떠해야 하는가 하는 좀더 근원적인 물음에 답할 것을 요구하는 문제라 할 수 있다.

 인간은 자연의 일부이고, 만물은 나의 형제이다. 나는 나 자신의 개인적인 의지나 욕망 때문에 이 세상의 삶을 향유하고 있는 게 아니다. 나를 살아있게 하는 것은 내 능력으로는 헤아리기 어려운 깊고 거대한 근원적인 생명충동이며, 그 충동은 자연의 심층에 내재되어 있다. 내가 존재하는 것은 반딧불이나 할미꽃이 이 세상에 존재할 수 있게 하는 것과 같은 힘, 같은 원리에 의존하고 있다. 반딧불이와 할미꽃의 소멸은 인간도 얼마 안 있어 사라질 것임을 예고해준다. 인간은 수십억년에 걸친 생물진화의 긴 과정에서 가장 섬세하고 복잡한 지성과 자의식을 갖춘 존재로 진화해왔다. 그러나 이런 사실이 다른 생명체에 대한 인간의 지배를 정당한 것으로 만들어주는 것은 아니다. 오히려 그것은 인간의 책임을 말하는 것으로 해석되어야 한다. 인간은 본래 흙에서 나왔으므로 어떻게 보면 우리 각자는 움직이고 말하는 흙이나 바위라고 할 수 있다. 이것은 누구도 인위적인 변경을 가할 수 없는 타고난 인간조건이며 운명이다. 그런데 산업기술문명은 이런 근원적인 인간조건을 무시하도록 강요한다. 여기에 우리가 일상적으로 경험하는 삶의 폭력성과 문화의 극단적인 퇴폐의 근본원인이 있는 것이다.

조금이라도 생각이 있는 사람이라면 지금 생태학적 재난은 역사상 유례가 없는 총체적인 생명의 위기이자 문화의 위기임을 느낄 수 있을 것이다. 이것은 종래 하던 대로의 습관적인 대응으로는 해결이 어렵도 없는 문제라 할 수 있다. 종래 사회문제가 발생하면 사회는 그 사회에 축적되어온 지식·기술·자본의 힘으로 그것에 대처해왔다. 실제 오늘날 환경문제에 대한 대응도 대개 이런 습관을 넘어서지 못하고 있는 것이 사실이다. 최근 낙동강 페놀오염사건에서 보듯이, 이것을 두고 이야기된 것은 기업윤리, 정부의 책임, 환경투자 및 기술의 보강, 그리고 시민들의 환경의식 등이었다. 그런데 이런 논의에서 공통하게 받아들이고 있는 전제가 있는데, 그것은 '환경'이라는 특수한 분야가 있고, 그래서 전문화된 관심과 기술로써 해결될 수 있다는 가정이다. 그러니까 환경문제는 일시적이고 특수한 사건일 뿐이며, 따라서 기성의 제도와 기술과 돈으로 언제든지 수리될 수 있는 것이다. 그러므로 중요한 것은 거기에 소요될 비용과 기술을 확보하기 위해서 경제성장과 과학기술투자가 가속화되어야 한다는 생각도 암암리에 들어있다. 더러는 환경보존과 성장이 지금부터는 조화를 이루어야 한다는 주장도 들리지만, 실제 그런 조화가 과연 구체적으로 무엇을 의미하는지 엄밀히 따져지지도 않은 채 단지 원칙론으로서 주장되고, 더이상 논의가 깊어지지는 않는 것이다.

하기는 아무리 피상적이고 임시 미봉책이 된다 해도 환경재난을 기술적 보완으로 대처하는 일이 전혀 쓸모없는 것은 아니다. 사람은 원대한 장래일도 생각해야 하지만 발등에 떨어진 불은 먼저 끄는 것이 당연하기 때문에 오염된 시궁창 물이라도 약품처리를 하여 마시고 살지 않을 수 없다. 그리고 환경오염을 유발한 기업에 압력을 넣고 법적·행정적 책임을 묻는 관행을 강화하는 것을 통하여 공해에 대한 공공통제를 확대시켜 나가야 하는 일도 지금으로서는 시급한 노력임이 분명하다.

그러나 기술주의를 앞세우건 아니면 — 또는 그것과 겸하여 — 공공통제를 강화하건, 그런 방법만으로는 사태의 악화를 어느 정도 지연시킬 수 있을지 모르나 근본적인 해결로는 나아갈 수 없다는 것이 확실하다. 설사 공장마다 폐수처리 시설이 완벽하게 가동된다 하더라도 그렇게 처리된 폐기물은 어디로 가는가? 오늘날 지구생태계를 교란시키는 갖가지 산업활동 가운데서 당면한 가장 심각한 위협은 아마 쓰레기 처리문제인 듯싶다. 한반도와는 비교할 수 없이 넓은 땅을 차지한 미국에서도 지금 가장 골칫거리가 쓰레기이다. 산업사회가 쉴새없이 쏟아내는 쓰레기의 대부분이 독성물질인데다가 쉽게 분해가 안되는 것들이라는 점이 이 문제의 심각성을 가중시키고 있다. 자연의 정화능력에는 한계가 있다. 그러나 인간이 쓰레기를 안고 살 수는 없는만큼 어딘가로 보내지 않을 수 없다. 그리하여 쓰레기를 묻으면 결국 토양과 지하수와 강과 바다를 오염시킨다. 그러면 이것을 불태우면 될까? 이미 이산화탄소 함유수준이 치명적인 기상변화를 유발할 상태까지 되었는데 산업쓰레기를 불태운다는 것은 인간이 집단자살을 작정하지 않는 한 불가능하다. 뿐만 아니라, 산성비는 어떻게 하나? 탈황시설을 갖추면 문제해결이 될까? 그런 시설을 움직이는 데 필요한 에너지는 어디서 나오는가? 원자력발전으로? 설사 완전히 안전하고, 태양열처럼 깨끗한 에너지를 무한정 쓸 수 있는 세상이 온다 하더라도, 열오염의 문제가 있다. 아마 엄청난 에너지를 무분별하게 쓴 대가로 치러야 할 대기와 태양과 토양에 대한 열오염이야말로 가장 비참한 생태학적 파멸이 될지 모른다.

많은 사람들은 과학기술의 힘에 지나치게 낙관적인 신뢰를 두고 있는 듯하다. 아마 대부분의 사람들은 자기도 모르게 조금씩 과학기술을 구세주로 믿고 있는지도 모른다. 현대사회에서 과학기술의 윤리성의 문제는 매우 복잡한 논쟁거리이지만, 우리는 무엇보다 오늘날 고도의 과학기술체제가 과연 얼마나 생명가치를 지지하는지를 물어보아야 한다. 미국에서 전체 과학자의 절반 이상이 국방관계 연구에 종사하고 있다는 보고가 있다. 어디까지가 국방관계인가 하는 기준이 모호하니까 그 비율은 더 높아질 수 있다. 오늘날 지구상의 농토에서 광범하게 사용되고 있는 살충제나 제초제가 본래 화학무기로 개발된 사실은 무엇을 의미하는가? 흔히 원자력의 평화적 이용에 관해 말한다. 그런데 주의해야 할 것은 이 가공할 에너지를 받아들이는 순간 사람의 일상생활의 공간이 전쟁터와 방불하게 된다는 사실이다. 원자력발전이란 고도의 기술이고, 또 절대적인 안전을 유지하지 않으면 안된다. 절대적 안전이란 사실상 인간성에 맞지 않는 요구이지만, 이러한 무리한 요구로 인해 사람이 엄청난 대가를 치러야 하는 것이다. 만일의 경우에 대한 막연한 그러나 결코 지울 수 없는 공포감이 항구적으로 남아있는 한 사람이 심리적 건강을 유지하는 것은 불가능하다. 뿐만 아니라 고도의 기술을 안전하게 운영해주도록 권력에 책임을 맡길 수밖에 없고 그렇게 함으로써 민중은 권력의 통제를 받아들이지 않을 수 없다. 사회는 주도면밀하게 관리·통제되며, 개인적 자주성이나 자발성의 표현은 불필요하고 위험스러운 것으로 된다. 원자력발전뿐만 아니라 정교하고 복잡한 고도의 과학기술체제에 근거한 거대산업이 사회의 기간산업으로 될 때, 그 산업의 원활한 운용을 위해서 권력의 집중과 위계질서가 강화되는 것은 불가피하다. 그렇게 하여 주민생활이 면밀하게 조직된 병영생활과 흡사한 것이 되는 것이다. 과학기술의 평화적 이용이라는 명분 밑에서 사실상의 전시상황이 항구적인 생존조건으로 굳어지고 만다.

현대 과학기술을 지배하고 있는 세계관이 기계론적이고 단편적인 탓에 엘리트 과학기술집단의 심리구조가 극히 무책임한 관료주의적 성격을 갖고 있다는 비판은 되풀이되어왔다. 최근의 예를 하나 든다면, 1989년 10월 18일에 미국항공우주국은 우주왕복선 '갈릴레오'를 발진시켰다. 그런데 이 갈릴레오호에는 50파운드의 플루토늄이 실려 있었고, 이것은 지구상의 인간 전부를 죽이기에 충분한 분량이었다. 만일 2만2천마일에 달하는 지구인력권 안에서 사고가 났더라면 그 방사능물질은 온 지구를 뒤덮어버렸을 것이라고 한다. 그런데 우리가 기억하듯이 바로 그 두어해 전에 우주왕복선 챌린저호가 발진 도중 폭발하는 바람에 여교사 한사람이 포함된 승무원들이 모두 희생당한 참사가 있었던 것이다. 사고가 나면 자기자신들도 예외없이 참변을 당할 것을 모르지 않으면서 과학기술자들과 관료들과 권력자들은 어째서 이런 짓을 할까? 참으로 불가사의한 일이다.

불가사의하다는 것은 우리들 각자에 대해서도 말할 수 있다. 우리는 환경파괴는 우려하면서도 그것을 구조적으로 자행하는 생활습관을 조그마한 편의나 이해관계에 매달려서 포기하지 않으려고 한다. 지금 문제되고 있는 환경위기는 결국 인간 자신의 자기쇄신, 그리고 문화의 뿌리로부터의 혁신 없이는 극복할 수 없음이 분명하다.

우리는 자기자신의 인간성과 이웃과 자연세계에 폭력을 가하지 않고는 하루도 살아가기 어려운 체제속에 살고 있다. 산업문명은 구조적으로 폭력을 강제한다. 날마다 우리가 접하는 신문, 잡지, 출판물, 그리고 무수한 광고물, 포장지로 인하여 지구의 허파라고 하는 열대의 숲이 빠른 속도로 파괴되고 있다. 우리는 자기의 태반을 할퀴고 찢는 태아를 상상할 수 없다. 그러나 그와 같은 어처구니없는 짓을 지금 고도의 문명을 누리고자 원하는 인간들이 밤낮없이 자행하고 있는 것이다. 산업문화는 생명공동체라는 개념을 완전히 몰각(沒覺)하고 있다. 시장경제의 냉혹한 경쟁관계에 대한 대안적 가치로서 일반적으로 제시되는 공동체 개념도 여전히 인간 및 사회공동체에 국한되어 있다. 인간생존의 근원적인 테두리인 생명공동체에 대한 뚜렷한 인식이 결여되어 있는만큼 사회공동체의 이념도 자연히 부분적이고 왜곡된 것일 수밖에 없다. 시장경제체제를 옹호하건 비판하건, 산업문화의 헤게모니는 어디서나 확고부동의 것으로 되어 있다.

산업문화의 지배 밑에서 자연은 인간의 욕구충족을 위한 단순한 재료나 수단의 지위를 점할 수 있을 뿐이다. 물이 생명이고, 생명은 거룩하다라는 느낌이 살아있는 문화에서라면 강물이 죽어갈 수 없을 것이다. 횔덜린은 일찍이 사람이 빵을 먹는 것은 '하늘'을 기억하는 행위라고 말한 적이 있는데, 한조각의 빵이 있기 위해서 햇빛과 비와 바람과 흙이 있어야 하고 인간노동이 있어야 하며 노동을 조직하고 지원하는 사회체계가 있어야 한다. 그리고 무엇보다 이런 것에 선행하여 자기희생과 사랑의 마음이 있어야 한다는 사실은 오늘의 지배적인 산업문화에서 거의 완전히 망각되어 있다. 우리는 휴지를 사듯이 빵을 사먹는다. 그 빵은 일시적으로 배고픔을 해결하고, 모든 사람이 모든 사람 위에 올라가고자 하는 피나는 생존투쟁에 필요한 에너지를 공급해준다. 밥속에 하늘이 있고, 밥은 거룩한 것이라는 생각은 잠꼬대 같은 소리, 신비주의자의 환상이라고 일소에 붙여진다.

자연에 대한 인간의 착취적 관계는 기실 인간 사이의 비인격적 관계를 고스란히 반영하는 것이라 할 수 있다. 우리들 각자가 다른 사람에 있어서 대체가능한 물건 이상이 아닌 것과 마찬가지로 자연도 한갓 이용대상물에 지나지 않는 것이다. 우리는 우리 각자의 밖에 있는 자연에 대해서도 안에 있는 자연에 대해서도 친밀한 일치의 느낌을 갖지 못한다. 탐욕과 권력을 위해서는 자기자신의 본성에 반하는 온갖 행동도 망설이지 않는다. 그 결과 인간은 깊은 소외감에 떨어져버린 것이다.

문제는 본질적으로 소외에서 비롯하는지도 모른다. 사람이 부도덕하고 무책임하게 되는 것은 그 자신이 행복하지도, 자유롭지도 못하기 때문일 것이다. 자유로운 인간만이 남의 자유에 관심을 갖고, 남의 고통을 자신의 것으로 느낄 수 있는 법이 아닌가? 이치를 따져 생각해보면, 세상만물이 자기자신과 근원적으로 한 몸뚱이로 연결되어 있음에도 불구하고, 생명공동체에 폭력을 가하고 상처를 입히면서도 스스로 아무런 고통을 느끼지 않는 것은 인간이 내면적인 자유와 성숙으로부터 너무나 멀리 떨어져 있기 때문일 것이다.

모든 사람이 완전한 심리적 균형과 내면적인 자유를 획득할 수 있는가 하는 것은 좀더 원대한 유토피아적 과제라 하겠지만, 소외를 끊임없이 조장하는 산업문화는 우리가 단지 살아남기 위해서도 시급히 극복되지 않으면 안된다. 산업문화의 척도는 자연의 도(道)가 아니라 자기중심적인 인간의 탐욕이다. 염화불화탄소라는 화학물질이 실험실에서 발견된 지 수십년 후 그것이 오존층을 고갈시키는 주범임이 판명되었다. 이 물질 덕분에 냉장고, 에어컨, 스프레이, 그리고 그것을 세정제로 사용하는 반도체산업이 번성을 누려왔으나 바로 그 때문에 지구상의 생명체의 생존가능성이 불투명해지는 가공할 사태가 일어났다. 수십년 전 실험실에서 이것을 정확히 예측하지 못했다는 것이 문제가 아니라, 자연의 재생순환과정에 부담이 될 수밖에 없는 난분해성 물질을 인간생활과 산업에 함부로 이용하기를 마다하지 않은 그 감수성이 문제인 것이다. 눈앞의 편의를 위하여 자연법칙을 가볍게 무시하고, 장래에 대해 무책임한 태도를 습관적으로 양산하는 무지몽매한 탐욕의 비참한 결과를 우리가 지금 보고 있는 것이다.

우리가 살아남고, 다음 세대들이 이 조그마한 행성 위에서 삶을 향유할 수 있게 하려면 탐욕이 아니라 자연의 순리가 사람살이의 척도가 되는 세상을 향해 조금이라도 나아가기를 염원하고 노력하는 수밖에 다른 선택이 없다. 대량생산과 소비체계, 장거리 유통구조, 거대산업과 권력의 중앙집중, 관료주의, 학교와 병원의 위계질서, 행형제도, 비대화하는 도시공간, 황폐화하는 농촌, 과학기계영농, 자가용에 의존하는 교통체계 ─ 도대체 이런 것들이 지탱가능한 생활방식인지 따져보아야 한다. 환경에 대한 인식이 높아진다 해도 그것을 자신의 일상생활과 관련짓지 못한다면 그런 인식은 헛된 것일 뿐이다. 생명가치를 인식하고 그것을 조금이라도 선양할 용의가 있다면 지금 우리가 탐닉해 있는 문명의 안락과 편의의 많은 부분을 포기해야 한다. 이것을 그대로 두고 환경재난을 피하려 하는 것은 불가능한 것을 바라는 일이다.

하기는 산업문화의 압력 밑에서 이것을 정면으로 파악하는 데 필요한 능력과 용기를 잃지 않는다는 것은 어려울지 모른다. 자가용차를 몰고 다니면서 환경문제를 걱정해도 안될 것은 없겠지만, 그것은 어쩐지 부자연스러운 연결이라는 느낌을 주는 것이다. 많은 사람들은 자동차의 사회적·생태학적 부담을 인식하면서도 이것을 포기하지 못한다. 자동차는 어쨌든 이제 돌이킬 수 없는 운명이라고 생각하는지도 모른다.

결국은 주체적인 선택의 문제, 책임의 윤리로 돌아온다. 우리는 아무리 센 압력 밑에서도 꺾여질 수 없는 고결한 인간정신이 있다는 것을 믿어야 한다. 모든 사람이 자기를 내세우고, 남보다 높아지기를 원할 때, 그렇게 함으로써 세상이 지옥으로 될 때, 이 지옥으로부터 벗어나기 위해서는 무엇보다 증오심과 냉소주의로부터 해방될 수 있는 정신적 능력을 길러야 하는 것이 아닐까? 최근에 우리말로도 번역이 되었지만 현대 소련의 위대한 영화예술가 안드레이 타르코프스키가 그의 책 《봉인된 시간》에서 시종일관 이야기하고 있는 것은 자기희생의 가치에 관해서이다. 그는 바로 이 희생의 가치가 망각된 것이 현대사회의 가장 큰 비극인 정신적 불모성의 원인이라고 생각한다. 도스토예프스키 이래 이것을 강조해온 문화전통이 산업사회의 유물론적 분위기에서 위축된 것을 그는 무엇보다 유감스러워한다. 경미한 정도라도 자기희생의 능력이 결핍된 사회는 이미 인간사회이기를 포기한 것이라고 타르코프스키는 말한다.

그러나 따지고 볼 때 자기희생이라는 것은 잘못된 말인지 모른다. 오히려 필요한 것은 희생의 정반대, 즉 자기자신의 진정한 이기심에 충실하는 것이 아닐까? 자신이 사람답게 살려면 생명공동체와 더불어 공생해야 한다는 것을 현명하게 받아들이면 족한 것이다. 자동차를 포기하고, 공공수송수단이나 자전거를 이용하거나 걸어다니기를 택할 때 그것은 희생이나 금욕의 선택이라기보다 좀더 진실한 삶을 선택하려는 '이기적인' 노력이라고도 할 수 있다. 개인자동차는 본래 부르주아적 개인주의 문화의 극치라 할 만한 것이다. 그것은 결코 공생적·생태학적 감수성과 양립할 수 없다. 사람은 환경과의 공생적 조화의 관계로 들어갈 때 진정하게 내면적인 평화와 기쁨을 맛볼 수 있다. 따라서 자동차의 거부는 남을 위해서라기보다 누구보다 자기자신에게 축복인 셈이다. 사람이 걷는다는 것은 죽음에 이르기까지 회피할 수 없는 운명이다. 사족수(四足獸)는 네 발로 다니고, 새들은 날고, 인간은 두 발로 걸어다닐 때 가장 편하고 자유롭지 않을까?

오늘날 걷는 일을 거역하기 때문에 부자연스러운 생활방식에서 오는 신체적 고통과 마음의 부자유에 시달리는 사람이 많아졌다. 그것을 해결하기 위한 기술주의적 접근방법이 병원이나 헬스클럽 같은 것이다. 여기서 우리가 보는 것은 산업사회의 전형적인 메커니즘이다. 산업사회에서는 단순하고 자연스럽게 채워질 수 있는 기본욕구들이 복잡하고 인위적인 과정을 거쳐서만 충족될 수 있도록 짜여져 있다. 예를 들어 물 대신에 콜라를 마시게 되어있고, 밥 대신에 햄버거를, 단순히 걸으면 될 것을 자동차를 타도록 되어있다. 이런 것을 구조적으로 심화·확대하는 것이 근대화이고 개발이다. 그러는 가운데 우리는 토착문화를 잃어버리고 뿌리 뽑혀진 떠돌이가 되었다.

산업화를 통해서 가장 뼈아픈 경험은 토착문화의 상실일 것이다. 어느 지역, 어느 민족에 있어서도 토착문화는 공생과 조화의 예지에 충만한 문화였다. 거기에는 거룩한 것에 대한 감각이 살아있고, 오랜 세월 축적된 삶의 기술과 지혜가 보존되고, 무엇보다 사람이 겸허한 마음을 갖게 하는 분위기가 있었다. 옛사람들은 길을 가면서 벌레를 죽이지 않으려고 조심했고, 살아있는 나뭇가지를 함부로 건드리지 않았다. 새들이 알을 부화하는 봄철에 산야에서 덤불을 헤치지 말 것을 권고하는 옛 기록도 보인다. 우리는 봉건적 속박이라는 용어 같은 것으로써 옛날의 토착문화에 대한 경멸을 합리화하는 데 익숙해 있지만, 사실상 토착문화가 제공하는 온갖 삶의 기술과 감수성은 사람이 심리적으로 자유로운 생활을 꾸려나가는 힘을 보장하였다. 오늘날 농사기술도 잊어버리고 농촌공동체로부터도 유리되어버린 산업노동자들이 농민들보다 소득은 높다고 하겠지만 얼마나 더 자유롭다고 할 수 있는가?

사실상 교만한 권위주의의 문화는 다름아닌 산업문화이다. 루이스 멈포드는 '거대기계'라는 개념으로 기술문명의 밑바닥에 오만불손한 권력의지가 도사리고 있음을 밝히고자 하였다. 멈포드에 따르면, 거대기계는 고대 이집트의 피라미드에서 시작한다. 피라미드라는 거대한 인공구조물에는 엄청난 노동력을 효과적으로 조직하는 데 필요한, 무자비하게 억압적인 권력의 행사가 포함되어 있다. 피라미드는 파라오의 무한한 권력추구의 상징이면서 동시에 압제적 권력행사의 산물인 것이다. 이와 같이 피라미드에 함축되어 있는 권력의지는 그대로 현대 기술문명으로 이어져 있다고 멈포드는 본다. 기술문명은 그 자체 지배엘리트의 무한한 권력욕의 표현이면서 민중에 대한 효과적인 억압수단이다. 이것과 비슷한 생각은 후기 하이데거의 철학적 명상에서도 엿보인다. 하이데거는 현대 기술문명은 자연에 대한 공격과 파괴로 특징지어지는데, 이것은 자신의 운명적 유한성을 인정하지 않으려는 정복적 인간의 권력의지로부터 비롯한다고 생각한다. 인간의 교만성은 극단에 이르러 이제 자신이 죽는 존재라는 사실도 부인하려 하는 것이다. 하이데거의 표현을 빌어, 현대 기술의 성취는 죽음의 현실을 끊임없이 부정하는 자기주장의 표현으로서 주어진다. 오늘날 임종에 임박한 사람들을 병원에 입원시켜 온갖 첨단기술의 도움으로 단지 몇시간, 며칠이라도 수명을 연장시키기 위해 필사적인 노력을 기울이는 것은 죽음을 받아들이지 못하는 정신적 태도에 말미암는다. 하이데거는 이것을 교만성이라고 부르고 있지만, 하여튼 이러한 태도와 병원의 첨단기술이 정확히 비례하여 발전하고 있는 것은 우연이 아닐 것이다. 사람은 자기가 죽는 존재라는 사실을 의식할 때 우주속에서의 자신의 위치를 짐작하며, 스스로 장대한 존재라는 망상에서 깨어날 수 있다. 죽음을 있는 그대로 수용하는 것은, 죽음에 대한 상념에 수반하는 고통을 고스란히 받아들이는 것과 마찬가지로 겸허한 마음을 필요로 한다.

산업기술문명에 내포된 이와 같은 철학적 의미에 생각이 미칠 때 오늘날 환경재난을 단순히 자본주의와 사회주의와의 관계속에서 보려는 노력의 부적절성을 느끼지 않을 수 없다. 자본주의 경제가 인간생활의 진정한 필요가 아니라 이윤추구를 근본동기로 하는만큼 그것이 인간과 자연에 대한 착취적·폭력적 관계를 한없이 강화한다는 것은 분명하다. 어떤 점에서 사람의 욕망이라는 것도 대개 상품소비체제속에서 인위적으로 만들어진 것이기 쉽다. 상품체제는 가능한 한 인간의 야비한 본능을 자극함으로써 스스로 성장을 거듭한다. 이 체제는 성장하지 못하면 붕괴하기 때문에 인위적인 수요를 극대화하고 필요한 것 이상을 소비하도록 끊임없이 부추긴다. 그리하여 여기서 인간은 단지 소비자로서만 의미를 가진다. 이렇게 볼 때 억압적인 사회관계의 해소를 위해서뿐만 아니라 자연에 대한 끝없는 낭비와 착취의 관계를 멈추기 위해서 독점자본에 이끌리는 상품소비체제의 극복은 절박하다고 할 수 있다. 그러나 동시에 자본주의 체제의 극복이라는 명분으로 나온 사회주의가 또하나의 산업화의 효과적인 이데올로기로 될 때 그 결과는 훨씬 더 비참한 것이 된다는 것을 생각해야 한다. 오늘날 소련 영토의 1/5에 해당하는 지역, 그것도 생태학적으로 가장 예민한 지역이 주거불능지역으로 변하였다. 이 면적은 전부 합쳐 서부유럽보다 더 큰 넓이라고 한다. 이런 사실은 소련이나 동구의 생태학적 재난을 두고, 그것이 자본주의 체제와의 경쟁에서 빚어진 불가피한 부산물이라는 식으로 해석하는 것이 얼마나 안이하고 무책임한 태도가 될 수 있는가를 말해준다. 맑스 이래 정통 사회주의자들에 있어서 사회주의 성립의 기초는 생산력의 증대, 그리고 그것을 보장하는 과학기술의 고도의 발달이었다. 소련 공산당 관료독재체제에 매우 비판적이었던 에른스트 만델 같은 맑시스트에게도 사회주의란 무엇보다 점증하는 인민의 물질적·문화적 욕구를 충분히 효과적으로 보장하는 체제였다. 그가 말하는 문화적 욕구에는 인민이 누구나 개인승용차를 소유하는 것도 들어 있었다.

전통적으로 사회주의자들은 의식적·무의식적으로 자연정복이 역사적으로 필연적인 요구라고 생각해왔다. 여기에서 인간에 대한 인간의 지배도 역사적으로 회피할 수 없는 악이라는 생각으로 연결되고, 그 결과 자본주의적 착취관계가 인간해방을 위한 역사적 전제조건으로 정당화되는 것이다. 자연에 대한 기본관점에 있어서 그들은 자유주의자들의 공리주의적 입장에 일치하였다. 자연이란 단지 인간의 필요에 종속된 대상물이며 유용한 물건일 뿐이다. 그리하여 인간의 과제는 자신에게 적대적인 자연을 정복함으로써 '필연의 영역'에서 '자유의 영역'으로 이행하는 것이다. 그런데 여기서 이러한 유토피아적 계획도 문제가 없지 않다. 사람은 노동을 통해 영혼과 육신의 건강을 유지한다. 그렇다고 할 때, 그것을 하지 않으면 안되는 절박한 생존상의 필요가 아니라 '자유의 영역'에서 다만 즐거움으로, 취미로 하는 노동이 진정성을 지닐 수 있을까? 그런 노동이 참으로 열의에 가득찬 진지한 노동일 수 있는가? 물론 산업자본주의에서 지배적인 노동소외는 극복되어야 한다. 노동에 즐거움이 수반되어야 하는 것은 당연한 요구이다. 그렇다 하더라도 살아남기 위한 생존상의 절실한 필요에 입각한 것일 때만 비로소 노동이 진지한 것이 되고, 진지한 만큼 기쁨도 진정한 것이 되는 것이라고 보아야 한다. 인도의 어떤 현자는 사람다운 사람살이의 기본전제로서, 이삼일이나 일주일 간격으로 끼니걱정을 해야 하는 '가난'이 필요하다고 말했는데, 이것은 깊은 진리를 말하는 것으로 볼 수 있다. 현대 산업문명의 아이러니는 가난으로부터의 해방이라는 바로 그 동기로 말미암아 인간정신이 피폐해졌다는 사실이다. 지나친 안정에 대한 추구가 생존의 근본토대를 망각하게 하고, 문화를 병들게 만들어버린 것이다. 산업문화의 헤게모니에 대하여 근본적인 비판과 대안을 발전시키지 않는 한, 어떠한 진보적인 정치·사회적 이념도 부적절한 것일 수밖에 없다.

인간의 사회관계가 그대로 인간의 자연에 대한 관계에 반영된다는 의미에서 생태학의 문제도 본질적으로 정치적인 문제라고 할 수 있다. 그러나 이런 경우 정치적이라는 것은 인간 자신이 자연의 일부라는 것을 겸손하게 수용하는 의식의 대전환, 즉 일종의 개종(改宗)에 인도되는 정치라야 한다. 자연에 대한 인간의 지배권을 인정하는 한, 인간에 대한 인간의 지배를 궁극적으로 부인할 수 없고, 인간성의 피폐와 환경악화를 막을 수도 없다. 사실상 인간이 자연에 대한 지배권을 행사해야 할 아무런 이유가 없다. 일찍이 해월(海月) 선생은 천지만물이 한울님을 모시고 있지 않은 것이 없고, 따라서 생물이 살기 위해 다른 생물을 먹는 행위는 한울이 한울을 가지고 자기를 먹여살리는 일이라고 말하였다. 이 말에 담겨있는 것은 약육강식의 잔인한 폭력성에 관한 언급이 아니라, 겉으로는 그렇게 보일지 모르지만, 실은 모든 생명이 다른 생명에 대하여 공양의 관계, 즉 희생과 헌신, 사랑의 관계로 맺어져 있는 것이 이 우주의 근본 짜임새라는 생각인 것이다. 여기서 강조되어 있는 것은 그러니까 내가 먹어치우는 이 물건과 이 생물이 그속에 한울님을 모시고 있는 거룩한 존재라는 사실을 항상 기억해야 한다는 것이다.

로자 룩셈부르크가 감옥에 있을 때 읽은 책 가운데 조류의 이동에 관한 관찰이 담겨있는 이야기가 있었다. 유럽에서 철새가 이동할 계절이 되면, 새들은 스칸디나비아나 북유럽으로부터 지중해를 건너 나일강까지 긴 여행을 해야 한다. 이 여행은 너무나 멀고 힘든 길이어서 독수리나 매와 같은 몸집이 큰 맹금류도 목적지에 도착하면 며칠 동안은 거의 빈사상태로 되어 강변 모래밭에 엎드린 채 일어서질 못한다고 한다. 큰 새들이 이런 형편인데, 노래부르는 작은 새들, 예를 들어 방울새나 나이팅게일이니 하는 것들은 어떻게 그런 여행을 할 수 있을까? 철새가 이동하는 계절이면 기적 같은 일이 일어난다고 한다. 즉 평소에는 먹고 먹히는 관계에 있는 맹금과 작은 새들 사이에 이때가 되면 하늘에서 휴전이 성립한다는 것이다. 그리하여 작은 새들은 큰 새들의 등에 업혀서 멀고 먼 하늘을 날아가는 것이다.

이 아름다운 이야기가 시사하는 것은 자연의 세계는 사람의 인위적인 지식이나 기술로 개입하기에는 어림도 없는 정교하고 신비스러운 상호의존의 인연관계로 구성되어 있다는 사실인 것이다. 모든 것은 하나의 생명으로 통일되어 있음이 분명하다. "저 산을 밀어올리고 있는 힘, 그것이 나를 살아있게 하는 것이다"라는 직관을 받아들이는 마음이 바로 생태학적 감수성이라고 할 수 있을 것이다. 우리는 이와 같은 감수성의 교육에 새로운 생존전략의 기초를 두지 않으면 안된다. 문제는 그런 감수성의 교육에 적합한 생활방식을 어떻게 강구하느냐이다. 《작은 것이 아름답다》를 쓴 슈마허는 불교적 생활방식이 가능하려면 불교경제학이 필요하다고 말하였다. 이 경우 불교란 비유인데, 간단히 말하여 그것은 비폭력주의를 뜻한다고 할 수 있다.

비폭력주의를 기초로 하면서 또 그것을 조장하는 경제가 되려면 그것은 무엇보다 생태학적으로 지탱가능한 것이라야 하고, 동시에 흙과 동식물과 태양과 바람에 대하여 사람이 일상적으로 친밀한 접촉을 유지할 수 있게 하는 경제라야 할 것이다. 그렇다면 그것은 결국 농업중심의 문화일 수밖에 없다. 오늘날 우리의 가장 큰 비극은 농업문화의 포기와, 농업이 죽어가고 있다는 사실에서 온다. 농촌을 단순히 식량기지 정도로만 생각하는 데 문제가 있는 것이다. 농업은 우리의 삶과 문화의 진정한 하부구조이다. 인간 자신이 흙으로 만들어져 있기 때문에 흙을 떠나서 우리의 참다운 행복이 주어질 수 없다. 오늘날 대부분의 사람의 심신이 건강치 못한 것은 땅이 병들고, 흙으로부터 절연된 생활을 하기 때문이다. 병원과 약이 우리를 건강하게 만들어주지 않는다.

지금 많은 사람들이 농작물오염에 관심을 표명하지만, 이것은 농사를 단순한 경제논리로 파악해온 어리석음의 당연한 귀결이다. 농작물이 건강하려면 땅이 건강해야 하고, 땅의 건강은 땅에 대하여 애착과 존경을 가진 사람들에 의하여 주의깊은 보살핌을 받을 때 유지되는 것이다. 또 그러한 보살핌의 능력을 가진 사람들은 살아있는 농촌공동체에서만 존재할 수 있다. 오늘날 우리의 삶과 문화가 전체적으로 병들고 피폐해진 것은 농토의 피폐와 농촌공동체의 해체라는 현실과 정확히 평행관계를 이루고 있다. 농촌이 죽어가고 있는데 도시문화가 뿌리없이 꽃핀다는 것은 불가능하다. 요즘 거품경제라는 말이 있듯이, 오늘날의 도시의 소비문화는 결국 거품문화라고 해야 좋을지 모른다. 근본으로부터 뿌리뽑혀진 문화가 영속적일 수 없다. 영속적일 수 없음을 본능적으로 알기 때문에 오늘의 도시문화가 더욱 퇴폐적이고 허무주의적인 것으로 빠져드는지도 모른다. 우리는 우리의 삶이 임시적으로가 아니라 항구적인 토대에 정말 튼튼하게 뿌리박지 않으면 이제 생존 자체가 불가능하게 되는 상황에 이르렀음을 알아야 한다.

우리의 농업은 우루과이라운드라는 바람이 불어오기 전에 이미 심각한 쇠퇴국면에 있었다. 지금 농촌은 텅비고, 농촌공동체는 어디에서고 보존된 곳이 없다. 이것을 타개하기 위해서 기계농법, 대규모 기업영농이 적용된다면 돌이킬 수 없는 파국으로 치달을 것이 너무나 분명하다. 우리는 자주적인 자영농민과 그들을 지원하는 사람들에 의한 진정한 마을 민주주의가 실현될 수 있는 농업공동체야말로 새로운 대안으로서의 비폭력적 문화의 출발이 될 것으로 믿는다. 농업문화의 창조적 복구를 위하여 도시인들이 무엇을 할 수 있는가? 지금 농산물 직거래운동의 확대의 필요성이 나날이 커지고 있지만, 무엇보다도 도시인 각자가 자기의 밥상을 현명하게 차릴 줄 아는 능력을 갖추는 일이 급선무일 것이다. 열대의 바나나와 파인애플에 맛을 들이고, 개고기를 수입하고, 미국산 밀가루를 한없이 소비하는 데 아무 거리낌이 없는 한 우리에게 희망이 없다. 모든 징조로 보아 전망은 암담하다고 해야 할지 모른다. 아마 그렇기 때문에 타르코프스키의 다음과 같은 말이 더 절실한 것일까?

"그럼에도 불구하고, 묵시록적인 전망에도 불구하고 희망은 있는가? 이에 대한 대답은 아마도 메말라 시들어버린 나무에 참을성있게 짜증내지 않으며 물을 준다는 오래된 전설, 지금까지 만든 영화 중 내게 가장 중요한 영화속에 내가 각색하여 삽입한 이 전설이 해줄 수 있을 것이다. 모든 이성에 반하여 수년간 산으로 물통을 날랐던 수도승은 현혹되지 않고 확실하고 구체적으로 기적을 믿었기 때문에, 어느날 그에게 그같은 기적이 나타날 수 있었던 것이다 ― 앙상하게 메말랐던 가지들이 하룻밤 사이에 푸른 잎사귀로 뒤덮여버린 것이다." (김창우 옮김, 《봉인된 시간》, 분도출판사, 309쪽) (1991년)

생태적 위기에 맞서는 새로운 논리와 실천

공해, 환경, 생태계, 생명운동, 녹색운동

　제게 남다른 식견이 있는 것도 아닌데 생태계문제에 대해서 토론의 실마리를 끌어내보라 하시니까 굉장히 부담스럽습니다. 저는 인문적인 교육을 받은 사람이기 때문에 환경문제 전문가들이 기술적인 용어를 구사하면서 오늘날 우리가 처하고 있는 환경문제에 대해 얘기하는 것을 들으면 사실 무슨 소린지 잘 모르겠고 실감이 오지 않아요. 대체로 오늘날 생태계의 현실은 상당히 심각하면서도, 일반적으로 사람들이 예민한 반응을 보이지 않는 중요한 이유 중의 하나가 바로 실감날 수 있는 일상적인 언어로 이 문제를 이야기하는 그런 정보라든지 보도에 접할 기회가 많지 않았기 때문이 아닌가 하는 생각도 듭니다. 그러나 전에는 이런 문제에 대해서 공공연하게 이야기한다는 것이 자유롭지 않은 점도 있었지만, 그보다는 현실에 이미 잠재되어 있는 문제가 불거져 터져나오는 것이라고

이 글은 《창작과비평》 1990년 겨울호의 특집좌담 〈생태계의 위기와 민족민주운동의 사상〉에서 백낙청, 김세균, 이미경, 김록호 등 여러분과 나눈 이야기 가운데 김종철의 발언 부분만 따로 떼어낸 것임.

보아야 한다고 생각되는데, 매스컴을 통해서 이 문제에 대한 보도가 빈번하게 등장하고 있습니다. 앞으로는 이 문제가 중심적인 사회문제가 될 것이 거의 확실한 것 같습니다. 그런데 제가 한가지 얘기하고 싶은 것은 일반적으로 매스컴에서 공해, 또는 환경문제를 다루는 일반적인 시각이라고 할까요, 이것은 아직까지 상당히 기술주의적인 수준에 머물러 있는 것 같습니다. 기술주의적인 시각에서 이 문제를 보는 사람들은 '머물러 있다'는 제 표현에 반감을 느끼겠지만 사실 이 문제는 본질적으로 과학기술수준을 높이거나 좀더 많은 자본과 기술의 투입에 의해서 해결될 성질이 아니거든요. 방금 백선생님이 제게 용어상의 문제를 교통정리해보라고 하셨는데, 이것이 언어상의 습관이라고 할 수도 있을지 모르겠지만, 엄밀하게 말하면 공해라는 말은 부적당한 용어가 아닌가 하는 생각이 듭니다. 공해라고 할 때는 말 그대로 사적인 이익을 위해서 공공성을 희생시키는 이기적 행위에 대해서 그것을 반대하자는 그런 의도를 다분히 깔고 있는 용어라고 생각됩니다. 그런데 실제 이 문제가 결국은 공공성과 사적 이해관계 사이의 충돌에 원인이 있다고 보는 분들의 경우에는 저의 의견에 다소 거부감을 느끼겠지요. 저로서는 사실 용어문제를 가지고 그렇게 까다롭게 굴고 싶지는 않습니다. 사태가 급박한만큼 어떻든 이 문제에 관심을 갖는 사람들이 많아지는 것이 중요하니까요. 그런데 공해라는 말은 폐수라든지 대기오염이라든지 또는 유독성 폐기물을 처리하는 문제라든지 이런 데 있어서 어느 정도 맞지만, 가령 우리가 당면하고 있는 생태계문제가 사실 오염문제도 오염문제지만 재생불가능한 자원고갈이라는 문제까지도 걸려있는 것이고 보면 이런 것을 포괄하기에는 미흡한 용어지요. 또 한걸음 더 나아가서 이 문제에 관심을 갖고 있는 사람이 다 그렇게 보고 있는 것은 아니겠지만, 조금 더 자세하게 들여다보면, 오늘날 환경위기라는 것이 단순히 추상적으로 인간과 자연과의 관계라기보다도, 인간이 오랫동안 이 지구상에 살아왔지만 최근 200년 동안에 이룩해놓은 산업문명이라는 것, 그속에서 삶을 영위해온 사람과 사람, 사람과 자연간의 총체적인 관계의 문제라고 생각한다면 이 공해라는 용어가 상당히 부적절하다고 생각합니다. 그런 점에서 환경보호라는 말은 공해보다도 포괄하는 범위가 크기는 한데, 환경보호라는 말 역시 제가 보기에는 미흡한 것 같습니다. 어디까지나 인간과 환경이라는 것을 별개의 것으로 분리시켜서, 그러니까 사람이 생존을 영위하는 데 필요한 재화나 자원을 취득하는 대상으로서의 단순한 물질덩어리, 이것으로서 환경을 보는 이원론적인 사고가 뒷받침되어 있는 용어가 바로 환경보호라는 말이 아닌가 생각됩니다. 조금 더 자세하게 이 문제에 대해 말씀을 드려야겠지만, 저 혼자 얘기해서는 안되니까 … 용어문제를 조금만 더 얘기하겠습니다. 생태니 생태학이니 하는 용어는 결국 번역어란 말이죠. 이게 학문 얘기는 아닌데 생태학이라고 하기도 어색하고, 또 형용사를 쓸 때 생태론적이라고 하기도 거북하고 생태적이라고 하려니까 뭔가 빠진 느낌이고, 이래서 이 용어를 쓰고 싶어도 이 말을 피해 돌려 말하다 보니까 환경보호, 이런 식으로 말하는 것 같습니다. 하지만 이 말은 전세계적으로 쓰고 있는 말이니까 익숙해지면 결국은 부드러워지지 않을까라는 생각을 합니다. 이 에콜로지(ecology)라는 말은 지금까지 나온 말 가운데서는 가장 적절한 용어가 아닐까 싶어요. 다 아시겠지만 희랍말로 '오이코스'라는 말이 살림하는 집을 가리킨다죠? 그러니까 지금 문제는 우리 삶의 어느 부분에 고장이 생겼다는 것이 아니라 우리가 살림하는 집 자체가 근본에서부터 무너지기 시작했다는 것이죠. 사실 지금 오존층 고갈문제 같은 것은, 정말 다급한 문제라고 하거든요. 제가 굳이 이 자리에서 설명할 필요는 없겠지만, 사람이 기계도 아니고 결국은 생물학적인 존재인데 자연조건을 어기면서 살 수는 없단 말이죠. 우리가 자외선을 피해 어디로 갈 것인가? 바닷속으로 들어가서 살 수 있는지? 이 상태로 20년 내지 30년을 지속하면 파국이라고 하는 얘기도 나와 있거든요. 물론 생태학적 예언이라는 것은 어디까지나 예언이지요. 어떤 기적 같은 일이 일어날지도 모르는 것이고, 생명의 세계라는 것은 과학의 예측범위를 넘어서는 부분도 많으니까요. 그러나 예측치고는 거의 어김없을 것이라는 것이 이 분야 과학자들의 공통된 얘기인 것 같아요. 그러니까 생물학적인 기초 자체가 거의 붕괴 직전에 도달한 형편에서 종래의 습관을 되풀이하는 데만 머물 수 있겠는가라는 근본적인 반성, 산업문명과 그 문명 속에서 영위되는 우리의 일상생활의 총체적인 방식, 이것을 뿌리로부터 묻지 않으면 결국 극복의 길이 열리지 않을 것이라는 인식을 담아내기 위해서는 생태계라는 용어가 필요하지 않을까라고 생각합니다. 그밖에 우리나라에서는 여러분이 잘 아시겠지만 시인 김지하를 통해서 생명운동이라는 말이 소개되었고 일부에서 사용되고 있습니다. 그 말은 김지하씨의 사상적 역정 가운데서 나온 상당히 뜻깊은 용어라고 생각되고, 또 그것이 생태운동이라는 말보다는 상당히 부드러운 우리말이기도 한데, 저는 굳이 모든 사람들이 그 말을 써야 한다고 생각지는 않습니다. 지금 전세계적으로 생태학 또는 생태운동이라는 용어로서 어떤 문제를 바라보는 시각이랄까 이런 것이 존재하고 있는 이상, 우리가 기어이 이런 부분에서까지 독자성을 고집할 필요는 없다는 생각이 드는군요. 그리고 지금 서구에서는 녹색운동이라는 말을 많이 쓰는데, 우리 한국에는 아직 익숙하지 않고 또 그 말을 쓰기가 조금 거북한 다른 사연이 최근에 있기도 했습니다만, 앞으로는 생태계라는 용어와 녹색운동이라는 용어를 받아들이는 데 거부반응을 보일 필요는 없지 않느냐라는 생각을 합니다.

녹색운동과 노동운동

저는 오늘 순전히 공부하는 기분으로 여기에 앉아있는데요. 한가지 질문을 드려보겠습니다. 말씀 도중에 노동계급운동이 정치적·보편적인 주제를 내거는 전체적인 운동으로 발전하지 못한 결과의 하나로서 녹색운동의 성장을 말할 수 있다고 하셨는데, 이것을 한번 뒤집어서 생각해보면 어떨까요? 우리가 자명한 공리인 것처럼 받아들이는 것 중의 하나가 항상 노동운동을 중심에 놓고 생각하는 사고방식이지요. 노동운동은 뭔가 절체절명의 신성한 것이라고 여기고 그것을 중심으로만 변혁의 가능성에 대해 생각하는 습관적인 사고도 다시금 면밀하게 검토해볼 필요가 있다고 생각하는데요. 가령 유럽이나 미국 등 선진 자본주의 사회에서 일반적으로 노동운동이 앞으로 어떻게 전개될지는 모르겠습니다만, 그동안의 경과는 일단 노동조합주의라든지 경제주의라든지 이런 식으로 체제에 동화되었고, 뭔가 근본적인 사회변혁을 위한 희망을 주는 세력으로 성장해오지 못했다는 것은 대개 공통으로 내리는 결론인 것 같습니다. 저는 이 방면의 전문가가 아니기 때문에 잘 모르지만 그 원인에 대해서는 여러가지 설명이 있겠지요. 그런데 어떤 설명이 있다고 하더라도 결국 우리가 냉정하게 보아야 할 것은 그것은 실패한 운동이라는 점입니다. 그러면 우리가 노동계급운동을 중심에 놓고 보는 관점에서 조금 비켜나서, 기성의 변혁운동 논리의 틀을 한번 떠나서 생각해보자는 것입니다. 가령 녹색운동을 지식인 중심의 쁘띠부르주아운동이다라고 할 때, 그 쁘띠부르주아라는 규정, 이것은 결국 노동운동을 중심으로 보는 기성 운동논리의 시각에서만 타당한 것이거든요. 제게 어떤 저 나름의 정리된 새로운 논리가 있다는 얘기가 아니라 한번 우리 자신을 혼란시켜보자는 얘기입니다. 따지고 보면 그동안 제3세계 민중운동의 일정한 성과도 순전히 계급중심 운동이라기보다는 민족해방적인 성격이 강한 운동이었고, 그보다 먼저 소련과 중국에서의 경험도 민족해방적인 요소가 강한 것이었다고 보는 사람도 있는 것으로 압니다. 요컨대 노동계급운동을 절대화하는 습관에서 벗어나서 사물을 보는 것도 필요하지 않을까, 그렇게 생각하는 것은 인간이 스스로 자기 생존의 토대를 허물어뜨리는 생활방식을 구조적으로 강제하고 있는 체제에 대해서 현단계에 있어서 근본적인 대안을 제시하고 있는 것은 그래도 녹색운동 계통이 아닌가라고 보기 때문입니다. 기왕의 노동운동과 녹색운동의 관계가 어떻게 정립될 것인가는 따져봐야 할 것이라고 생각하지만, 적어도 기존 노동운동 방식을 그대로 고수하면서 녹색적 요소를 첨가한다는 방식으로는 어렵지 않을까요? 아까 김록호 씨가 지적하셨듯이 녹색운동이 자본주의에 대한 집중적인 분석·비판보다는 산업주의 내지는 산업문명이라는 용어를 즐겨 쓰는 것은 사실입니다. 그런데 모든 녹색운동가들이 그런 입장인 것은 아닌 모양입니다. 무슨 책을 보니까 독일 녹색당에도 여러 그룹이 있고 그중에는 맑스주의를 자기들의 정치이념으로 삼고 있는 그룹도 있다더군요. 그러니까 녹색운동이라고 해도 이것을 일괄적으로 한 덩어리로 지목하기는 어렵겠지요. 그러나 이런 점을 고려하더라도 녹색운동이 실제로 다른 전통적인 변혁운동과 특별하게 구분되는 점이 하나 있다면 노동계급중심주의가 아니라는 것입니다. 그렇게 되는 여러가지 배경 가운데 하나는, 이 사람들이 전통적인 변혁세력의 이념이었던 맑스주의 내지는 기존 사회주의 운동논리, 이것이 가지고 있는 한계를 주목하고 있기 때문이지요. 그러한 사상·논리는 결국 생산력중심주의를 근본전제로서 받아들여왔다는 것입니다. 그 사상은 물질중심주의이며 산업화의 이데올로기로 기능해왔다는 것입니다. 물질적 성장, 물질적 확대가 바로 인류의 진보라고 하는 믿음에 충실했다, 이렇게 투박하게 요약될 수 있을지는 모르겠지만, 적어도 ―

저 자신이 생각해보더라도 맑스주의에서는 일반적으로 물질적인 하한선이 규정되어 있는 것은 사실이거든요. 사회주의가 실현되기 위한 전제조건으로 생산력 발전이 있어야 한다고 맑스 자신이 말했으니까요. 그러니까 사회주의에 앞서서 자본주의의 엄청난 생산력이 필수적으로 있어야 한다는 것입니다. 그런 관점이 맑스주의의 중심에 있는 것은 분명하다고 보는데, 그런 점에서 맑스는 세계를 공장으로 만들려고 했다고 지적한

아도르노의 말도 일리있는 얘기로 생각됩니다.

노동운동과 자주적 공간

운동이 실패한다는 진리를 얘기하는 것이 아니고 —

제가 말을 신중하게 하지 못한 것 같은데, 물론 그렇게 간단하게 노동운동이 실패했다, 성공했다고 말할 수 있는 것은 아니죠. 그러나 문제는 예컨대 소련에서 저렇게 공산당 권력이 붕괴하고, 서구에서도 노동자계급이 나중에는 어떻게 될지 모르지만 하여간 부르주아체제에 통합되어버렸단 말이죠. 저 자신은 계급적 시각에 입각한 노동운동보다 범위가 큰 민중운동이라는 개념이 녹색운동적인 방향에서 변혁을 생각할 때 더 적합한 개념이 아닐까라는 생각을 하고 있습니다. 그런데 노동계급운동이 체제에 수렴되었다는 얘기와 함께 중요하게 따져보아야 할 것은 노동운동이 오늘날 무슨 까닭으로 이러한 좌절을 겪고 있는가 하는 것입니다. 여러가지 이론이 있겠지만, 특히 2차대전 이후에 고도로 조직화된 거대 산업체제속에서 노동계급이 자기들 운동의 기초가 되는 산업노동의 메커니즘 그 자체로 인하여 체제에 대한 대안적 세력으로 성장하기 어려운 점이 있다는 것이 특히 주목되어야 한다고 생각합니다. 기술공학의 고도의 발전이라든지, 산업체제속의 관료적 위계질서라든지, 공장노동의 빈틈없는 조직화, 기계화되어가는 노동과정속에서 산업노동자들의 인간적인 자주성이 크게 위축되기가 쉽거든요. 저는 자주성의 상실이라는 개념이 굉장히 중요하다고 생각하는데요. 오늘날 당면하고 있는 생태계의 위기라는 문제는 본질적으로 인간의 자주성 또는 자율적 책임의 문제로 귀결된다고 봅니다. 자주적인 인간만이 남의 자유에 대해서 진정한 관심을 가질 수 있다는 말도 있지만, 우리가 얼마나 많은 자주적 공간 또는 자유의 여지를 확보하느냐가 관건인 것 같아요. 그런데 생태적 위기상황에서 자연만 파괴된 것이 아니라 인간관계가 파괴되었고, 관계가 파괴되었을 뿐 아니라 개인 하나하나가 망가뜨려졌단 말입니다. 이것들은 상호 밀접히 관련되어 있습니다. 사회과학자들은 일반적으로 거시적인 안목에서 노동운동의 역사를 보는 데는 열심이지만 실제로 노동자들 자신의 문화와 습관이라든지 실제 현장에서의 노동과정이 인간의식에 미치는 영향이라든지 이런 측면에는 그다지 주의하지 않는 것 같아요. 오늘날 산업노동의 현장이라는 것은 자연과 완전히 분리되어 있죠. 물론 우리나라의 경우는 아직도 농촌과의 연대가 상당히 남아있다고 봐야겠지만, 유럽의 경우에는 노동자들이 농촌을 떠난 지 5세대 이상이 됐단 말입니다. 그러니까 자연과 절연된 산업생활에서 오는 의식의 문제가 분명히 있을 것이라고 생각합니다. 이렇게 말하면 또 심리적으로 문제에 접근한다고 야단맞을까 겁이 나는데, (웃음) 심리적·문화적인 측면의 문제와 노동운동이 전반적으로 체제내에 수렴되는 현상은 상당히 큰 관계가 있을 것이라고 짐작되거든요. 그런데 이 문제가 해결 안되고 덮여 있다면 앞으로도 별로 전망이 없다는 얘기가 될 텐데요. 하여간 기성의 사고의 틀을 근본적으로 검토해보는 작업이 있어야 하지 않을까라는 뜻에서 이런 이야기를 드립니다.

만물은 인간의 형제

저는 결합을 반대하는 것이 아니라, 그냥 말만이 아니라 진짜 실천속에서 결합하기 위해서 여태까지 노동운동이 두어온 역점과 녹색운동의 역점이 어떻게 다른가를 이해해야 하고, 현실을 냉정하게 분석해야 한다는 것을 얘기하는 것입니다. 그리고 논점을 분명히 하고 싶다는 뜻에서 말씀을 드리는데, 예컨대 과학적 설명, 과학적 이론의 필요성을 이야기하셨습니다. 그런데 저는 사실 과학이라는 말만 나오면 상당히 열등감이 있는 사람인데요. (웃음) 하여간 좀더 현실을 잘 설명해주는 것이 더 과학적이라고 할 수 있겠죠. 바로 그 관점에서 보자는 것입니다. 저는 근본적으로 노동운동과 녹색운동의 결합을 지지하는 것처럼 사회주의의 어떤 전통을 우리가 마땅히 흡수해야 한다고 생각합니다. 그런데 문제는 지금까지 현실에서 지배적이었던 사회주의의 주된 흐름이 어느 정도까지 포괄적으로 인간의 삶을, 생존문제를 설명해주는가? 지금 우리가 그것을 녹색운동의 관점, 생명운동의 관점에서 보면, 그 한계는 분명합니다. 왜냐하면 자연의 일부로서의 인간, 또는 자연사속에서의 인간의 위치에 대해서는 이렇다 할 깊은 이해와 성찰이 없는 것이 아닌가―

제가 용어를 잘못 쓴 것 같습니다. 제 얘기는 그런 뜻으로 한 것이 아니라, 이건 관념적이고 신비적인 얘기라고 하실지 모르겠습니다만, 결국 자연 만물이 인간의 형제라는 인식이 결여되어 있다는 것입니다. 만물은 인간의 형제라는 생각은 중요합니다. 지금 생태적 위기는 단순히 이론을 하나 첨가한다고 해서 해결될 것이 아니라 정말로 근본적인 변혁으로 돌파해내지 않으면 우리가 살아남지 못하는 것인데, 여기에 자연관과 생명관의 문제는 결정적인 의미를 갖는다고 봅니다. 실제로 사람도 하나의 생물이거든요. 결코 자연과 유리되어 있는 존재는 아니란 말이죠. 저는 자세히 모르지만 현대 첨단과학에서는 이런 얘기를 많이 하는 것으로 알고 있습니다. 가령 지구를 하나의 유기체, 생명체로 보는 가이아(Gaia) 이론이라는 것도 그래요. 수십억년 동안 태양복사열이 40퍼센트나 증가했음에도 불구하고 지구표면 온도가 항상 일정 수준을 유지해온 것과 같은 점에 착안하여 구상된 이 가설에서는 지구가 결국 자기를 조절하는 능력, 즉 마음을 가지고 있고, 그래서 하나의 생명체나 같다고 봅니다. 하여간 단순한 흙덩어리도 마음을 가진 생명이라는 생각은 옛날부터 굉장히 많은 사람들, 미개사회나 아메리카 인디언들, 그리고 많은 신비가들, 시인들, 상상력이 풍부한 사람들이 늘 얘기해온 것입니다. 저는 기술주의적인 접근방법도 취할 바는 있지만, 도저히 그 방법 가지고는 문제해결이 되지 않는다고 생각합니다. 또 정치경제학적인 접근방법이나 사회구조의 변혁이라는 것도, 그것도 해석하기 나름이긴 하지만, 우리가 일반적으로 가지고 있는 상식적인 수준에서의 이른바 과학적인, 합리적인 접근은 굉장히 부적절하다고 생각합니다.

환경문제와 에코파시즘

오늘의 생태계위기는 앞으로 경제성장이 제약될 수밖에 없다는 의미에서의 경제적인 측면뿐만 아니라 사회적인, 도덕적인, 철학적인 측면에 모두 관련되는 삶의 총체적인 위기입니다. 얘기를 계속하기 전에 제가 잊어버릴까 싶어서 말씀드리는데, 방금 김교수께서 말씀 도중에 이 문제를 해결하기 위해서는 전면적인 공적 통제가 필요하다고 하셨는데, 거기에 조금 주석을 달아주셔야 하지 않을까라는 생각이 듭니다. 가령 파시즘체제와의 차이점은 뭐냐는 것이죠.

그 맥락에서 말씀은 하셨는데, 전면적인 공적 통제라는 것은 결국 책임이 개인의 자율성에 입각해 있지 않고, 외부적으로 어떤 강제력에 의해서 이 문제를 해결할 수 있다는 생각이 개재되어 있고—

제가 이런 얘기를 하는 것은, 공해라든가 환경문제가 터지면 사람들이 뭔가 강제력을 발동해야 한다는 식으로 쉽게 말들을 하거든요. 에코파시즘이라는 말도 있잖아요. 저는 오히려 그쪽으로 갈 가능성도 없지 않다는 생각을 하는데, 왜냐하면 자원이 고갈되고 공해가 심각하게 될 때, 결국 파시즘체제가 강화될 사회심리적 조건이 성숙하지 않을까 하는 우려가 있기 때문입니다. 가령 20세기 말에 가면 열대우림이 거의 다 파괴될 것으로 보이는데, 그렇게 되면 기후변동도 변동이지만, 사막화된 열대지방으로부터 시작하여 대규모 민족이동이 있고 그에 따른 전쟁가능성까지 생각하는 사람들도 있거든요. 그리고 아까 소련에서 자본주의적 방법으로 산업화를 추진하다가 생긴 문제라고 언급하셨는데 그것도 저는 설명이 필요하다고 생각합니다. 소련이나 동구에서 발생한 생태계의 파괴는 결국 자본주의적인 방법이 책임져야 하는가 하는 질문이 있을 수 있거든요.

민주적 자결권

아, 제가 잘못 들었는지도 모르죠. 하여간 문제는 사회주의적인 개발은 자본주의적인 것보다 이론적으로 볼 때 공해나 생태계의 파괴를 유발시키지 않아야 할 것 같은데 현실에서는 그렇지 않았다는 말이죠. 성급한 판단일지 모르지만 제 생각에는 그러한 모든 문제는 산업화의 무리한 추진의 필연적인 결과인 것 같아요. 자본주의적인 산업화만이 아니라 산업화 그 자체의 추구가 근본문제라는 것입니다. 물론 자본주의 체제 극복의 당위성은 두말할 필요가 없겠지만, 그것만으로는 부족하지 않느냐는 것이죠. 대규모 산업화의 전략에 문제발생의 원인이 있었다고 저는 봅니다. 거대 산업체계, 고도의 기술과학, 더 많은 것에 대한 추구, 이런 것 말입니다. 원자력발전소나 대규모 공장을 운영하기 위해서는 위계질서 구조가 필연적으로 수반되고 그렇게 해서 명령·복종의 관계가 성립되고 민주적 공간이 줄어드는 것은 불가피하지 않을까요? 페레스트로이카 이후 소련에서 빈발하고 있는 노동쟁의는 대개 자주관리의 문제로 집약되고 있다고 합니다. 많은 사람들이 경직된 공산당 관료체제를 얘기해왔지만 저는 그러한 관료체제 경직성의 원인도 산업화의 추구에서 찾아볼 수 있다고 봅니다. 사회진보의 목표를 산업화에 두고 있는 한 자본주의 체제에서와 마찬가지로 사회주의 체제에서도 민중의 민주적 자결권은 근원적으로 부정되는 것이 아닐까 싶습니다.

생산력이냐 사회적 관계냐

맑스주의보다 더 오랜 연원을 가진 사회주의 전통에서는 끊임없이 그 얘기를 해왔습니다. 권력의 집중에 대해서 분권은 늘 얘기되어왔지요. 저는 무조건 규모가 작아야 한다고 얘기하지는 않습니다. 제가 지금 거대주의를 언급한 것은 모든 것이 다 거대해졌다는 것이 아니라 기본적인 방향이 그래왔다는 것입니다. 그리고 백선생님이 조금 아까 맑스가 사회주의 사회의 상한선에 대해서는 얘기 안했지만 하한선에 대한 언급은 얘기할 수 있다고 하시면서 좌우간 먹을 것이 있고 어느 정도 물질적인 풍요를 누리는 전제조건이 이루어져야 인간이 제대로 살 수 있는 사회가 될 것이 아니냐고 하셨는데 일면 옳은 지적인 것 같습니다. 그러나 실상이 과연 그럴까요? 좀더 근본적인 사회주의 전통에서 제공되는 참으로 빛나는 성찰의 하나가 생산력의 수준이 아니라 사회관계가 근본문제라고 보는 관점 아니겠습니까? 물량이 절대적으로 부족해서 고통받는다는 것은 결국 부차적인 문제라는 겁니다.

정말 문제는 식민지적 관계, 제국주의적 관계, 사회내에서의 인간의 불평등한 관계, 이것이겠죠. 물론 한시적으로 보면 또 지역에 따라서는 절대적인 물자의 확보가 우선적인 경우도 있다고 할 수 있겠지만, 근본적인 문제는 생산력의 크기가 아니라 사람들이 어떤 사회관계·인간관계를 누리면서 유지해왔는가, 어떻게 생산되느냐, 생산되는 방법이 중요하다는 점을 강조해왔다는 데 저는 사회주의 전통에 매력을 느낍니다만―

아니죠. 단순히 공상이 아니고 실제로 인류학자들의 보고서를 보면, 생산력이 굉장히 낮은 단계에 있는 소위 미개사회 ― 미개사회라고 해서 그 나름의 풍부한 문화를 누리는 인간사회임을 잊어서는 안됩니다. 일부에서는 그것을 제4세계라고도 얘기를 합니다만, 그런 사회에서 사람들이 사는 모습을 보면, 지금 백선생님이 단정적으로 말씀하시는데 전혀 그렇지 않거든요. 아주 낮은 생산력 단계에서 고르게 원만하게 잘 살고 있어요.

의료와 산업체제 ― 이반 일리치의 사상

저도 일리치의 책을 오래전부터 읽어왔고, 저 나름대로의 생각을 정리하는 데 도움을 받았습니다. 김록호 씨는 자신이 의사니까 어떻게 보면 당연한 비판적 반응이라고 볼 수 있겠지요. 저는 이반 일리치의 견해에 동조하는 입장에서 얘기를 해보겠습니다. 그 사람은 우리 문제가 근본적으로 정치적 문제라고 보죠.

일리치가 보기에 현대사회에서 보건의료의 산업화가 기본적으로 문제의 출발이라는 겁니다. 예전에는 사람들 개개인이 자기나 자기 가족의 건강문제는 스스로 어느 정도까지는 책임질 줄 알았죠. 일리치는 삶의 기술이라는 표현을 사용하지 않습니까? 옛날에는 출산이라든지 사람이 늙어간다는 것, 태어나고 죽는다는 것은 질병이 아니었단 말예요. 그런데 현대 산업의료체제에서는 다른 질병과 같은 식으로 처리된다는 것이죠. 일리치가 자본의 논리를 모르고 무조건 비판을 한다고 하셨지만 사실은 상품으로서의 죽음, 상품으로서의 출산 등 자본주의 사회의 기본적인 논리를 가지고 설명을 하죠. 그런데 제가 보기에 일리치의 강점은 여기서 한걸음 더 나아가 건강산업의 확대에 수반되는 '삶의 기술'의 전반적인 퇴화와 그에 따르는 삶의 비인간화 내지 불모화를 탁월하게 분석하는 데 있습니다. 예컨대 한사람이 죽는다는 것은 그 자신이나 그의 가족들에게는 굉장히 중요한 경험이 되는데, 오늘날에는 점점 마치 무슨 쓰레기를 치우듯 한단 말이죠. 죽음도 삶의 일부이고 그것을 어떻게 경험하느냐 하는 것은 인간의 존재론적인 체험의 필수적인 차원에 속하는데요. 지금은 이러한 차원이 박탈되어버렸단 말이지요. 그리고 모든 사람이 정기적으로 신체검사를 받아야 하는 의료보장제도에서는 사람들이 의료라는 산업기술체제에 수동적으로 의존하는 습관이 굳어지게 됩니다. 그리하여 삶의 기술에 대한 자주적 관리의 힘이 사라지게 되는 것입니다. 일리치는 의료체계가 현대산업체제의 주요한 지주라고 보고 있습니다. 가령 "의사들이 오늘날의 사제다"라고 하는 얘기도 그렇습니다. 의사들이란 자기가 갖고 있는 의료적인 지식을 가지고 환자를 개별적으로 상대하면서, 본질적으로 환경적 요인, 산업체제의 반생명성에 기인하는 질병을 개인의 책임으로 돌린다는 것이죠. 그렇게밖에 할 수 없는 구조란 말입니다. 그렇게 해서 비인간적인 체제에 환자를 재적응시키는 사회적 역할을 받아들이는 한 의사는 체제를 수호하는 '사제'라는 얘기지요. 그래서 의료문제는 근본적으로 정치적이라는 판단이 나옵니다.

일리치는 제가 알기에는 의료문제에 있어서는 모택동의 문화혁명 사상과 거의 유사한 데가 있어요. 모택동이 뭐라고 했습니까? 부자의 수명을 몇달 연장하기 위해서 고도의 값비싼 기술, 의료, 그런 것은 자기네들이 원치 않는단 말이죠. '맨발의 의사'라는 것도 결국 일리치가 말하는 건강에 대한 자치 내지 자결권과 비슷한 발상을 보이는 것이거든요.

양의학에서 과학이라고 하는 것은 파괴의 과학이지요. 생명관 자체가 사람의 몸을 생명으로 보지 않고 기계로 보고 있는 거예요. 출발 자체가 잘못된 겁니다. 실험이라 해서 무수히 많은 동물을 죽이고 ….

녹색운동과 음(陰)의 논리

저는 확실한 생각은 별로 없고, 반동적인 소리만 또 할 수밖에 없지 않나 싶은데요. 아까 김세균 교수께서 지금 상황은 종래 상황과는 근본적으로 다르다, 자본가와 노동자가 공멸하느냐 않느냐라는 근본적인 문제가 있다고 하셨지요. 제 생각은, 이 위기를 벗어나기만 하면 그냥 단순히 지속적인 생존이 가능하게 된다는 정도가 아니라 여태까지 살아왔던 생활방식과는 정말 질적으로 다른 살 만한 아름다운 세상이 되리라고 생각합니다. 이 위기는 원칙적으로 종래의 사회변혁운동에서 습관적으로 설정해왔던 사고방식, 그 정도 가지고는 절대로 해결될 수 없고 인간 자신이 다른 차원으로 질적인 고양이 있어야만 하는 것입니다. 여태까지의 변혁운동의 기본적인 시선은 지금 상태보다 질적으로 다른 어떤 상황을 목표로 하기는 했지만, 결국은 더 많은 것을 끊임없이 원하는 욕망의 구조 자체에는 근본적인 반성이 없었던 것으로 보입니다. 저는 이론적으로 노동운동과 생태운동이 결합 못할 이유는 없다고 생각합니다만, 생태계의 위기가 정말로 심각한 지경에 와있는 것을 철저하게 인식한다면 기왕의 노동운동의 근간에 있는 욕망의 구조, 그것이 완전히 혁명적으로 변화해야만 비로소 그 결합이 가능할 것이라고 원칙적인 얘기만 할 수 있을 것 같습니다. 제가 특히 주목하고 싶은 것은 그동안 아무래도 정신적인 차원 같은 것은 등한시되어왔지 않느냐 하는 겁니다. 생명에 대한 외경심, 생명에 대한 존중, 이런 것이 사실은 녹색운동의 가장 핵심적인 사상이라고 볼 수 있는데, 생명을 존중하는 논리에서 보자면 결국 인간의 향상과 발전이라는 것은 내면적인 성숙이나 자기실현을 의미하는 것입니다. 그리고 실제로 물리적으로도 지금 우리의 현실은 더이상 밖으로 향한 발전은 어렵게 되어있지 않은가라는 생각이 들거든요. 제 얘기는 어떤 방법론상, 또는 전략기술적인 필요에 의해서가 아니라 우리 자신의 삶의 충실을 위해서 생명에 대한 존경심 또는 좀더 간명하게 비폭력주의가 우리의 삶을 이끌어야 한다는 것입니다. 저는 아무리 생각해도 그동안의 자본주의 체제는 말할 필요도 없고 우리가 현실에서 보아왔던 사회주의 체제에서도 어디까지나 폭력적이고 공격적인 그리고 인간 자신이 모든 것의 주인이라는 교만성, 거대주의, 권력에의 의지, 이런 것이 지배적인 세계관이었다고 봅니다. 그러한 체제의 희생자들이 농민, 노동자, 많은 소외된 사람들, 여성들, 노인, 아이들이며 그리고 무엇보다도 오늘날에 있어서 최대의 프롤레타리아는 자연이라고 해야 할 것입니다. 그동안의 변혁운동의 논리에서 자연에 대해 자원으로서의 자연 이상의 자연관을 과연 보여줬는가? 저는 부정적입니다. 자연에 대한 관계는 결국 인간간의 관계를 그대로 반영하는 것입니다. 우리 자신들의 생활을 얼마나 비폭력적으로 만들고 이웃을 얼마나 보살피고 돌볼 수 있는가, 그리고 원한이나 적대감에서 우리가 얼마나 벗어날 수 있느냐 하는 점과 이 문제는 바로 직결된다고 하겠습니다만, 그런 점에서 저는 지금까지 대세를 이루어왔던 말하자면 양(陽)의 논리에 대해서 이제부터는 음(陰)의 논리가 크게 존중되어야 한다고 생각합니다.

욕망의 교육과 흙의 문화

그런데 제가 욕망의 교육이라는 말을 쓴 것은 금욕주의를 주장한다든지 절제를 강조하는 것이 아니라 근본적으로 우리가 어떤 사회에서 살기를 원하는가라는 것을 생각해봐야 한다는 뜻에서 말한 것입니다. 백선생님은 원시시대로 돌아가시지 않겠다고 단호하게 말씀하시는데, 저는 가능하다면 못할 것도 없지 않은가 싶은데…. (일동 웃음)

지난 몇십년 동안 인류학의 성과를 보면서 어느 정도 분명하게 말할 수 있는 것은, 선진 산업사회라는 고도의 서구식 문명을 누리는 사회의 사람들보다도 개발이 덜 되거나 산업화가 덜 된 지역, 다시 말해서 제3세계나 혹은 미개사회의 토착적인 생활방식을 유지하고 있는 그런 지역의 사람들이 물질적으로는 빈곤하겠지만, 비교할 수 없을 정도로 훨씬 더 건강하고 생명력있게 살고 있다는 사실입니다. 아마 이것을 부인하기는 어려울 것으로 생각합니다. 이 점과 관련해서 얼마 전에 작고한 루이스 멈포드가 쓴 책《기계의 신화》에 나오는 얘기가 생각나는데요. 신석기시대 이래 기술의 역사를 다루는 방대한 규모의 이 책 어딘가에서 멈포드는 인간이 건강한 삶을 누리기 위한 조건으로 적어도 그 사회의 70~80퍼센트는 농업적 구조여야 한다고 말했습니다. 그에 따르면 지구상의 생물진화의 긴 과정에서 파충류 다음에 포유류가 등장하는데, 이때 지구 전체에 꽃들이 폭발하듯이 피어났다고 합니다. 이것은 단순히 우연의 일치가 아니고, 식물의 세계속에서 살지 않을 수 없는 인간을 포함한 포유류 생물의 궁극적인 운명을 말하는 것이 아닌가 싶습니다. 식물이 단지 인간에게 먹거리를 제공한다는 의미뿐이라면 갖가지 아름다운 빛깔과 모양의 꽃들이어야 할 필요는 없거든요. 인간과 자연과의 관계는 먹고 먹히는 공리주의적 관계 이외에 무엇인가 본질적인 정신적 교류의 관계가 있다는 암시로 받아들여도 좋은 얘기가 아닌가 합니다. 오늘 여기서 많은 얘길 했는데 제게 좀더 절실한 관심사는 우리가 지금 보는 공업사회나 그것의 연장으로서의 이른바 탈산업사회를 우리의 삶의 터전으로 정말 받아들일 수 있느냐 하는 문제입니다. 사람이 내면적인 행복을 진정으로 바라고, 인간 사이의 관계가 진실로 비폭력적인 관계로 되려면 결코 흙의 문화를 떠나서는 될 수 없다고 저는 생각합니다. 앞으로 우리가 어떤 바람직한 농업중심사회를 상정한다 해도 물론 옛날식으로는 안되겠지요. 지금까지의 기술수준이라든지 사회생활을 조직하는 지혜나 기술의 힘은 빌리면서 근본적으로는 사람이 흙을 상대로 대화를 하면서 지낼 수 있는 터전, 그런 문화를 확보해야겠지요. 이런 생각 때문에 저는 노동계급적 시각보다는 일반적으로 민중의 시각이 소중하게 생각되는데요. 농경사회 전통의 풍부한 지혜나 삶의 기술은 그것이 아무리 왜곡·탄압되었다 하더라도 농민을 중심으로 하는 기층 민중사회속에 전승되어 있게 마련이지요. 아니 그렇게 믿는 것인지도 모르지요. 어쨌든 노동운동중심의 입장에 대해서 제가 얼른 동조하기를 꺼리는 것은, 결국 이런 산업사회를 계속 확장한다는 것은 불가능하지만 설사 가능하다 해도 정말 조화로운 사회관계 또는 자연과의 관계는 어려울 수밖에 없으리라고 생각되고, 바람직한 세상이 되려면 공업이라는 것도 대부분 비록 옛날과는 다른 수준일망정 본질적으로 수공업적인 것으로 바뀌어야 하지 않을까 생각되기 때문입니다. 막연한 생각이지만, 저로서는 골똘한 생각입니다. 지나치게 관념적이고 종교 냄새까지 난다 하더라도 어쩔 수 없습니다. (1990년)

녹색운동과 농업문화

　환경문제가 심각하게 되었다고 누구나 말하고 있다. 어느새 신문이나 방송을 통해 크고 작은 환경재난에 관한 보도에 접하지 않고 지나는 날이 없게 되었다. 오늘 아침 라디오 뉴스에서는 지리산의 토종벌이 꿀을 따러 다니지 않는 이상스러운 현상이 나타났다고 한다. 농약이 살포된 농작물이나 풀들에 접근했다가 변을 당해온 벌들이 이제 그걸 기피하는 것이라는 해석도 있고, 또 달리 해석될 여지도 있는지 모르지만 아무튼 생태계의 손상에 따른 불길한 현상임이 분명한 듯하다. 토종벌은 양봉에 비해 저항력이 더 약하니까 먼저 예민한 반응을 나타내고 있기도 할 것이지만, 이런 사태는 머지않아 양봉에게도 미칠 것이 틀림없는데, 그렇게 되면 생태계의 균형속에서 여태까지 벌들이 해오던 역할은 누가 대신할 수 있는가? 물론 벌들만이 문제인 것이 아니다. 오늘날 하루에도 수십종의 생물이 멸종되고 있는 형편이다. 하나의 생명이 없어지면 이 세상은 그만큼 가난해지고 적적해지는 것이지만, 개체생명은 끝없이 살고 죽는 것을 거듭하는 것이기에 죽음 자체를 거부할 이유는 없다. 그러나 생물종이 멸종한다는 것은 결코 작은 문제가 아니다. 엄청나게 긴 시간속에서 진화해온 생물종 하나가 자연법칙에 의해서 사라진다는 것과 인간의 인위적인 개입에 의해서 멸종한다는 것은 근본적으로 다른 이야기가 된다. 아무리 오늘의 인간이 과학적인 지식을 뛰어나게 갖추고 있다 한들 자연의 물샐틈 없이 정교하게 짜여진 생태적 균형을 인위적으로 통제할 수 있는 능력이 인간에게 없다는 것은 너무나 명백하다. 인간은 이제 살아남기 위해서라도 자기자신이 하나의 생명체이며, 자연의 일부이지 절대로 자연을 통제하고 다스릴 수 있는 능력도 자격도 없다는 것을 깨닫지 않으면 안된다. 환경위기가 제기하는 문제는 본질적으로 인간이 자신의 존재의 근본적인 한계를 겸허한 마음으로 받아들일 줄 아는 능력이 있느냐 없느냐 하는 문제로 귀결된다고 할 수 있다.

생각해보면, 오늘날 환경위기에 대한 사회적 인식은 어느 때보다도 높아진 것이 틀림없으나 과연 얼마나 많은 사람이 이 문제에 내포된 철학적·도덕적·문화적 위기를 의식하고 있는지는 분명치 않다. 우리는 환경재난에 직면하면서, 경제성장과 환경보존이 균형을 이루는 새로운 개발전략을 모색해야 한다는 이야기를 흔히 듣는다. 6월에 브라질에서 열리는 유엔환경개발회의의 주된 목표도 개발과 환경의 조화를 꾀하는 정책들에 대한 국가간 합의라고 보도되고 있다. 그러나 개발과 환경의 조화라는, 얼핏 듣기에 나무랄 데 없는 이러한 전략에는 날로 급박해지고 있는 생태계보전의 필요성에 대한 광범위한 인식이 담겨있기도 하지만, 다른 한편으로는 그럼에도 불구하고 지금까지의 이른바 산업적 생활방식에 어떤 본질적인 변경을 가할 의도는 없다는 생각이 반영되어 있는 것으로 보인다. 그리하여 이 회의에서 예상되는 주요 쟁점이 선진국으로부터 개발도상국으로 얼마나 많은 자본과 청정기술이 이전될 수 있는가 하는 문제라는 것이다. 이 회의에 참가하는 한국정부측 대표도 지구환경 악화에 한국은 '역사적인 책임'이 없음을 주장하기로 방침을 세웠다고 한다. 인류의 존망이 걸려있는 문제를 두고 인류사회가 모처럼 유례없는 규모로 진지한 토론을 진행해보려는 자리에서도 어김없이 지배적인 논리로 통하는 것은 약육강식의 경쟁적 힘의 논리인 것이다.

돌이켜 보면, 오늘의 위기는 지난 두 세기 남짓한 기간에 거의 광적으로 번진 산업적 생활방식으로 빚어진 것임은 말할 것도 없다. 산업적 생활방식이라는 것은 간단히 말하여 대량생산과 소비를 제도화하고, 행복의 척도를 물건과 용역의 소비량에 두는 생활방식이라고 할 수 있다. 이런 것이 진보된 생활로 간주되고, 여기에 낙오하거나 편입되지 않는 사회는 미개사회, 후진사회로 경멸을 받아온 것이다. 그러나 이러한 생활방식의 확대는 자연을 전적으로 자원으로밖에 보지 않는 관점에서만 가능할 수 있는 것이며, 따라서 그 결과로 인간생존의 토대 자체인 자연생태계의 광범위한 파괴가 초래된다는 것은 불가피하다. 뿐만 아니라 대량생산과 소비의 체제속에서 편리위주의 물질생활에 대한 인간의 욕구는 끝없는 것이 되고, 과학지식의 증가와 기술혁신이 거듭되는 동안 인간은 마침내 본질적으로 유한체계인 지구의 수용한계도 아랑곳하지 않는 지극히 교만한 존재가 되어버린 것이다.

지금 서양의 연구실에서는 파괴된 지구를 대신하여 인간이 살아갈 수 있는 새로운 서식처로서 화성의 환경을 지구환경과 비슷한 것으로 만들 수 있는 가능성에 대한 연구가 이루어지고 있다고 한다. 자신이 태어난 지구를 자기자신의 잘못된 생활방식으로 망쳐놓고, 이제 다시 우주로 진출하여 다시금 지난 역사를 되풀이하려고 하는 것이다. 그러니까 자연생태계의 파손 자체도 위협적인 것이지만, 참으로 가공할 것은 그러한 생태적 파손에 함축되어 있는 비인간화 현상이다. 인간이란 어디까지나 자연의 일부이고, 생물학적 존재의 하나인 이상 생물학적인 생존조건을 붕괴시키면서 살아남을 수는 없는 것이다. 그럼에도 불구하고 마치 그런 일이 가능하기라도 할 것처럼 지금 향유하고 있는 산업생활 자체를 포기할 수는 없노라고 주장하고 있다. 개인승용차를 굴리고, 컴퓨터를 만지고, 슈퍼마켓의 가공식품을 사먹는 일이 신성불가침인 것처럼, 이런 생활이 보장되는 한계 안에서 환경보존이 이루어져야 한다고 강변하고 있다. 이른바 녹색산업주의라는 개념까지도 등장하는 형편이다. 산업폐기물 처리기술을 발달시키고, 탈황시설을 부착하고, 쓰레기 분리수거를 실천하고, 재생자원을 광범위하게 이용하고, 청정에너지를 개발하고 하는 식으로 이 문제에 접근하려는 것인데, 물론 어느 정도의 유용성을 거부할 수는 없겠지만, 그러나 이런 접근방법이야말로 궁극적으로 인류의 장래에 가장 치명적인 영향을 끼칠지도 모르는 것이다. 왜냐하면 지금 문제되는 것은 기술이나 자본의 힘으로 부분적으로 짜깁기될 수 있는 위기가 아니라 인간의 총체적인 자기쇄신의 노력 없이는 본질적인 해결이 안되는 것인데, 이것을 무시하고 자꾸만 부분적인 손실에만 집중한다는 것은 사태를 호도하는 것이고, 따라서 눈을 감고 파국을 향해 돌진하는 짓이 되는 것이다.

환경위기를 극복하기 위해서는 여태까지의 인류생활 전체에 대한 전면적인 반성이 있어야 하는지도 모른다. 지금까지는 무슨 문제가 발생할 때마다 인간 자신의 재간에 의해서 위기를 넘기는 것이 가능했지만, 이 문제만은 인류가 무엇보다 정신적으로 거듭나는 일종의 전면적인 개종의 경험을 겪지 않고는 해결될 수 없으리라는 것이 거의 명백하다. 어떻게 보면 이 위기는 인간으로 하여금 진실로 사람답게 사는 길을 이제야말로 개척해보라는 모처럼의 하늘의 뜻으로 받아들여야 하는 것인지도 모른다.

산업적 생활방식이 문제라고 할 때, 그것은 자본주의적 시장경제의 지배로 인한 수탈과 폭력만이 문제가 되는 것은 아니라는 뜻이기도 하다. 실제로 시장경제에 대한 대안으로서 제시되었던 계획경제 혹은 통제경제 체제 밑에서 생태적 파손의 정도는 자본주의 체제의 그것을 훨씬 능가하는 것이었다는 것은 이제 널리 알려진 사실이 되었다. 이러한 사실이 자동적으로 사회주의의 실패를 의미하는 것으로 해석되기는 어려울 것이다. 그러나 역사적으로 볼 때, 사회주의가 산업적 생활방식의 확대를 지지해왔다는 것은 부인할 수 없는 것이고, 그런만큼 사회주의는 이 문제에 있어서 자본주의의 진정한 대안이 될 자격이 있다고 볼 수 없는 것이다. 사회주의가 겨냥해온 것은 평등한 소유관계와 분배의 실현이었다. 그러나 물질적 생산력을 계속적으로 높이는 것이 진보의 전제라고 보는 점에서는 자본주의와 전적으로 동일한 관점을 유지해왔다고 할 수 있다. 맑스주의에서 중요한 것은 사회적 잉여가 창출되는 방식이 어떤 것인가 하는 문제, 즉 자본에 의한 노동의 착취라는 문제였고, 이것의 극복을 위한 계급투쟁의 당위성이었다. 그런데 계급투쟁논리가 간과하고 있는 것은 모든 생산의 원천인 자연 그 자체가 이런 식의 발전에서는 반드시 언젠가는 고갈될 수밖에 없다는 점, 그리고 무엇보다 생산되는 물건이 과연 인간적으로, 사회적으로, 또 생태학적으로 유익한 것인가 하는 문제이다. 예를 들어, 살상용 무기는 말할 것도 없고, 개인승용차를 두고 말하더라도 이것은 여러가지 면에서 또하나의 흉기라고 할 수 있는데 이러한 측면에 대한 주의는 없는 것이다. 그렇기는커녕, 지금까지 사회주의 정책은 개인승용차의 일반적인 보급을 사회발전의 중요한 지표로 간주해왔다. 자연을 한갓 인간생활의 물질적 편의에 이용되는 자원으로만 본다는 점에서 사회주의적 자연관도 부르주아의 공리주의적 자연관과 본질적으로 다를 것이 없는 것이다. 게다가 거기에는 인간존재의 근본적 한계성을 받아들이지 못하는 교만성도 그대로 포함되어 있을 수밖에 없다.

생태학적 위기를 생각할 때 빠뜨리지 말아야 할 중심적인 고려사항은 농업의 중요성이다. 오늘날 도처에서 농업의 위기를 알리는 징후에 우리는 직면하고 있지만, 이 문제의 참다운 심각성의 본질에 대해서는 대체로 무감각한 듯하다. 특히 진보적이라고 자처하는 지식인들일수록 한갓 식량공급수단으로서만 농업을 보고 있는 게 아닌가 싶다. 농업의 후퇴를 역사적 진보의 과정으로 파악해온 맑스주의의 한계는 여기서도 지적될 수 있다. 실제로 맑스 자신이나 많은 맑스주의자들의 농업관에는 인간이 땅을 떠나서는 살 수 없고, 땅은 땅에 대한 애정과 책임감을 가진 사람들에 의해서만 그 생명력이 지켜질 수 있다는 기본적인 인식이 담겨있다고 할 수는 없다. 농민은 사라져야 할 계급으로 인식된 것이다.

생산성이나 토지 소유관계의 중요성을 넘어서 땅과 농업의 생태학적·철학적 의미를 성찰해온 맑스주의 이론가는 거의 없다. 오히려 농민이나 농촌의 중요성을 이야기하면 그것은 반동으로 취급되기 쉬웠다. 최근 내가 읽은 국내의 어떤 이론가의 글에는 머지않아 농민이 없는 농업이 실현될 것으로 구상하고 그것을 긍정적으로 보고 있었다. 농업이나 농민 혹은 땅에 관련된 것이라면, 무조건 추하고 고통스럽고 기피해야 마땅한 것이라고 생각하는 거의 자동적인 반응은 일반적으로 농업에 대한 편견이 얼마나 뿌리깊은가를 암시하는 것이라고 할 수 있는데, 이 편견을 강화하는 데 이른바 과학적 사회주의의 공헌이 작은 것이었다고 하기 어려울 것이다.

인간이 땅을 떠나서 살 수 있는가? 이제 우리가 물어야 할 것은 이러한 기초적인 질문이다. 지구의 자원이 고갈되거나 지구환경이 인간이 살 수 없을 정도로 황폐하게 되면 다른 행성으로 혹은 어떤 우주 식민지로 가면 된다는 생각에 혐오감을 느낄 만큼 최소한의 인간적 감수성을 지니고 있는 사람이라면, 우리가 이 지구상에서 살아남으려면 무엇보다 지속가능한 삶의 방식을 재건하지 않으면 안된다는 생각에 동의하지 않을 수 없을 것이다. 지금까지 경험해온 산업적 생활방식은 그 테두리 안에서 아무리 절제를 하고, 기술적 보완을 한다 해도, 조만간 자연을 탕진하고 말 것이라는 것은 의문의 여지가 없다. 지금 국내에서는 쓰레기 처리문제가 가장 다급한 환경문제의 하나로 부각되고 있지만, 이것을 지역이기주의나 무능한 행정의 문제로 본다는 것은 어리석은 일이다. 김포매립장이 다 차버리면 어떻게 할 것인가? 쓰레기매립이 초래하는 온갖 환경재난, 예컨대 지하수오염을 포함하여 농토파괴, 인명과 각종 생물들에 대한 위해라는 문제는 일단 제쳐두고 생각하더라도, 우선 물리적으로 쓰레기를 더 받아들일 수 없는 날이 온다. 쓰레기를 장차 우주공간으로 갖다 버릴 기술이 나올 것이라고 기대하는 사람들도 있지만, 이런 기술주의적 사고방식은 지구를 버리고 화성에 갈 생각이 있는 사람들의 사고방식이라고 해야 할 것이다. 무엇 때문에 자원을 탕진하고, 생명에 대한 끝없는 폭력을 구조적으로 강제하는 이런 식의 생활을 계속해야 하는가? 그 생활방식이 도대체 무엇이길래 그것은 움직일 수 없는 원칙이고, 그것을 온존시키는 테두리 안에서만 모든 수습책을 강구해야 한다는 것인가? 이제 본격적인 여름철을 맞이하여 전력수급에 큰 차질이 예상된다고 한다. 화석연료를 대량으로 방출하여 악화일로에 있는 지구온난화에 기여하건 말건 여러개의 발전소를 신속히 세워야 하고, 원자력발전소도 빨리 건설해야 한다는 숨겨진 메시지가 에너지위기를 운위하는 최근의 발언들에 들어있는 것을 우리는 알고 있다. 어찌하여 에너지 낭비를 부추기는 생활구조의 근본적인 변경이라는, 지극히 합리적인 접근방법은 철저히 외면되고 있는가? 산업문화의 중독은 이렇게 무서운 것인가. 한번 그속에 길들여지면 인간은 자살을 택할지언정 달리 생각해볼 능력도 책임감도 지성도 모두 잃어버리게 되는 것인가.

  우리는 흔히 정치적으로 혹은 구조적으로 해결되어야 한다고 말할 뿐, 이 문제를 풀기 위해 어떤 근본적인 변화를 구체적으로 시도하는 경우를 거의 볼 수 없다. 산성비와 온갖 유해가스로 인해 숲이 죽어가고, 오존층 고갈로 토끼가 눈멀고 생물의 서식가능성이 위태로워진다고 하는데도 자동차는 끝없이 증가하고 있다. 나나 내 자식들의 죽음을 택할지언정 자동차는 절대로 포기하지 못한다는 것이 오늘의 산업사회의 인간이다. 병이 너무나 깊이 들어있는 것 같다.

  결국 지속가능한 경제와 문화로 전환하는 것이 관건이라고 할 때, 우선 이것이 기술주의적인 방식으로는 가능하지도 바람직하지도 않다는 사실을 분명하게 인식하는 것이 필요하다. 생태적으로 건강하고 인권유린이 없는 사회를 꾸려나가는 데 현재의 기술수준이 미흡하다고 할 수는 없다. 정말 문제는 기술이 아니라 물건과 권력에 대한 끝없는 탐욕으로부터 해방될 수 있는 내면적 기초를 회복하는 일이다.

오늘의 위기는 환경위기이자 동시에 비인간화의 위기라는 사실을 간과해서는 안된다. 생태적 파손은 대체로 사람들이 내적으로 자유로운 삶을 영위하고 있지 못한 현실과 정확히 대응하고 있는 것이다. 자유로운 인간이라면 텔레비전이나 백화점의 현란하게 전시된 물건 앞에 마음을 빼앗길 리가 없고, 남들보다 앞서고 더 많이 가지고자 하는 욕망에 시달릴 리가 없다. 스피노자는 자유로운 인간만이 남들의 행복에 대하여 생각할 수 있다고 말했지만, 따지고 보면 나와 남들 사이의 경계라는 것은 그렇게 뚜렷하게 갈라놓을 수 있는 것은 아닐 것이다. 존재의 항구적인 진실은 상호의존성이며, 여기에서 개체적인 자아들을 따로 떼어놓는다는 것은 부질없는 짓일 것이다. 그러니까 타자에 대한 관심은 엄밀히 말하여 자기자신에 대한 관심이고, 이타적 행위는 결국 이기적 행위라 할 수 있다. 나와 타인, 인간과 자연은 분리될 수 없는 것이다. 이러한 인식은 오늘날 창조적인 녹색운동을 위해 필수적인 것이라고 할 수 있는데, 이것을 정말 마음으로 받아들인다면 우리는 자발적으로 가난한 생활을 선택하는 데 망설이지 않을 것이다. 가난은 부끄러운 것이기는커녕, 생각해보면 가난이야말로 사람이 자기의 이웃이나 자연과의 사이에 화평한 관계를 지속적으로 맺고 살아가는 데 필요한 것이라는 점에서 오히려 축복이 되고 기쁨이 된다. 그러나 자발적으로 가난을 선택하는 것은 금욕생활을 받아들이는 것과는 전혀 다른 것이다. 이것은 고행을 자처하는 것이 아니라 그 반대로 좀더 깊은 만족감에 도달할 수 있게 하는 수단인 것이다.

우리는 우리의 생활방식이 우리의 이웃과 생명체들에 끊임없이 상해를 입히는 것으로서만 유지될 수 있게 하는 산업문화의 지배 밑에서는 결코 온전한 삶의 기쁨도 보람도 느낄 수 없다. 이것은 인간이 본래 선량하다는 이야기가 아니라 인간성의 구조 자체가 그렇게 되어있다고 할 수 있다. 그러니까 생태계의 보전을 위해서뿐만 아니라 우리 자신의 인간성이 계속하여 뒤틀려지고 거기서 오는 고통을 알콜이나 약으로써 다스려나가려고 하지 말고 이 문제를 가장 합리적으로 해결하기 위해서도 지속가능한 비폭력적인 생활방식 혹은 새로운 문화의 모색은 지금 긴급한 것이라고 할 수 있다. 녹색운동은 단지 자연에 대한 인간의 관계를 새롭게 정의하자는 노력이 아니고 그런 노력이 동시에 인간성을 지키고, 인권을 보호하는 데 가장 필수적인 일임을 인식하는 운동이라고 해야 할 것이다.

지속가능한 생활방식은 한마디로 쓰레기를 만들어내지 않는 생활이라고 할 수 있다. 될 수 있는 대로 쓰레기를 적게 내거나 쓰레기 재활용을 넓히자는 수준을 넘어서, 원천적으로 쓰레기가 발생하지 않는 생활이야말로 참다운 의미에서 지속이 가능한 생활임을 주목해야 한다. 전통적인 사회, 즉 산업화 이전의 사회에서는 어디서나 쓰레기 없는 생활이 존재했다. 이것은 결코 불가능한 생활도 아니고, 미개생활을 선택해야 한다는 것은 더욱 아니다. 영속적인 자연법칙속에서 생명의 질서는 끝없이 재생되는데, 재생의 원리는 쉼없는 생명의 순환과정이다. 우리의 죽음은 다른 생명체의 탄생으로 이어지고, 다른 생명체의 죽음 위에서 나의 생명이 유지된다. 사람과 가축의 배설물은 흙으로 들어가서 새로운 양분을 만들고, 여기에서 농작물이 자라고 영양이 풍부한 열매를 제공하는 것이다. 이러한 순환의 과정은 태양이 빛을 발하는 동안 언제까지나 계속될 우주의 기본적인 리듬이다. 지금 우리가 선택해야 하는 지속가능한 생활은 이러한 리듬에 충실할 수 있는 경제에 기초하는 것일 수밖에 없다. 다시 말해서 그것은 농업중심의 경제, 문화일 수밖에 없는 것이다. 아마 이것은 전통적인 농업사회와는 상당히 다른 형태의 사회이겠지만, 어쨌든 일시적으로 파국을 조금 지연시킨다는 수준이 아니고 본질적으로 두려움 없이 평화롭게 살 수 있는 세상을 정말로 실현하기 원한다면 우리가 지속가능할 문화를 구상해야 하는 것은 당연하고, 그것이 농업중심의 사회가 되리라는 것은 이 문제를 깊이 생각하는 사람이라면 누구든 동의할 것이다.

우리가 지향해야 할 문화가 농업중심 문화여야 한다고 하는 또다른 중요한 이유는 인간노동에 관련한 문제 때문이다. 산업노동이 얼마나 비인간적이고, 고통스러우며, 사람을 비천하게 하는 것인가 하는 것은 너무나 자주 이야기되어왔다. 노동의 생산물도 인간적으로나 생태적으로 바람직하지 않은 것이 대부분이 되어버린데다가 과도한 분업과 기계화나 자동화에 의해서 갈수록 소외를 깊게 하는 노동과정 그 자체가 문제로 된 것은 이미 오래전이다. 그래서 오늘날 대부분의 노동자는 가능한 한 노동시간은 단축되고, 여가시간은 많아지기를 바라는 것이다. 그러나 산업문화의 지배 밑에서는 여가라는 것도 또하나의 소외체험이 되고 마는 것이 필연적이다. 여하튼 이제 노동은 생존을 위해 불가피하게 감내해야 하는 필요악으로 인식되어버린 것이다. 그러나 인간에 있어서 노동의 의미는 단지 생계를 마련하기 위한 강요된 활동만은 아니다. 노동을 통해서 인간은 삶의 진실한 보람을 느끼고 자기실현을 이루는 것이다. 히브리말로 노동이라는 말은 '섬긴다'라는 뜻을 가지고 있다고 하는데, 이것은 매우 의미심장한 것 같다. 우리는 인간을 로봇과 같이 취급하는 산업노동에서 '섬김'이 가능하리라고 상상할 수 없다. '섬김'이 가능하려면, 그 일이 창조적이고 보람있는 활동이어야 하는 것이다.

생산력이 높은 단계로 발전했을 때, 인간은 생계를 위해 어쩔 수 없이 일하지 않으면 안되는 '필연의 영역'에서 이제 창조적이고 유희적인 활동을 자유롭게 선택할 수 있는 '자유의 영역'으로 들어갈 것이라는 것이 맑스주의 유토피아의 전통적인 가정이었다. 이것은 일면 그럴듯한 생각이지만, 그러나 냉정하게 생각할 때 생활상의 강력한 필요를 바탕으로 하지 않고, 또 설사 그것이 재미있는 일이라고 해도 순전히 유희적인 동기에 의해서 이루어지는 일에 진정한 열의가 수반될 수 있을까? 더욱이 그렇게 유희적으로 행하는 일에 '섬김'의 계기가 포함될 수 있을까? 나날이 밥을 먹을 수 있게 하는 농사일속에서 사람이 하늘을 의식할 수 있듯이, 우리가 취미삼아 하는 낚시질이나 사냥이나 혹은 목각인형을 만드는 활동속에서 우리 존재의 절대적 지평을 생각하고, 거룩한 것에 대한 감각을 가질 수 있을까?

'섬김'의 문제를 떠나서도, 영속적으로 지속가능한 농사는 땅의 성질에 맞게 사람이 직접 땅을 보살피지 않으면 안된다는 이유 때문에도 농업과 인간의 긴밀한 관련은 더 주목될 수 있다. 산업적 영농에서는 절대적인 고려사항이 생산성의 문제이다. 그렇기 때문에 기계화, 화학화가 근대적 집약농업이라는 이름으로 광범위하게 실현되어 단기간 동안 놀랄만한 생산성 향상을 이룩했던 것이다. 그러나 이런 식의 근대적 과학농법이 오래가지 못한다는 것은 이미 명백하게 드러났고, 막대한 화학비료와 농약의 투입과 기계에 의존하는 농업이 결국 세계적으로 방대한 토지를 망가뜨림으로써 지금 인류의 장래에 커다란 암운을 던져놓게 된 것이다. 실제로 이런 식의 농업을 선도해온 미국에서 아무리 더 많은 비료와 농약을 투여해도 수확이 늘지 않는 현상은 이미 여러해 전에 나타났을 뿐만 아니라 오히려 그 과정에서 해마다 막대한 토양유실이 가속적으로 발생하고 있는 형편이다. 이런 과정이 이대로 방치될 때 사막화가 걷잡을 수 없이 진행될 것이라는 우려의 소리가 높다. 녹색운동이 유기농업에 주목하는 것은 당연한 일이다.

그러나 올바른 농사의 전제조건은 건강한 땅과 그 땅의 본성을 잘 이해하고 보살필 수 있는 능력과 책임감이 있는 사람들이다. 그리고 그러한 사람들은 아무 때나 있을 수 있는 것이 아니고, 오랜 농촌공동체의 전통속에서 형성되는 것이다. 그러므로 핵심적인 것은 농촌공동체의 회복이라는 문제이다. 녹색운동이 단순한 환경보호 차원에 머무는 운동이 아니라면, 궁극적으로 그것이 표현해야 하는 목표는 지금 완전히 황폐일로에 있는 농촌살림을 되살려놓는 것이라야 할 것이다. 오늘날 농촌살림은 어떻게 다시 창조적인 형태로 살아날 수 있는가? 농촌을 회복시킬 수 있는 힘이 이미 더는 농촌에 있지 않다는 것이 명백하다. 농촌이라는 배후 근거지를 상실한 오늘의 도시라는 것이 얼마나 허망하고 파괴적인 것인가를 도시에 살고 있는 우리들이 하루빨리 깨닫고, 그 깨달음을 바탕으로 풀뿌리로부터의 강력한 공동체문화운동을 곳곳에서 일으키는 일이 필요하다. 이것은 물론 일관되게 비폭력적이면서 동시에 산업문화에 대한 철저히 비타협적인 자세를 견지하는 운동이라야 할 것이다. 그것은 자발적인 가난을 선택하는 진정하게 자유로운 인간의 창조적인 실천이며, 이러한 실천속에 정치와 명상이 통일된다. 바깥으로의 정복적인 성장과 확장은 폭력을 멈출 수가 없다. 새로운 정치, 새로운 경제, 새로운 문화는 인간의 내면적 성장에 의해 지도되고, 그것을 장려하는 것이 되지 않으면 안된다. 그것은 결코 어려운 길이 아니다. 게다가 이 길밖에 활로가 달리 있는가? (1992년)

개발 이데올로기의 극복을 위하여

 환경문제에 대한 관심이 어느 때보다도 높아진 것 같다. 이것은 물론 반가운 현상이고 이렇게 고조된 관심이 좀더 확대되고 지속되기를 우리가 희망해야겠지만, 그러나 다른 한편으로는 이 문제를 둘러싼 논의방식이 일반적으로 구태의연한 수준을 벗어나지 못하고 있는 것으로 보인다. 시시각각으로 닥치고 있는 환경문제의 심각성과 급박성을 생각할 때 이것은 참으로 유감스러운 일이다.
 그동안 국내에서도 환경위기를 알리는 여러 형태의 정보가 없었던 것이 아니고, 또 무엇보다도 국내 환경상황의 걷잡을 수 없는 악화를 우리가 경험해오지 않았던 것은 아니다. 그런데도 이 문제를 다루는 당국이나 언론이나 전문가들의 태도가 늘 진지하고 열정적인 것이었다고 말하기는 어렵다. 사회의 공적 기관들이 이렇다면, 이 문제에 대하여 일차적인 책임이 있다고 할 수 있는 대기업들이 어떠하리라는 것은 물어볼 것도 없는 일이다. 물론 여기에는 부패한 권력구조라는 문제가 크게 개입되어왔다는 사실은 두말할 필요가 없을 것이다. 널리 민중 대다수의 이익을 보호한다는 것은 다만 명분뿐이지 이 나라의 권력기구가 진정으로 민중생활에 대하여 진지한 관심을 기울여본 적은 일찍이 없었다. 여기에는 물론 주류언론도 포함되는데, 특히 환경문제에 관련해서 오늘날 우리나라의 언론이 보여주는 근본적인 무책임성과 냉소주의는 특기할 만하다. 말로는 열심히 환경문제에 대한 우려를 표시하면서도 실지로 오늘의 언론이 하고 있는 것은 상업소비주의 문화를 끝없이 부추기고 있는 것이다. 환경문제를 걱정하는 신문 자신이 종이의 파괴적인 낭비를 일삼을 뿐 아니라 광고와 보도의 드러나거나 숨어있는 갖가지 메시지를 통하여 끊임없이 쓰고 버리며, 낭비하는 생활양식의 유지, 확대를 유도하고 있다. 그러니까 그러한 기본 틀속에서 진지한 사회문제나 환경문제가 거론된다 해도 그것은 결국 문화적 냉소주의만을 퍼뜨리는 데 이바지할 수 있을 뿐인 것이다. 어떠한 문제라도 그것을 성실하고 진지하게 다루려면 매체 자체가 먼저 진지한 것이 되려고 노력해야 한다는 것은 지나치게 비현실적인 주문일까?

이렇게 된 것은 언론 자신이 무엇보다도 이윤추구에 혈안이 된 거대한 기업이 되어있기 때문이다. 연일 신문과 방송이 지칠 줄 모르고 환경관계 소식을 전하고 있는데, 언론이 무책임하거나 미온적인 태도를 보여준다고 하는 것은 무슨 말이냐고 할지 모른다. 그러나 이 문제를 다루는 언론의 태도를 조금 깊이 들여다보면, 거의 전부가 기술주의적 접근으로 시종하고 있다는 것을 알 수 있을 것이다. 다시 말해서, 문제를 뿌리로부터 철저히 파악하고 대안을 모색하려는 노력은 어디에서도 볼 수 없고, 단지 이 문제가 지금까지 있어왔던 다른 부분적인 사회적 위기와 같은 차원에서 볼 수 있는 것인 것처럼 더 많은 자본의 투입과 기술의 보완의 필요성을 끊임없이 이야기하고 있을 뿐이다.

다른 어떤 산업국가들의 경우도 본질적으로는 마찬가지라고 하겠지만, 특히 우리나라와 같은 이른바 후발 산업사회에서 지배엘리트들이 환경문제에 대한 철저한 이해에 도달하기 어려운 것은 좀더 특별한 사정이 있다고 해야 할지 모른다. 정치적 부패구조를 떠나서도 도대체 그 성장과정이나 교육배경이나 출세와 권력지향적인 그들의 가치관에 있어서 지금 닥친 환경위기가 과연 무엇을 뜻하는 것인지를 제대로 알아볼 만한 능력이 그들에게는 결여되어 있기 쉬운 것이다. 오늘날 이 나라의 거의 모든 지배 권력기구를 실질적으로 장악하고 있는 사람들에게 두드러지게 공통한 것은 그들이 개발 이데올로기에 깊숙이 세뇌되어 있다는 점일 것이다. 오로지 개발이나 경제성장의 지속만이 우리의 살길이고, 따라서 이것을 방해하는 온갖 요소들은 제거되는 것이 바람직하다는 거의 맹목적인 믿음이 우리의 정치, 경제, 문화, 교육체제를 움직이는 기본원리가 되어 있는데, 이 경우 개발이나 경제성장이 구체적인 내용으로 하는 것은 서구와 북미에서 지난 이백여년에 걸쳐 지배적인 것으로 되어왔던 산업적 생활방식의 모방이라는 것은 더 말할 필요가 없다. 그것이 바로 근대화라는 이념으로 활개를 쳐왔고, 이러한 추세에 대한 거부적인 자세는 시대착오적 또는 심지어 비애국적인 것으로 분류되기 쉬웠던 것이다. 그러니까 근대화, 공업화는 어떤 형태, 어떤 수단을 통해서도 실현해야 하는 시대의 지상명령이었다.

역사상 유례없는 인권탄압이 자행되고, 농촌이 황폐화되는 민족사 내지 인류사의 커다란 위기현상은 경제성장의 부산물로서 불가피하다는 식으로 줄곧 변호되어왔다. 심지어 이른바 개발독재 권력에 대한 피나는 항거에 헌신해온 사람들 가운데도 인권탄압과는 별도로 경제개발의 공로는 인정할 수 있다는 투의 논법이 별다른 저항없이 통하는 것이 그동안의 현실이었다. 요컨대 정치적 입장에 관계없이 개발이라는 것은 다른 모든 것 앞에 서는 압도적인 가치이자 이데올로기였다.

그러나 농촌공동체의 붕괴라는 현상보다도 더 치명적인 인권침해가 있는지 우리는 생각해보아야 한다. 개인으로나 집단으로나 인간이 참다운 삶의 연속성에 대한 감각을 유지하면서 비록 고단한 노동일지라도 삶의 기본적인 필요에 반응하여 '생존의 문화'를 꾸려나간다는 것은 근원적인 삶의 기쁨과 보람을 향유하는 데 필수적이라고 할 수 있다. '생존의 문화'라고 하는 것은 인간집단이 협동과 조화의 원칙에 기초하여 자연의 재생순환과정에 순조롭게 적응하여 삶의 기본적인 필요를 충족시키는 문화이다. 따라서 '생존의 문화' 속에서는 산업문화에 내재되어 있는 것과 같은 낭비와 폭력, 그리고 끝없는 욕망과 불만의 구조가 처음부터 배제된다. 그러므로 이러한 생존위주의 문화가 지속되는 한 생태적 재난이라는 문제는 발생할 여지가 없는 것이다.

그런데 이러한 본질적으로 건강한 생존문화의 유일한 터전이라고 할 수 있는 농촌공동체가 공업화 우선의 국가적 정책에 의해 무참하게 폐기되고 부서져내렸을 때, 이것은 어떠한 구실로도 합리화될 수 없는 가장 뼈아픈 상실이며, 가장 혹심한 인권유린이라고 할 수밖에 없는 것이다. 비록 농민들의 일부가 도시에서 시작한 새로운 삶을 통해서 예전에 상상도 할 수 없는 물질적 풍요와 편의를 누리는 일이 가능했다손 치더라도 거기에는 얻은 것만큼 잃어버린 것이 많았다고 할 수 있다. 오늘날 빈곤으로부터의 해방을 실현시켰다는 것을 독재권력의 공로로 인정하고, 빈곤상태보다도 더 나쁜 인권상황이 없는만큼 그 권력은 오히려 실질적으로 인권을 개선한 것으로 평가되어야 한다는 의견도 있다. 이런 터무니없는 주장이 나올 수 있는 근거가 바로 많은 지식인들 속에 뿌리깊이 박혀있는 개발 이데올로기인 것이다.

인간생존의 의미를 단순히 물량의 획득과 소비라는 측면에서만 볼 때 농촌이 망가지고, 인간소외가 깊어지고, 전대미문의 온갖 흉한 일이 벌어지고 있는 따위의 현상은 다만 부차적인 의미밖에 가지지 못할 것이다. 그리고 누가 구체적으로 어떤 혜택을 입었는가라는 문제가 깊이 검토되지도 않고, 국민총생산의 증가 그 자체가 무조건 찬미되는 것도 당연할 것이다.

오늘날 우리나라의 지식인들은 크게 보아서 서구식 교육을 통하여 서구식 근대화의 가치를 내면화함으로써 지식인이 되었다고 할 수 있는 사람들일 것이다. 서구식 근대화의 가치에 대한 지식인들의 동의와 내면적 일치는 어느새 뿌리깊은 것이 되었다고 할 수 있고, 그렇기 때문에 서구화, 근대화, 또는 산업화에 대한 근본적인 반성을 요구하는 어떤 종류의 사고방식에 대하여는 자기들도 모르게 거부감을 느끼기 쉬운 것이다. 지금 도처에서 불거지고 있는 환경문제나 지구생태계의 크나큰 위기에 직면하여 이 문제를 총체적인 맥락속에서 철저히 들여다보려면 무엇보다 인간이 이 세상에 존재해야 할 근본방식에 대한 정신적·철학적 반성능력이 있어야 할 것인데, 이런 종류의 반성에 필요한 정신적 능력을 절름발이로 만드는 것이 그동안의 전형적인 제도교육의 과정이었던 것이다.

정신적 깊이 대신에 우리를 지배하고 있는 것은 오로지 공리주의적 척도를 숭상하는 지적 습관이다. 이렇게 보면 지금 환경문제를 대체로 기술적 땜질 정도가 필요한 것으로 보는 지배적인 시각은 그 뿌리가 매우 깊은 것이라고 해야 할지 모른다. 우리가 요즘 흔히 듣고 있는 환경문제에 대한 대책은 대부분 환경공학적인 것이다. 예를 들어, 자동차는 촉매변환장치의 개발에 의하여 배출가스를 줄여야 한다는 것이며, 굴뚝에는 집진기나 탈황시설을 해야 하고, 쓰레기는 위생처리하며, 하수종말처리장의 대대적인 건설이 필요하다는 식이다. 이런 기술적 처치가 당장 필요한 것은 사실일 것이다. 그러나 이런 식으로 계속하여 기술적 보완을 해나가는 일이 얼마나 더 오래갈 수 있는지 — 이런 문제에 대해서는 아예 논의조차 없는 형편이다.

개발이라는 개념은 본래 2차세계대전 후에 미국이 세계에 대한 지배권을 본격적으로 행사하기 시작하면서 생겨난 것인데, 해리 트루만의 대통령 취임연설속에서 세계의 대부분의 지역이 '저개발 지역'으로 규정되었던 것이다. 이제부터는 세계의 모든 민족, 모든 지역이 단 한가지 목표,

즉 구미식의 산업적 생활방식이라는 단일한 문화를 추구해야 한다는 새로운 세계관이 국제정치를 규정하게 되었다. 그것을 위해서 비서구사회는 제각기 다른 문화전통과 토양과 자연조건에 상관없이 무차별적으로 대량생산과 대량소비체제를 받아들일 것을 강요당했다. 이른바 문명의 척도는 산업적 생활수준에 따라 측정되는 것이 일반적으로 되는 세계가 된 것이다. 이러한 추세는 물론 과거 식민주의의 지배 밑에서 광범위하게 준비되어왔던 것이지만, 이제는 단순한 군사적 힘의 지배가 아니라 산업경제의 규모라는 새로운 척도를 가지고 각 민족사회를 평가하는 관행이 시작됨으로써 외부로부터의 압력보다도 사회 내부로부터 '저개발'이라는 불명예스러운 상태에서 벗어나고자 하는 강한 욕망이 사회발전의 추진력으로 작용하게 된 것이다. 그리하여 서구식 교육을 남들보다 앞서서 받을 기회가 제공된 것에 의해서 자기 사회의 지배층에 용이하게 편입될 수 있었던 엘리트들은 그들 자신의 사회적 성공을 유지하게 해주는 개발 이데올로기에 강하게 집착해왔고, 어느새 그것은 다른 어떤 것보다도 그들의 사고와 행동을 원천적으로 규정하는 거의 움직일 수 없는 신앙이 되었다.

돌이켜 보면, 개발 이데올로기가 부추기는 생산과 소비의 확대라는 것은 토지와 자원에 대한 착취를 무한히 계속해야 하는 것을 의미하고, 그런 점에서 이것은 물질적 생활수준의 무한한 향상에 대한 어리석은 믿음에 기초하여왔던 19세기적인 세계관의 교만성을 고스란히 이어받은 것이라고 할 수 있다. 도대체 개발-저개발이라는 단순하기 짝이 없는 공식에 의거하여 토착 전통사회들의 상호비교가 불가능한 독자성과 다양성을 처음부터 무시하고 단 한가지 형태의 '진보적' 모델을 추구해야 한다고 하는 태도가 결과적으로 엄청난 폭력을 수반한다는 것은 극히 당연한 일이다.

물론 개발이라는 것은 대중의 생활수준을 높인다는 명분이 없었던 것이 아니다. 정치적 입장에 관계없이 국가의 최우선 목표가 빈곤으로부터의 대중의 해방이라는 명제에 집중될 때, 국가적 자원이 총동원되어 생산력을 증대시키는 노력이 경주되는 것은 필연적이다. 그리하여 전문가 엘리트집단이 출현하고, 이들은 미국식 모델에 따라 자기 민족의 전통과 습관과 문화를 깡그리 무시하는 태도를 오히려 떳떳하게 생각하고, 근대화, 산업화의 주역으로서 찬미되는 아이러니컬한 일이 일어난다.

그러나 빈곤으로부터 대중을 해방한다는 최대의 명분마저 실제로 역사적 경과속에서 허구적인 것으로 판명되는 날이 오고야 만다. 국민총소득이라는 극히 기만적인 통계가 상당기간 동안 사람들을 세뇌하는 것이 가능했지만, 그러나 부의 총량이 엄청나게 증대되면 될수록 대중이 느끼는 박탈감이 깊어지는 사태가 심화되는 현상이 나타나는 것이다. 도대체 전세계적으로 개발에 의하여 민중의 운명이 실질적으로 개선된 사례는 어디에도 없다.

개발정책은 도시와 농촌 어느쪽을 기준으로 해서 보든지 파멸적인 것이다. 오늘날 인간 생존환경으로서 극도로 열악한 공간이 되어버린 후발산업국의 도시문제는 근본적으로 농촌황폐화의 필연적인 부산물이다. 농업이라는 것은 단지 특정한 형태의 산업활동이라기보다는 인간생활에 필수적인 생활방식이라고 할 수 있고, 모든 인간다운 삶의 기초라고 할 수 있다. 그런데 이른바 다수확 생산만을 배타적인 목표로 하는 '녹색혁명'을 통하여, 그리고 공업화를 위한 국가적 전략에 따른 비교우위론에 근거하여 농업과 농촌경제는 역사상 유례없는 규모와 심도로 끊임없이 타격을 입어왔고, 그 결과 마침내 농촌공동체는 거의 완전히 해체 직전에 이르렀다.

오늘날 우리의 사회적 상황에서 살아있는 인간가치 또는 생명가치를 찾아본다는 것은 극히 어려운 일이 되었다. 개발이라는 한가지 신화에 광적으로 매달린 결과 온 산천은 눈을 뜨고 볼 수 없을 정도로 망가졌고, 땅과 물과 공기오염은 생물의 서식가능성 자체를 위협하기에 이르렀다.

뿐만 아니라 공동체적 의식이나 윤리는 어디에서나 붕괴되고, 인심은 말할 수 없이 사납고 메마른 상태가 되었다. 물론 우리는 이 모든 파멸적인 현실들이 모두 한가지 원인에서 유발된 것이라고 말할 수는 없지만, 그럼에도 불구하고 이러한 사회적·생태적 재앙을 개발 이데올로기의 일방적인 지배를 떠나서 고려하는 것이 어렵다는 사실을 주목하지 않을 수 없다. 인도의 어떤 생태운동가의 말을 빌어 말하면, 모든 개발은 본질적으로 악성개발이다. 경제생활의 향상이라는 개발을 정당화하는 유일한 명분마저 현실에서 허구적으로 드러나고, 오히려 무차별적인 생산, 소비의 확대과정으로 인하여 삶의 터전 자체가 위협받는 사태가 발생한 지금 우리의 가장 긴급한 최대의 과제는 개발 이데올로기를 하루빨리 극복하는 데 있음이 분명하다.

　도대체 물량의 확대라는 것이 인간생활의 배타적인 목적이 된다는 것은 우스꽝스러운 일이다. 사람이 사람답게 살 수 있는 기본적인 조건은 인간이 자신의 제한된 능력을 겸허히 받아들이고, 그의 생존의 궁극적인 테두리에 대한 인식을 늘 깨칠 수 있는 상황속에서 살아야 한다는 것일 것이다. 물론 이것은 모든 사람이 어떤 특정한 종교의 가르침을 따라야 한다는 것을 의미하는 것이 아니다. 그러나 적어도 자기의 한계를 인식하고, 그럼으로써 무한한 우주와 자연 앞에서 늘 외경을 느끼면서 자기의 이기심보다 더 큰 척도에 스스로를 적응하는 경험을 통하여 세계와의 일치나 조화를 유지하는 생활에 도달하려면 무엇보다 일종의 종교적 감수성이 필요하다는 것은 분명한 것 같다.

　개발 이데올로기 또는 그것이 구현하고자 하는 산업주의 문화에서 특징적인 것은 이러한 생산-소비문화가 사람으로 하여금 쉽게 교만한 심성을 갖게 한다는 것이다. 산업문화속에서 인간이 자신의 이웃들이나 공동체나 자연에 대하여 근본적인 우애와 일치의 감정을 갖는다는 것은 지난하다. 모든 것은 — 심지어 자기자신도 포함하여 — 자기의 외면적 권력을 크게 하는 데 필요한 유용한 자원이라는 시각에서만 평가될 수 있을 뿐이다.

그러나 이제 우리는 다만 살아남기 위해서라도 지금까지와는 전혀 다른 삶의 방식을 받아들이지 않으면 안되는 시점에 이르렀다. 우리는 무엇보다 가난을 재평가해야 할 필요가 있다. 가난은 덮어놓고 혐오의 대상이 될 것이 아니라 그것 없이는 인간이 참답게 건강한 정신적 생활에 도달하지 못하는 필수적인 요소가 아닌지 깊이 생각해볼 필요가 있을 것이다. 지나친 안정과 부의 축적은 자연생태계의 파괴를 초래하지만, 동시에 인간의 내면적 삶을 피폐시키고 공허한 것이 되게 한다. 무엇이 참다운 부인지 — 이것을 새로운 시각으로 다시 생각하는 것은 오늘의 위기를 극복하는 데 불가결한 차원이 될 것이 틀림없다. 우리의 근본적인 착오는 가난은 무조건 회피하고 극복해야 하는 것이라는 상투적인 의견에 쉽게 동의하는 데서 비롯하는 것이 아닐까?

그러나 가난의 자발적인 선택이 금욕주의적인 생활을 받아들여야 한다는 것은 아니다. 금욕적 태도라는 것은 실제로 영속적인 것일 수가 없다. 요즘 흔히 지속가능한 생활을 운위하고 있지만, 정말로 우리의 삶이 지속가능한 토대 위에서 영위될 수 있기 위해서는 단순히 금욕의 차원이 아니라 유한체계인 지구생태계의 원칙에 따르는 삶을 수용함으로써, 그렇게 살아가는 것이야말로 진정한 삶의 기쁨을 약속한다는 것을 마음깊이 깨달을 필요가 있다. 이것은 전혀 새로운 이야기가 아니다. 진실로 살기를 원하면 자기를 버려야 하고, 온전하게 충만한 삶은 무소유를 통해서만 실현될 뿐이며, 가장 큰 덕행은 자기자신을 내세우지 않는 것이라고 일찍이 인류의 스승들이 언제나 어디서나 가르쳐왔던 것이 아닌가?

우리는 지금 참으로 엄청난 위기에 직면해 있다. 이러한 위기는 무엇보다 이 지구상에서 인류를 포함한 생명체들의 절멸가능성이 예견되고 있다는 전율할 만한 사태를 두고 하는 말이지만, 이 역사상 유례가 없는 사태를 맞이하여, 그래도 우리가 어떤 희망이라도 가져볼 수 있으려면, 사태의 본질이 어떤 것인가에 대해서 더이상 환상을 갖지 않고 냉정하게 살필 수 있어야 할 것으로 보인다.

따지고 보면, 지금 환경위기라고 하는 문제는 뿌리가 깊어도 보통 깊은 것이 아닐 것이다. 그것은 보통 생각하는 것처럼 산업혁명과 함께 시작된 것이라고도 하기 어렵다. 인간사회에 불평등한 계급구성이 시작되고, 사람이 타자를 자신의 권력에 봉사하는 수단으로 간주하기 시작한 때로부터 오늘의 위기는 시작되었다고 할 수 있다. 인간이 완전히 권력에 대한 욕망을 떠날 수가 있는지는 의심스럽다고 하더라도 적어도 권력에 대한 무한한 탐욕 때문에 지금 그 누구도 예외로 하지 않는 대재난을 목전에 두게 되었다는 반성은 절실히 필요하다. 루이스 멈포드에 의하면, 산업문화의 핵심원리인 '거대기계'의 연원은 이미 자신의 권력을 뽐내기 위해서 무수한 민중의 희생을 강요했던 고대의 전제 지배자 파라오의 욕망에 있다고 한다.

혼자서는 절대로 살아남을 수도 없고, 살아남으려면 어차피 다함께, 사람뿐만 아니라 우주 전체와 자연계의 온갖 목숨붙이들과 함께라야 비로소 살아남을 수 있다는 것, 그리고 그러한 순리를 받아들이면 단순한 생존만이 아니라 지금까지 어떤 인간역사에 있어서보다도 더욱 건강하고 보람있는 삶이 가능하다는 것을 깨닫는 일보다 우리에게 더 필요한 것이 없을 것이다. (1992년)

자주적 공생의 논리

오늘날 전지구적으로 지배적인 생활양식으로 된 산업주의 문명이 서구에서 시작될 때 무엇보다도 이 문명의 근본동인(動因)으로 작용하는 데 기여한 것은 자연세계와 인간을 절연된 것으로 파악하는 이분법적이며 기계론적인 세계관의 확립이었다. 이러한 세계관의 확립에 결정적인 공헌을 했던 사상가의 한사람은 프란시스 베이컨이었는데, 그에 따르면 인간이 그 자신의 행복의 증진을 위하여 자연을 '조작하고 착취하며 심지어 고문하는' 것은 당연한 자연스러운 일이었다. 착취나 고문이라는 말은 단순히 비유적인 말이 아니었다. 실제로 산업주의 문명은 자연에 대한 끊임없는 공격과 유린을 정당화하고 강화하는 과정으로 일관해온 것이다.

그러나 학대받고 고문당해온 자연이 이제 인간에게 인과응보가 무엇인지 가르쳐주기 시작하였다. 지구의 생명보호막이라고 할 수 있는 오존층에 구멍이 뚫렸고, 온실효과와 이상기후는 그 위협적인 징후를 이미 드러내기 시작한 것이다. 오염된 공기와 물과 식품으로 인하여 인간이 조만간 엄청난 재앙에 직면하리라는 것은 불을 보듯 뻔한 일이 되었다.

그럼에도 불구하고 이 모든 오염과 파괴의 과정은 근본적인 변화의 조짐을 보여주지 않고 있다는 점에 지금 이 시대의 무엇보다 커다란 비참과 불행이 있는 것이다. 열대우림을 비롯하여 지구 도처에서 삼림벌채가 개발이라는 명분 밑에 가속화되고 있고, 개인승용차는 나날이 불어나고, 생활의 진정한 필요와 관계없는 낭비적인 물건의 생산과 소비가 경제성장과 생활수준의 향상이라는 기준에 의해 끝없이 합리화되고 있을 뿐이다. 따져보면 우리 모두는 지금 가라앉아가는 거대한 선박에 동승해 있는 처지임에도 불구하고 배의 침몰이라는 근본적인 재앙에 대하여는 지극히 둔감하고, 저마다의 선실의 행복한 공간을 더 확보하기 위하여 치열한 경쟁을 일삼고 있는 것이라고 할 수 있다. 몇몇 사람들이 배의 선창에 구멍이 난 것을 알고 점점 커져가는 이 구멍을 막지 못하면 배가 침몰해버릴 것을 명백히 보면서 다른 승객들의 주의를 환기시키려고 필사적으로 노력하고 있지만, 대다수 승객들은 그러한 경고에 아랑곳하지 않고 오히려 자기들만의 개인적인 안락과 편의를 위하여 선박의 구조물들을 가차없이 뜯어내고 파괴하는 데 열중하고 있는 것이다.

환경에 민감한 개인이나 단체들이 아무리 말해본다 하더라도 골프장은 계속하여 확장되고, 농토는 축소·오염되며, 산업폐수는 끊임없이 강과 바다로 들어가고 있는 상황이다.

많은 사람들은 현재와 같은 생태적 위기를 단지 기술적인 보완이 필요한 부분적인 위기로 보는 안이한 사고방식에 갇혀 있다. 예컨대 자동차는 촉매변환장치를 부착하고 좀더 정제된 기름을 쓰는 것으로써 공해문제를 해결할 수 있을 것이라고 생각한다든지, 화석연료의 문제는 핵에너지로 대체하면 될 것이며, 오염된 강물은 고도의 정수처리시설로 정화될 수 있을 것으로 생각하는 것이다. 그리하여 환경위기야말로 새로운 산업을 위한 중요한 기회가 될 것이라는 녹색 상업주의 논리도 등장하는 판국이다. 모든 지배적인 체제를 공식적으로 대변하는 거대 언론매체를 통하여 최근에 부쩍 우리가 많이 듣게 된 것은 좀더 진보한 과학기술만이 우리의 살길이라는 소리높은 주장이다.

  물론 우리는 새로운 기술적 성과에 의지하여 어느 정도 미봉적인 수준에서나마 지금 당장 발등에 떨어진 불을 끌 수밖에 없다는 사실을 고려해야 할 것이다. 그러나 모든 기술주의적 접근방법은 명백한 한계를 가지고 있고, 따라서 그러한 한계를 무시하고 자꾸만 기술주의로만 대처하려고 한다면 그 결과는 차라리 기술이 적용되지 않은 상황보다도 훨씬 더 치명적일 수 있다는 점을 생각해야 하는 것이다. 우리는 인간이 아무리 뛰어난 재간을 소유했다 하더라도 인간의 낭비적인 욕망추구가 무한히 지속될 수 있는 가능성은 이 지구상에서 절대로 없다는 명백한 사실에 주의를 돌릴 필요가 있다. 제아무리 과학기술이 발달된다 한들 그것은 파국을 일시적으로 조금 지연시키는 데 공헌할 수 있을 뿐이지(그렇게 함으로써 사태의 진상을 가리는 데 공헌을 할 수 있을 뿐이지), 근본적인 해결방식으로 나아가는 것은 불가능한 것이다.

  편의상 우리는 환경위기라는 용어를 쓰고 있지만, 이것은 정확한 표현이라고 할 수 없다. 왜냐하면 지금 환경위기라는 것은 위에서 암시한 바와 같이, 단순히 기술이나 사회공학으로 극복될 수 있는 부분적인 위기가 아니라 자연세계와의 근원적인 관계를 무시하거나 몰각(沒覺)해버리고 인간 자신의 이기적인 욕망충족을 직선적으로 추구해온 지난 수백년간의 산업주의 문명의 당연한 귀결로서의 총체적인 위기이기 때문이다. 이것은 무엇보다도 자연 또는 우주속에 있어서의 인간의 운명이라는 근본적인 상황에 대한 완전한 무지 또는 무관심이 빚어놓은 파국적인 현실인 것이다.

  간디는 언젠가, 지구는 인간의 기본욕구를 위해서는 항상 풍요로운 곳이지만, 인간의 탐욕 앞에서는 매우 궁핍한 곳이라고 말하였다. 다시 말하여 지구는 유한체계이긴 하되 그 끊임없는 재생순환의 질서에 의하여 모든 생명체들이 그 품안에서 생장소멸을 영구히 되풀이할 수 있게 하는 것이다.

 봄이면 새싹이 돋고 꽃이 피며 여름과 더불어 무성한 녹음을 이루다가 가을이 되어 열매맺고, 낙엽이 되어 떨어지는 잎사귀들은 죽어서 땅의 양분이 되고 그럼으로써 또다시 다음번 봄의 생명의 출현에 기여한다는 것은 우리가 잘 아는 자연의 기본운행 방식이지만, 이러한 기본적인 질서에 겸허하게 순응하는 한 생명의 사이클이 중단될 수 없는 것이다. 문제는 이러한 기본질서를 무시하고 인간이 무턱대고 제 욕심만 채우려고 할 때, 그것도 대규모로 이루어질 때, 생태계에 대한 파괴는 불가피한 것으로 되고 만다는 것이다.

 그러니까 결국 삶의 근본적인 척도가 문제라고 할 수 있다. 산업주의 문화에 있어서 유일한 척도는 물질적 욕망의 직선적인 추구이다. 좀더 안락하게, 좀더 빠르게 목적지에 이르고자 하는 인간의 욕망은 나무랄 수 없는 것인지 모르지만, 이런 욕망이 그 자체로 배타적인 척도가 되고 유일한 기준이 될 때 개인승용차의 범람으로 우리의 사회적·생태적 환경은 지옥으로 되는 것이다. 인간 자신의 육체적 에너지나 나아가서 동물의 에너지를 빌려서 한 지점에서 다른 지점으로 이동하는 인류사의 오랜 관습이 유지되는 동안은 생태적 파손은 일어나지 않고, 일어난다 하더라도 그것은 쉽게 복구될 수 있었거나 그 영향이 부분적인 국면에 그치는 것이었다. 북미 인디언들은 수천년을 두고 삶을 꾸려왔지만 그 삶이 생태적으로 끼친 영향은 하늘의 구름의 그림자가 땅에 대하여 끼치는 영향과 같은 것이었다는 얘기가 있다. 전체적으로 수렵·채취민의 생활이었던 인디언들의 경우는 조금 예외적인 것이라고 할 수 있다 하더라도, 신석기시대가 열린 이후 1만2천년 동안 세계 각처에서 농경문화를 향유해온 대부분의 토착 전통사회가 오랜세월 동안 그 기본적인 삶의 골격을 지속적으로 유지해올 수 있었던 결정적인 원인은 무엇보다 생명의 질서에 대한 순응이 언제나 가장 중요한 척도였기 때문이다. 다시 말하여, 인간은 어떤 대륙, 어떤 곳에서 삶을 영위하든지간에 자기자신이 자연세계의 일부이며, 생명의 큰 그물속에 한 가닥을 차지하고 있다는 인식에 충실하였던 것이다.

어떤 사람들은 아메리카 인디언들이나 토착사회들에서 흔히 볼 수 있는 자연과 생명에 대한 깊은 공경의 태도는 따지고 보면 자연현상을 객관적으로 설명해내는 데 필요한 과학적 능력과 기술적 수단이 결핍한 데에 기인한다고 생각하고 있다. 그러나 그러한 방식으로 생각하는 것이야말로 산업주의 문화에 중독된 사람의 편견에 불과하다는 것을 우리는 주목해야 한다. 이른바 서구식 산업문화에서 언급되는 과학·기술이라고 하는 것은 자연세계와 인간을, 그리고 나와 타자를 확연하게 분리할 수 있다고 보는 이원론적 세계관속에서만 성장할 수 있는 것이다. 땅이 단순히 물질덩어리가 아니라 모든 생명을 품고 기르는 어머니라고 보는 데 익숙한 문화를 유지하는 사람들이라면 그 땅에 불도저를 들이댄다는 것은 상상도 할 수 없을 것이고, 따라서 불도저와 같은 능률적인 테크놀로지를 목표로 하는 '합리주의적인 사고방식이나 계산법'이 발달할 수 없는 것은 너무나 당연한 일이다.

산업주의 문명은, 간단히 말하여 천지만물에 대한 인간의 배타적인 자기주장을 기초로 하는 매우 교만한 정신적 태도의 소산이다. 산업문명속에서 자연이 의미가 있다면 그것은 오로지 재화를 만들어내고, 편의와 안락을 제공하는 자원으로서만 의미가 있을 뿐이다. 자연이 그 풍요로운 다양성속에서 균형과 조화를 유지하면서 그 자체로 생명을 구가해야 할 내재적인 권리를 인정하지 않고 오로지 공리주의적·인간중심적 시각으로만 사물을 보는 태도에 근본적인 변화가 일어나지 않는 한 인간은 자연으로부터, 자신의 이웃으로부터, 그리고 자기자신으로부터도 필연적으로 소외될 수밖에 없다. 그리하여 끊임없는 소득과 권력을 위한 피비린내 나는 야만적 경쟁만이 삶의 제일의적(第一義的) 원리로 기승을 부리게 되는 것이다.

전통적으로 인간간의 경쟁관계를 지양하는 대안적인 생존방식으로서 사회주의적 논리가 많은 사람들의 관심을 끌어왔다는 것은 우리가 잘 안다. 그러나 지금 현실에서 실패한 것이 사회주의의 이념이 아니라 사회주의의 잘못된 실천이었다는 관점에 동의한다 하더라도, 오늘날 온 인류사회에 가장 절박한 위기로 다가온 생태적 파국의 상황에서 우리가 깊이 생각해보지 않으면 안될 것은, 인간끼리의 공정한 공존관계를 추구하는 노력이 물론 뜻있는 노력이긴 하지만 그것만으로는 이제 나아갈 길이 없고, 무엇보다도 자연세계와의 공생관계를 동시에 모색하지 않는 한, 인간 상호간의 공생도 불가능하다는 사실일 것이다. 다시 말하자면, 사회적 정의를 추구하는 것은 여전히 중요한 일이고 빵의 크기를 고르게 하는 노력이 뜻있는 일이기는 하지만, 지금은 우리가 고르게 하고자 하는 그 빵이 통째로 썩고 오염되어 있다는 사실을 직시해야 한다는 것이다.

그러면 어떻게 하면 빵을 오염으로부터 건져낼 수 있는가? 이 질문에 대한 답변은 빵에 관련된 전체적인 상황을 볼 수 있어야 한다는 것이다. 즉, 빵의 오염이라는 현실은 정치경제적 문제이면서 동시에, 혹은 더 근본적으로 인간이 산업주의 문화속에 선택한 생존방식이 자연과 생명의 질서에 근본적으로 어긋나는 것이었다는 것, 그래서 이 문제는 무엇보다 삶의 존재방식에 대한 철학적인 반성을 절실히 요구하는 문제라는 점을 겸손하게 받아들여야 하는 것이다.

이제 이러한 의미의 겸손에 이르지 않는 한, 인간의 단순한 생물학적 생존은 매우 위태로울 뿐만 아니라 인간은 이 세계에서 고립을 면치 못하고 외로움과 내면적인 황폐함으로부터 결코 벗어나지 못할 것이 분명하다.

우리의 삶에 주어지고 있는 온갖 정신적·물질적 고통은 결국 한가지 뿌리에서 나오고 있음을 아는 것이 지금은 무엇보다 중요하다. 자연세계로부터 스스로를 분리함으로써 자연에 대한 끝없이 공격적인 약탈과 폭력을 가한 결과, 산업주의 문명은 그 자신의 존립에 대한 명백한 위험이 되는 생태적 파국을 맞이했을 뿐만 아니라 그 문명을 받아들인 인간사회는 극도로 야만스럽고 추한 것이 되었고, 인간 개개인의 내면은 지극히 피폐하고 공허한 것이 되어버린 것이다. 우리는 우리 자신의 내면적 삶이 충실하게 되는 일은 우리가 우리의 자연성을 자각하고, 자연과의 조화로운 관계를 재인식하며, 그것을 구체적인 생활양식으로 표현할 수 있는 능력에 달려있다는 것을 이해하지 않으면 안된다.

일찍이 해월 선생은 이천식천(以天食天)이라는 말로써, 한울님이 한울님을 먹여살리는 자연의 근본질서에 대해 언급함으로써 우리가 먹고사는 이치가 근원적으로 자비와 헌신과 자기희생의 빈틈없는 상호의존 관계속에서 이루어지는 '거룩한' 일임을 밝혔다. 산업주의 문화의 진정한 비극은 사람이 날마다 먹는 밥이 얼마나 큰 사랑과 희생의 산물이며, 하늘의 은혜 덕분인지를 기억하는 것을 매우 어렵게 한다는 데 있을 것이다.

우리가 전망할 수 있는 유일한 활로는 우리 삶의 '거룩함'을 기억할 수 있게 하는 문화를 재건하는 데 있고, 그러한 문화는 전적으로 새로운 어떤 것이 아니라 산업주의 문화의 침탈을 받기 이전의 옛 토착문화의 원리를 다시금 부활시키는 것이라는 것은 이 문제를 조금이라도 깊이 생각하는 사람들이라면 동의할 수 있을 것이다. 모든 자원을 고갈시키고, 불가피하게 오염을 확대할 수밖에 없는 문명 ─ 아메리카 인디언의 말을 빌어 말하면 "그 자신이 내놓는 쓰레기속에서 숨이 막혀 죽을 수밖에 없는" 이 산업주의 문명의 기본골격을 그대로 두고, 여기에 부분적인 수선을 가하여 위기를 넘길 수 있다고 생각하는 것이야말로 어떻게 보면 진짜 위기를 이룬다고 할 수 있을 것이다.

오늘날 산업문화의 모든 공식적 기구들 ─ 여기에는 언론과 대학과 모든 공식적 문화제도도 포함된다 ─ 이 한결같이 목표로 하는 것은 그 기구들 자신의 무한한 성장과 확대일 뿐이다. 산업문화의 공식적 기구와 제도를 통해서 생태적 위기를 극복한다는 것은 원리상으로 불가능한 일인 것이다. 산업문화의 지배 바깥이나 변두리에서 고통당하고 있는 사람들이 스스로의 자치적인 공간을 확보하려는 노력의 표현으로서 새로운 형태의 생활공동체운동을 전개할 때, 그곳에서 아마 가장 진실한 새로운 삶의 대안이 싹틀 수 있을지 모른다. 모든 권력의 궁극적 목표는 더 많은 권력의 확보이다. 우리는 자기확대와 지배와 통제의 욕망을 떠나서는 삶을 설계할 능력이 없는, 오래되고 해묵은 권력주의 문화로부터 해방됨으로써만 진정으로 새로운 생명의 문화로 나아갈 수 있다는 것을 깊이 깨닫지 않으면 안된다. 생활공동체운동이 권력의 확대와 집중화에 반대하여, 진정으로 공생의 논리를 실천하려는 자주적 노력이 되는 한, 그것은 이 시대의 가장 뜻깊은 역사적 실천이 될 것이다. (1993년)

한살림 공동체운동

오늘날 한살림공동체운동은 우리사회에서 비교적 널리 알려진 이름이 되었다. 이 운동은 원래 별로 눈에 뜨이지 않는 소규모 유기농산물 직거래조직으로서 출발하였지만, 불과 십년이 채 못되는 사이에 전국의 주요 도시와 농촌을 잇는 공동체적 연대의 그물을 다양하게 형성하기에 이르렀다. 아직까지 한살림운동은 주로 유기적인 도농간 농산물직거래망을 유지하고 확대하는 일에 주력하고 있고, 그것을 위해서 생활협동조합이라는 형태로 운영중에 있지만, 앞으로 이것이 어떤 방식과 수준으로 계속하여 발전할 수 있을 것인지는 지금 속단하기 어려운 대로 그 발전의 잠재성은 매우 큰 것으로 보인다.

한살림공동체운동이 종래의 주류 사회변혁운동에 비교하여 특히 새로운 점은 그것이 철저히 비폭력적인 수단을 통하여 지금까지 우리의 삶을 지배해왔던 권력추구적·배타적 경쟁의 원리를 넘어서서 어디까지나 자율적이며 협동적인 공생의 질서를 지향할 뿐만 아니라, 그러한 공생의 논리를 지금 당장의 생활속에서 실천하려고 한다는 사실일 것이다. 그렇기 때문에 이것은 흔히 보아왔던 경쟁적 권력투쟁과는 매우 거리가 먼 방식,

즉 각자의 비근한 일상적 삶속에 자치와 협동의 공간을 가능한 한 확보하고 넓혀가려는 대안적 생활문화운동의 형태를 취하게 되는 것이다.

물론 자치적 생활협동운동은 역사적으로 오랜 전통을 가지고 있다. 유럽에서 처음 산업화가 시작된 이래 공동체의 파괴와 노동소외와 착취관계를 극복하려는 시도는 인간정신이 살아있는 한 다양한 형태로 끈질기게 이루어질 수밖에 없는 것이었다. 그런 움직임 가운데서 가장 큰 줄기가 산업노동자의 혁명세력화를 통한 사회주의의 건설이라는 전략으로 표현되어왔다는 것은 우리가 다 아는 일이지만, 그러한 주요 흐름과 나란히 또한 생활협동운동이 일찍부터 일어나서 자본주의의 지배적인 시장기구로부터 자유로운 자치적 삶의 공간을 확보하려는 시도가 되풀이하여 있어왔던 것이다.

오늘날 이른바 현실사회주의의 패퇴로 인하여 새로운 사회의 목표와 그것에 도달하기 위한 방법에 대한 근본적인 반성이 제기되고 있는 상황에서, 여태까지 일반적으로 많은 지식인들의 관심 밖으로 밀려나 있었던 자치적 생활협동운동은 다시금 진지한 조명을 받아 마땅한 것으로 보인다. 이제 자본주의 시장경제밖에는 길이 없다면서 체념하거나 구태의연한 계급투쟁논리에 대한 충성을 새삼스럽게 다짐하는 것으로써는 활로가 열리지 않을 것이라는 것은 분명한 일이다. 자본주의 시장논리가 오늘날 세계를 지배하고 있는 것은 사실이라 하더라도, 아직도 세계의 큰 부분에서 삶을 지탱하고 있는 것은 비시장논리라는 것, 그리고 이른바 산업문명사회 내부에서도 자치적 삶의 공간을 발견하는 것이 아직도 가능하다는 사실을 주목할 필요가 있다. 프랑코 독재하의 엄혹한 환경에서 한 시골신부의 헌신적인 노력으로 시작되어 드디어 모든 노동자들이 생산수단을 공유하는 노동자생산협동조합으로서 성장하여 오늘날 스페인의 가장 중요한 산업기지가 되었을 뿐만 아니라 그 조합원들로만 하나의 자치도시를 형성하게 된 스페인의 몬드라곤공동체가 갈수록 크게 주목되고 있는 것은 우연이 아닐 것이다. 그러나 몬드라곤의 경우를 예외적인 성공사례로만 보는 것은 잘못일 것이다. 몬드라곤 못지않은 성공을 위한 잠재적인 가능성이 아직도 풍부하게 세계의 많은 곳에 남아있다는 믿음을 우리는 가질 필요가 있다. 몬드라곤의 역사를 보면, 객관적으로 주어진 악조건을 극복하는 데 무엇보다 필요한 것은 자기희생과 상상력이 풍부한 마음, 다시 말해서 꺾이지 않는 인간정신이었던 것으로 생각된다.

그러나, 몬드라곤의 경우를 포함해서 최근까지의 생활협동운동은 대체로 생태학적 전망을 결여하고 있었다는 사실을 간과하지 말아야 한다. 특히 몬드라곤의 경우는 노동자에 의한 생산수단의 공유라는 어떤 사회주의적 이상을 실현했다고는 하지만, 대외적으로 자본주의적 시장논리를 철저히 존중하는 틀안에서 경쟁능력을 높여왔고, 이제는 로봇까지 생산해내는 기술공동체로 발전하였다. 지구의 생명지원체계 자체가 파손 직전에 도달한 오늘의 상황에서 이와 같은 몬드라곤 방식의 생산공동체운동이 과연 진정한 대안이 될 수 있는지 우리는 생각하지 않을 수 없는 것이다.

본래 생활협동운동은 산업노동을 중심으로 생각하는 변혁논리와는 대조적으로 인간생존의 기초로서 땅이나 농업문제에 유의해온 것이 사실이다. 그러니까 이 전통은 자연스럽게 오늘의 가장 절박한 문제인 생태학적 관심과 곧바로 연결될 수 있는 것으로 보인다. 실제로, 낭비와 파괴를 구조적으로 강요하는 자본주의적 시장기구로부터 가능한 한의 독립성을 유지하여, 자치적 '해방구'를 만들어보려는 노력이 생활협동운동이라고 할 때, 이러한 독립을 위한 노력 그 자체는 생태학적 건강을 되찾으려는 과정에 필수적이라고 할 수 있다. 오늘의 시장에서 우리의 삶에 필요한 것들은 모두 이윤추구밖에 아무런 고려가 없는 기업에 의해서 상품이라는 형태로 공급될 수밖에 없는데, 바로 이러한 이유로 가장 치명적인 손상을 입는 것이 농업생산물인 것은 새삼스럽게 말할 필요가 없다. 생활협동운동은 인간생활의 필수품들을 그것의 교환가치가 아니라 진정한 유용성의 견지에서 수용할 수 있는 틀로서 구상되었기 때문에 이것이 다른 무엇보다도 농산물직거래를 앞세우는 것은 당연한 일이다.

그런데 우리의 한살림운동은 여기서 한걸음 더 나아가 유기농산물을 장려한다는 데 그 선진성이 있다고 볼 수 있다. 지금 농업문제를 보는 여러 시각이 있지만, 무어니무어니 해도 가장 심각한 문제는 땅이 사라지는 것과 땅이 오염되어가는 문제일 것이다. 토지소유관계가 중요하고 또 근본적인 것이기는 하나 사막이 된 땅, 독성물질로 병든 땅, 그리하여 농업이 불가능하게 된 땅을 가지고 그 소유관계를 말해보았자 의미없는 일이다. 실제로 머지않아 농업이 전면적으로 포기되는 상황이 오는 것인지도 모른다. 만물을 기르고, 인간의 삶을 지켜주는 근원적인 바탕인 땅을 없애고도 살아남을 수 있을 거라고 생각하는 사람들에게 동조할 수 없다면 마땅히 지금 우리가 전력을 기울여야 할 것은 유기자연농업을 되살리는 노력일 것이다. 이것은 외국산 농산물로부터 우리의 농업을 지키고, 우리의 건강을 지키려는 자구적인 노력이기도 하지만, 이대로 가면 파국에 직면하는 것이 거의 틀림없는 산업기술문명의 진로에 근본적인 대안이 될 만한 새로운 문화의 시작을 위해서도 반드시 필요한 일이다. 우리는 그 새로운 대안적인 문화는 어차피 농적(農的) 문화일 수밖에 없다고 보는데, 농적이라고 하는 것은 우리 각자가 모두 실지로 농사를 짓든 아니하든 유기농업을 중심으로 삶을 재조직해야 할 필요가 있기 때문이다. 지구라는 유한체계속에서 생명활동에 참여하는 것이 인간의 운명이라고 할 때, 우리의 삶이 '지속가능한' 것이 되려면, 재생순환이라는 자연법칙에 순응하는 삶의 방식을 떠나서는 다른 선택이 있을 수 없다는 것은 너무나 명백한 일이다.

그동안 우리나라를 포함하여 세계의 많은 지역에서 압도적으로 활개를 쳐온 것은 개발 이데올로기였다. 이것은 각각의 사회에 고유한 토착적 풍토와 전통을 완전히 무시하고 구미 산업사회의 생활양식을 무조건적으로 모방해야 한다는 것을 의미하였다. 그리하여 공업화를 통한 발전전략이 패권적인 지배를 누려왔고, 여기에 따라 농업도 오로지 생산성의 증대라는 한가지 목표를 배타적으로 추구하도록 강제된 결과 거의 모든 농토는 엄청난 화학약품과 기계의 적용으로 생명력을 잃어버리게 된 것이다. 더욱이 공업우선 정책이 수십년이 넘게 끊임없이 강화되는 동안 농촌인구가 도시로 거의 다 빠져나가고 마을에 사람이 없는 사태가 되었다. 사람이 없으니까 농업의 기계화, 화학화의 필요성은 오히려 더 높아지고, 그러면 그럴수록 땅은 회생불능의 상태로 되어간다는 악순환이 깊어지는 것이다.

아마도 한살림운동이 현재 벌이고 있는 농산물직거래와 같은 활동은 어떤 사람들의 시각에서 볼 때, 이 공해세상에서 자기들만이라도 살아남아보고자 하는 자구적인 소시민운동쯤으로 보일지 모른다. 혹은, 이 운동이 급속도로 와해되어가고 있는 농촌에 유기농법으로 농사를 하는 사람이 살 수 있고, 그래서 마침내 살아있는 땅과 마을을 새로운 형태로 돌이키는 데 기여하고자 하는 필사적인 노력의 하나라는 점을 이해한다 하더라도, 그런 노력이 무슨 현실적인 효과가 있겠느냐고 냉소적인 태도를 보이는 사람들이 있을지도 모른다. 그러나 스스로의 생존의 바탕을 무자비하게 파괴하는 것을 '진보'라고 여기는 이 어리석음과 무책임의 소용돌이속에서 지배적인 습관과 타성을 거부하고 사람살이의 올바른 방식으로 '흙의 문화'의 재생을 위해 누군가가 헌신해야 하는 것은 당연한 일이 아닌가? (1992년)

2부

'국제화'의 재앙

국제화 추세를 바라보는 기본입장에 대해서

국제적 시각이 우리에게 어느 때나 필요하다는 것은 말할 필요가 없다. 그러나 '국제화' 논의는 성장과 경제개발 및 자유무역 논리를 전세계적으로 확대하려는 다국적기업들과 금융자본의 이해관계에 직접 간접으로 봉사할 수 있을 뿐인 이데올로기임이 분명하다. '국제화' 현상은 세계 각 지역간의 상호의존적 관계의 자연스런 발전의 결과가 아니다. 이것은 다만 지난 수십년간 심화되어온 자본주의 시장경제의 팽창, 과학기술의 비약적 발전, 통신위성, 정보전달 및 수송체계의 비상한 발달로 인하여 세계적 통상의 기회와 규모와 속도가 엄청나게 증가되었다는 것을 가리킨다. 그러므로 이것은 우리의 삶을 진정으로 향상시킬 수 있는 새로운 기회라고 할 수 없다. 오히려 그와 반대로 '국제화'는 현대사의 오랜 질곡인 제국주의적 지배와 종속관계의 보다 악화된 형태이다. 그렇

이 글은 《창작과비평》 1994년 여름호에 〈내가 생각하는 국제화, 세계화〉라는 제목으로 수록되었던 서면 인터뷰 및 보충질문에 대한 답변 내용임.

다는 것은 단적으로 지금 자본과 기술과 상품의 자유로운 교류는 가능하지만, 노동의 자유로운 이동은 불가능하다는 데 이미 드러나 있다. 다국적기업은 임금이 싸고 자원이용이 용이한 세계 어느 지역이건 옮겨다닐 자유를 누리지만, 세계의 기층민중에게는 자신의 일자리를 선택하여 이동할 수 있는 자유가 사실상 봉쇄되어 있다. '자유'는 대기업의 것이지 민중의 것이 아니다. 이 기초적인 사실에 철저히 주목한다면 '국민국가'의 권위에 일어난 변화가 무엇을 의미하는지 자명해진다. 민중에 대한 억압장치로서의 국가의 지위에는 실제로 아무런 본질적인 변화가 있다고 볼 수 없고, '국민국가'는 오히려 다국적기업의 이익을 위하여 때로는 그 자신의 주권마저 포기한다. 이것은 가트(GATT) 개정안 협상에서 증명되었다.

김영삼 정부가 '국제화'를 내세우기 시작한 것이 우루과이라운드(UR) 협상에서의 기초농산물 개방 결정에 대한 국민적 저항에 부딪히면서였다는 사실은 결국 이것이 풀뿌리 민중의 삶에 친화적일 수 없음을 고백한 셈이다. 그러니까 '국제화'라는 것은 북미와 서구의 중산층 및 비서구지역의 이른바 엘리트계층 — 현재 개인자동차를 소유하고 있는, 전세계 인구 중의 8퍼센트에 해당하는 — 으로 구성되는 범지구적 중산층이 공유하는 지극히 반공동체적이고 반생태적인 생활양식의 유지 및 강화를 겨냥하는 이데올로기로서 자신의 정체를 감출 수 없는 것이다. 많은 사람들은 군사정부가 극복되면 민중의 자주적 생활능력이 획기적으로 신장될 것으로 생각하였다. 그러나 생존을 위해 가장 필수적인 식량자급능력이 원천적으로 부인당하는, 즉 실질적인 주권상실이라는 기막힌 사태가 발생하고, 그것이 도리어 '국제화'라는 명분으로 호도되는 상황이 이른바 문민정부에 의해서 이루어지고 있는 것이다. 그 문민정부는 나아가 기업경쟁력을 높이기 위해서라면서, 악화일로에 있는 국토의 환경생태계에 돌이킬 수 없는 손상을 자행함으로써 이 땅에서의 지속적인 삶의 가능성을 암담하게 만들고 있다. '국제화'는 지구사회의 다양한 문화를 파괴하고 ― '자유무역'으로 인하여 21세기를 통하여 전세계 언어의 90퍼센트가 소멸될 운명이다 ― 제3세계의 생존능력을 치명적으로 저하시키고, 지구의 생명부양체계에 막대한 타격을 가함으로써 결국은 인류공멸을 앞당기는 파멸의 논리일 뿐이다.

나라와 나라 사이의 상호의존과 지배·종속에 대해서

위에서 이미 답변이 되었다고 생각하지만, 조금 더 이야기한다면, 예를 들어 UR협상에 이어서 이른바 그린라운드나 블루라운드가 거론되고 있는 것을 보면 현재 '국제화'된 세계에서의 상호의존성의 본질을 짐작할 수 있을 것이다. 간단히 말하여, 그린라운드는 지구의 생태계보존에 대한 진정한 관심을 반영하는 것이 아니다. 재작년 브라질에서 열린 유엔환경회의의 결과가 이른바 '지속가능한 개발'이라는 개념으로 정리된 것에서 이미 명백해졌듯이 다국적기업들과 산업선진국 정부들은 일치하여 '환경문제'보다는 '경제성장'에 더 큰 흥미를 느끼는 것이다. 그들은 경제성장과 개발이라는 것이 문제의 해결이 아니라 그 자체가 문제거리가 된다는 역사적 사실을 철저히 외면한다. 브라질 환경회의에서 정말 문제되어야 했던 것은 선진 산업국가들에서의 낭비적이고 파괴적인 생활양식임에도 불구하고, 시종일관 주의제가 되었던 것은 남쪽 '개발도상국'의 삼림을 포함한 생물종다양성의 보존, 인구증가의 문제, 이것을 해결하는 방식으로서 경제개발의 필요성, 그것을 위한 지원대책 ― 이런 것이었다. 요컨대 환경위기는 대기업의 새로운 축적을 위한 또하나의 기회가 된 셈이다. 지금 그린라운드나 블루라운드가 운위되는 것은 '자유무역' 논리도 극히 한정적이고 선택적으로 적용되는 편의적인 수단일 뿐임을 말해준다. 그들이 지원해야 한다고 말해온 제3세계의 경제성장마저도 다국적기업과 그 정부들의 이익을 보증하는 한에서 인정하겠다는 명백한 의사가 표현된 것이지, 지구생태계나 '후진국'의 노동조건에 대한 진정한 관심이 여기에 담겨있는 것은 결코 아니다.

한반도 통일의 전망에 대해서

"북한의 개방 또한 불가피한 대세라면 … "이라고 편집자는 전제하고 있지만, 여기서 정말 중요한 것은 어떤 종류의 '개방'인가 하는 점이다. 예를 들어, 지금 중국이 대규모로 진행하고 있고, 곧이어 베트남 정부가 추진할 것으로 보이는 그러한 종류의 경제개발을 위한 외부자본과 기술의 도입, 무엇보다도 이 모든 노력의 근본동기가 되는 구미식 소비생활에 대한 선망의 합법화를 '개방'이라고 한다면 그 결과는, 지금까지 단 하나의 예외도 없이 그렇게 되어온 것처럼, 또하나의 인간 및 생태공동체의 비참한 재앙을 초래하는 길이 될 것이다. 베트남의 경우는, 한 자주적 인간공동체가 오랫동안 지속해온 자신의 토착적 생존능력과 삶의 기술과 문화를 방기하고 이른바 '개발'에 동의함으로써, 초현대적 기술과 자본으로 무장한 거인에 대항하여 싸운 전쟁에서의 승리를 완전히 무의미하게 만들어놓을지도 모른다.

오늘날 한반도 통일을 위한 노력에서 가장 중요한 점은 지금 우리에게 인간적·사회적·생태적 손상을 끊임없이 강요하고 있는, 그리하여 머지 않은 장래에 이 땅을 '거주할 수 없는 공간'으로 만들어놓는 가공할 사태의 도래를 필연적인 것으로 하는 이 제국주의적 산업체제에 대한 대안을 찾는 노력이 통일운동과 일치하지 않으면 안된다는 사실일 것이다. 그렇기 때문에 지금 남북대화보다도 본질적으로 더 중요하고 긴급한 것은 파괴와 낭비의 이 산업체제로부터 우리 자신을 떼어놓는 일이다. 호랑이를 잡기 위하여 호랑이굴로 들어간다는 비유를 가지고, 자본주의 시장과 산업체제에 대한 적응의 필요성을 말하는 논리도 있는 것으로 알지만, 나로서는 그러한 '적응'이 어떻게 근본적인 변화에 기여할 수 있는지 상상하기가 어렵다고 말하지 않을 수 없다. 필요한 것은 어디서든 좀더 철저한 풀뿌리 민주주의의 가능성을 찾고, 일상생활의 공간에서 지역적·자치적·공동체적 삶의 가능성을 모색하고, 그렇게 함으로써 소비주의 경제로부터 해방된 '비공식의 경제영역'을 가능한 한 확보하려는 노력이 아닐까? 그러나 그나마 좁은 농경지의 절반이 공장, 골프장, 스키장, 도로, 아파트, 유원지 등으로 얼마든지 전용이 가능하도록 된 이 시점에서 그러한 노력이 실제로 가능할지, 이것은 우리의 인간적 실천으로써만 대답될 수밖에 없을 것이다.

지금 우리의 국제화 논의는 국가간 무한경쟁의 불가피한 추세속에서 이루어지는 약소국가의 생존전략이라는 측면이 강하다고도 볼 수 있습니다. 국가·민족간이나 개인·집단간에 경쟁을 강요당하는 상황에서 경쟁없는 공동체에 기초한 삶의 질의 향상, 진정한 인간화는 어떻게 가능하겠습니까?

지금 이야기되고 있는 '경쟁'이라고 하는 것은 엄밀히 말해서 기업간의 경쟁이지, 국가간의 경쟁이라고 할 수 없다. 문제는 기업과 국가와 심지어 국민대중을 동일시하고, 그것을 저항없이 받아들이고 있는 우리의 습관적인 지각방식이다. 앞에서 말했듯이, 기업은 언제라도 기업활동에 유리한 곳을 찾아 이동하게 마련이다. 자기 고향에 대한 애정을 가지고 있는 기업은 있을 수 없다. 그러나 국가는 고용문제, 조세정책, 사회보장, 그리고 환경문제를 고려하지 않을 수 없는 입장에 있고, 이러한 문제들을 해결하기 위해서 흔히 기업에 의존한다. 그러나 예컨대 고용문제에 대한 관심이 기업에 대한 정부의 지원을 흔히 정당화하지만, 실제로 경영합리화, 기계화, 자동화의 급속한 진척에 의해서 기업이 고용문제를 해결 수 있는 능력은 갈수록 줄어들게 마련이다. 그동안 자본주의적 경영의 발전 메커니즘은 농업부문에서의 인력을 공업부문으로 대량 이동시키고, 다시 공업부문의 노동력을 서비스부문으로 이동시키는 과정이었다. 그러나 서비스부문이라고 해서 무한정 성장한다는 것은 불가능한만큼 — 오늘날 정보사회와 탈공업사회를 말하는 사람들이 망각하고 있는 것은 1, 2차 산업에 기초하지 않는 정보, 탈공업사회란 존재할 수 없다는 사실, 즉 사람은 정보를 먹고 살 수는 없다는 사실이다 — 대량실업의 문제가 이러한 메커니즘에서 언젠가 걷잡을 수 없이 폭발한다는 것은 불가피하다. 그러한 사정은 지금 서구와 북미에서 큰 문제가 되어있는 실업사태에서 이미 드러나기 시작하였고, 이 추세가 계속된다면 그것은 서구의 복지국가체제의 위기로까지 치달을 것이 분명하다. 우리가 막연히 본뜨려고 하는 서구식 선진복지체제라는 것은 본질적으로 지속이 가능한 것이 아니다.

우리가 명확히 해야 할 것은 우리 자신이 아무리 경쟁력을 높이고, 남을 앞질러갈 수 있게 된다 하더라도 결국 우리의 지속적 생존은 그러한 방식으로는 결코 보장되지 않는다는 점이다. 또, '무한경쟁'이라고 하지만, 자원고갈과 생태계오염을 끊임없이 심화시켜 나감으로써 이루어지는 경쟁적 산업활동이 조만간 생태적 한계에 부닥칠 것은 필연적이므로 경쟁이 '무한히' 계속될 수는 없다. 오늘날과 같은 미국인의 평균적 '생활수준'을 온 인류가 누릴 수 있으려면 지구가 서른개쯤은 되어야 한다는 분석도 있지만, 사회적 정의의 원칙으로 보나 생태적 한계로 보나 지금은 모든 인류가 공생하지 않으면 공멸할 수밖에 없다는 깨달음이 시급히 요구되는 때이다. '생활수준'의 향상이 사회적 정의와 민주주의의 전제라고 하는 고정관념의 폐해는 실로 무서운 것이다. 우리는 자동차가 아니라 자전거를 선택할 수 있을 때만 비로소 진정한 인간다운 사회를 지향할 수 있는 자격을 얻게 될지도 모른다.

"농산물의 본질상 가장 안전한 식량공급은 지구경제에 의존해서가 아니라 지역공동체 안에서만 이루어질 수 있다"는 주장은 이제 농업도 국제적 비교우위라는 무한경쟁체제에 편입됨으로써 좌절되었습니다. 그렇다면 녹색운동의 지향은 국제화의 추세와는 양립할 수 없는 것일까요? 세계시장의 확립이라는 객관적 조건에 대해서 폐쇄와 고립으로 저항할 수 없다고 한다면 전인류적 시각과 공동체의 자율성 확보는 어떻게 결합할 수 있을까요?

　진리가 외면당한다고 해서 비진리가 되는 것은 아닐 것이다. 안전한 식량이 지역공동체 안에서만 공급가능하다는 것은 단순한 주장이 아니라 진리이다. 자유무역과 성장논리가 현대농업을 갈수록 지속불가능한 것으로 만들고, (유엔의 추정으로도) 세계 토양의 1/3에 현재 심각하게 사막화가 진행되게 하고 있다는 것은 널리 알려져 있는 사실이다. 요컨대 지금까지의 추세로도 세계의 농업은 극히 위험스러운 상황으로 가고 있는데, 농산물의 전면적 개방화를 강제하는 UR협상의 결과는 궁극적으로 모든 인류의 생존에 치명적인 위협이 될 것이 분명하다.

　더욱이 이것은 민주주의와 인간자유의 문제이기도 하다. 일찍이 케인즈는 국제간 교역이 과학과 지식과 여행의 교류라는 차원을 넘어서 물질적 생산품의 과도한 교류로 발전할 때 필수적으로 따를 주권의 제약을 우려한 바 있지만, 이제 식량자급의 권리 자체를 부정하는 가트체제의 강화로 인해 노예화는 시간문제가 되었다.

　그러나 우리는 '개방'이냐 '고립'이냐라는 양자택일의 어리석고 위험한 게임에 붙들려서는 안된다. 그리고 이것은 본질적으로 정부대표의 협상력의 문제도 아니다. 농업위기나 UR협상에 대한 올바른 인식은 농업문제에 국한된 것이 아니라 우리사회가 지향하는 삶의 목표의 재조정의 문제, 그러니까 근본적으로 철학적인 질문을 스스로에게 던져볼 수 있는 우리 자신의 능력에 달려있다. 대량생산과 대량소비와 대량폐기와 오염의 생활을 '선진적'인 생활이라고 하는 거짓믿음에서 하루라도 빨리 벗어나올 수 있는가 없는가 하는 것이 관건인 것이다. 원자력발전소의 추가적 건설을 불가피하게 하는 산업구조와 소비생활을 즐기고, 일간신문

32면을 어느새 당연시하는 — 그 결과 우리나라의 신문만을 위해서도 지구 어느 곳에선가 하루에 수십헥타르의 숲이 벗겨져가고 있는 사실을 망각하면서 — 풍조를 두고 농업위기를 말한다는 것은 부질없는 잡담에 지나지 않는다.

인도민중이 모두 글자를 깨쳐 신문을 읽게 되면 히말라야에는 단 한그루의 나무도 살아남지 못할 것이다라고 하는 인도의 사회철학자 아시스 난디의 말에 우리가 귀기울일 필요가 없을까? 우리는 무슨 권리로 인도 사람보다 '풍요'를 누려야 하는가?

타자에 대한 무관심과 경멸이 내재된 '경쟁의 논리'에 언제까지나 우리 자신을 맡겨놓는 한 우리의 삶이 추하고 짐승스러운 야만주의에서 벗어난다는 것은 불가능할 것이다. 단순한 생존의 차원을 떠나서도 정말 자유롭게 살기 위해서 우리에게 남아있는 유일한 기회는 '가난'을 즐겁게 받아들일 수 있는 정신적 능력을 기르는 것밖에 없다. 우리의 문화와 감수성과 생태적 조건에 맞는 적정기술의 적용과 인간 및 생명중심적이고 노동집약적인 경제패턴을 구체적으로 모색해야 한다는 것은 그 다음의 일이다.

보충질문

문 현재 진행되는 것과 같은 국제화가 아니라 "세계 각지역간의 상호의존적 관계의 자연스러운 발전의 결과"로, 따라서 "우리의 삶을 진정으로 향상시킬 수 있는 새로운 기회"를 만들 수 있는 그런 국제화를 상정하고 계신 건지, 아니면 국제화라는 것 자체가 애당초 가망없는 방향이라고 보시는 건지 말씀해주시죠.

답 솔직히 그 문제에 대해서 진지하게 생각한 바 있다고 말하면 거짓말이 되겠는데, 어쨌든 지금 국제화라고 얘기되는 게 진정한 의미의 상호의존성으로 맺어지는 국제적인 관계의 표현이 아니라는 것은 분명한 것 같아요. 그렇다면, 참다운 상호의존적 관계로 이루어지는 국제화된 사회랄까, 거기에 대한 적극적인 비젼은 아니라 하더라도 그런 것을 자연스럽게 상정할 수는 있는 것 아니겠습니까? 그런데 지금 우리사회에서는 우리가 경쟁에서 이기지 못하면 선진국 대열에 진입하지 못한다, 그러니까 어떤 식으로든 경쟁력을 높이는 게 지상과제라는 식으로 얘기되고 있죠. 우리가 져서는 안된다는 얘기는 뒤집어서 보면 우리보다 약한 민족, 약한 사회, 약한 사람들은 짓밟아도 좋다는 얘기거든요. 그런 발상을 가지고서야 어떻게 진정한 국제화가 이루어지겠습니까? 그것은 일시적으로는 반짝할는지 모르지만 지속할 수 있는 것은 아니라는 생각이 듭니다.

문 그런 질문을 드린 것은 녹색운동의 논리를, 마치 국제화라는 것을 근본적으로 부정하고 폐쇄와 고립과 적정규모의 공동체만을 강조하는 것으로 이해하는 시각들이 있기 때문인데요.

답 녹색운동 자체가 결국은 일종의 지구적인 발상 아닙니까? 그런데 지금 녹색운동에 관심을 갖는 사람들이라고 해서 다 생각이 같은 것은 아닙니다. "지역적으로 행동하고 지구적으로 생각하라"는 말도 일리는 있지만, 그 말도 잘못됐다고 얘기하는 사람들이 있어요. 생각도 지역적으로 하라는 거지요. 그러니까 자기가 서있는 곳으로부터 시작해야지 지구적으로 생각하라는 것이 경우에 따라서는 매우 관념적일 수 있죠. 그러니까 국제화 얘기에서도 문화적인 다양성이 서로 존중되는, 서로 다르게 살 수 있는 방법이 존중되는 것이 첫째인 것 같아요. 그러니까 서로의 자율성이랄까 서로의 독창적인 문화를 진심으로 존중하는 것이 세계 녹색운동에서도 관건이 아닌가 합니다. 그러니까 국제화도 진정한 국제화라면 각 민족, 각 인종의 자율성을 지키는 게 당연하지 않나 하는 생각이 듭니다.

문 베트남이나 북한의 개방에 대해서 또하나의 인간 및 생태공동체의 비참한 재앙이 될지도 모른다는 식으로 말씀하셨는데, 재앙이 아닌 어떤 다른 방향의 개방을 상정하시는지 아니면 지금대로 고립되어 있는 것이 차라리 낫다고 보시는지….

답 이건 참 문젠데요. 이북의 경우에도 우리가 생각해보면 지금 저 상태로는 안되죠. 분명히 개방은 되어야 하는데 그 개방이란 것이 또 다국적기업에게 먹히고 소비주의 경제를 받아들이고 그러면 또 파괴되는 것 아닙니까? 그러니까 아닌게 아니라 지금 얘기처럼 그럴 바에는 차라리 지금대로가 나을지도 모르겠다, 그러나 그건 '차라리'라는 얘기고 진짜 이대로 가는 것도 문제지요. 이것은 이북의 문제만이 아니라 결국 남한과 같이 가야 하는 문제인데… 그런 점에서 파괴적으로 가는 개방이 아니라 그런 대로 인간적으로 납득할 수 있는, 수용할 수 있는 개방으로 갈 것인가 하는 점에 대해서는 저도 지금 뭐라고 얘기를 못 하겠어요.

문 이른바 그린라운드에 대해서 아주 근본주의적인 시각에서 비판을 하셨는데, 프레온가스나 이산화탄소를 규제하는 것이 당장 다국적기업의 이익이 되겠지만 환경생태계에 개량적인 효과는 없을까요?

답 물론 그런 효과는 있겠죠. 개발도상국들이 다 선진국을 흉내내고 그런 식으로 개발해 나가려고 하니까 그린라운드로 제동을 걸면 도리없이 환경기술을 개발하는 쪽으로 나아갈 것이고, 환경기술을 개발 안하는 것보다는 하는 것이 지구생태계를 위해서 낫겠죠. 그런데, 재작년에 리우 환경회의에서도 나온 얘기지만 거기에서 NGO(비정부기구)들이 줄기차게 얘기한 것은 지금 정상들 회담에서 논의하는 것은 다 헛것이라는 것 아닙니까? 정말 중요한 것은 미국사람, 유럽사람들의 생활양식, 그런 식의 생활수준이 문제라는 거지요. 인구문제만 하더라도 미국사람 한명이 네팔사람 50명분의 에너지를 쓰는데 어떻게 그것을 단순하게 인구문제라고 할 수 있습니까? 자기들이 누리고 있는 생활수준은 그대로 두고 뭔가 인류가 재난을 피해갈 수 있는 방법이 없을까 생각하는 얄팍한 수작이 아니라 기본적으로 사람들의 생활방식과 그런 물질적인 생활수준, 이것을 완전히 전면적으로 바꾸지 않으면 아무 희망이 없다는 거죠. 다른 것이 아니에요. 저런 식으로 살려고 하고, 그것을 후진국 사람들이 선망하고, 저는 여기에 모든 문제가 있다고 봐요. 그러다보니 세계의 모든 문화가 획일화되고 말이죠. 그린라운드 얘기를 하다가 여기까지 왔는데 … 맞습니다. 그런 부수적인 효과는 있을 수 있어요. 어느 정도는 환경악화를 지연시키는 데 기여할 수 있겠지만 그러나 결국은 어떤 사람의 표현처럼 지옥으로 가는 길을 포장하는 정도에 불과하지 않겠느냐, 본질적인 문제의 해결방안은 아니라는 얘기죠.

문 본질적인 해결이라고 하시니까 본질적인 문제로 들어가지요. 선진국에서 자기들의 물질적 생활수준은 양보하지 않고 환경을 개선하려 한다고 지적하셨는데, 결국 "가난을 즐겁게 받아들일 수 있는 정신적 능력"이 관건이라는 입장이시지요? 인간의 욕망을 줄인다는 얘기인데, 그건 다른 말로 하면 인간의 본성을 바꾼다는 얘기로도 들립니다. 사회주의가 실패한 이유도 인간의 이기적인 본성과 양립할 수 없기 때문이라는 얘기도 있지만, 무작정 도덕적인 결단만 요구할 것이 아니라 인간의 본성에 영합하면서 좀더 좋은 세상을 만드는 방법은 없을까요?

답 그런 식으로 받아들였다면 그건 제가 표현을 잘못 한 겁니다. 저는 금욕주의 가지고는 안된다고 생각해요. 실제로 뭔가 물질적인 풍요를 추구하는 것이 자연스러운 것인데, 큰 것을 위해서 우리가 참아야 한다는 식으로는 현실에서는 실효가 없다고 봐요. 제가 '가난'이라는 표현을 쓴 것은 저 나름대로는 뜻이 있어서입니다. 가난이 그야말로 사람이 비참하게 되는 빈곤의 상태를 말하는 것은 아닙니다. 풍족하게 사는 것보다 청빈하게 생활을 절제하는 데서 정신적인 기쁨을 느끼고 행복을 느끼는 것이 인간성에 존재하는 것은 사실이거든요. 겸손한 생활, 근검한 생활, 가난한 생활을 함으로써 인간관계도 좋아지고 실제로 생활에서도 여유가 있어요. 덮어놓고 생활을 줄이는 쪽으로 가자는 것이 아니라 다른 것을 욕망하자는 것이죠. 진짜 행복한 상태를 소망하자. 지금 서구식의 생활수준 향상이라는 것을 통해서 사람들이 실제로 행복해지는 것이 아니거든요. 인간관계가 황폐하고 폭력이 난무하는 사회라는 것은 우리가 다 아는 얘기인데, 그런 식으로 해서는 소득이 몇만달러, 몇십만달러가 된다 하더라도 … 물론 그 이전에 재앙이 오지만, 혹 생태적인 재앙이 안 온다 하더라도 그것은 결국 사람을 불행하게 만들어가는 것이거든요. 그러니까 오히려 더 진정한 행복을 추구하자는 얘기죠. 그러니까 그건 금욕주의와는 다른 얘기라고 생각합니다. 그래서 정신적인 능력이라는 말을 했지요. 참는 능력이 아니라 진짜 행복을 알아보는 능력 말입니다. 아주 쉬운 예로 요즘 물 때문에 모두 걱정이 많은데, 우리가 먹고 입고 지내는 생활이 60년대 이전 수준으로 돌아가더라도 정말 맑은 물, 마실 물뿐만 아니라 어디를 가나 맑은 물소리를 듣고 바닥까지 환히 보이는 물을 보면서 살 수 있다면 그거야말로 진짜 행복일 것 같아요. 물론 그렇다고 옛날로 돌아갈 수는 없고 다른 방식으로 가야 하는데 문제는 목표를 어디에 두느냐 하는 겁니다. 그러니까 진정한 행복의 방향으로 가자는 거죠. 그건 결국 인간성에 맞아야 하지 않겠습니까? 인간성에 어긋나는 행복을 추구한다는 것은 도덕적인 설교밖에 안되는 것이고 가능하지도 않을 뿐만 아니라 바람직하지도 않다고요. 그런데 우리가 물질적인 탐욕을 끊임없이 추구하는 것도 인간성에 내재해 있는 속성인지는 모르지만 그 반대로 남들과 협력하고 조금 궁핍한 듯하면서도 노동하며 땀을 흘리면서 얻는 쾌감, 그것을 쾌감으로 느끼고 행복으로 느끼는 능력도 인간성에 분명히 내재한다고 생각해요.

문 일단 절대빈곤은 해소되어야 하겠지요?

답 물론이죠. 비참과 가난은 구별해야지요.

문 절대빈곤을 해결하고 나서 맑은 물이냐 좋은 자동차냐를 선택하라고 할 때….

답 맑은 물이지.

문 자동차가 아니라 맑은 물에서 행복을 찾을 수 있는 정신적 능력을 키우라는 얘깁니까?

답 그리고 생산력이 높아져야 우리가 물질적인 생활을 향유할 수 있다고 하는데 저는 그 생각 자체가 문제가 있다고 봐요. 무슨 얘기냐면, 공상적인 얘기일지는 모르지만 성경에 물고기 두마리와 보리떡 다섯개를 가지고 수천명을 먹였다는 얘기가 있는데 그게 진짜인 것 같아요. 자원은 애당초부터 제한되어 있으니까 사람이 많아질 때는 결국은 누군가가 그것을 특권적으로 차지할 수밖에 없지요. 거기서 인간불평등이 생겨나는 것이고, 그것을 해결하려면 결국은 우리가 자원을 개발해서 생산력을 높일 수밖에 없다는 것이 생산력지상주의로 나가는 생각인데, 하나는 자본주의 논리이고 하나는 기성의 사회주의 논리라고 할 수 있는데, 어느 쪽이든간에 지속불가능한 파멸로 나간다고 생각하거든요. 그러니까 저는 기독교도도 아니지만 성경의 그런 말이 암시하는 것은 근본적으로는 주어진 자원이 희소한 것이 문제가 아니라 어떻게 우리가 서로 협동하면서 서로 믿으면서 사느냐 하는 삶의 방식이 제일 중요하다는 얘기라고 봐요. 이것이 또하나의 정신주의라고 비난받을지는 모르지만 마음만 넉넉하다면 저는 결코 굶주리지 않는다고 생각해요. 왜냐하면 우리보다 훨씬 생산성이 낮은 부족이나 민족들, 인종들이 전통적으로 살아가는 방식들을 보면 그런 확신이 가거든요.

문 자본주의건 사회주의건 인류역사가 '바람직하지 않은 방향으로' 여기까지 왔다면, 그러면 이게 어디서부터 이렇게 어긋나기 시작했을까요? 어리석은 질문일지는 모르겠지만, 하여간 자동차가 아니라 자전거라고 한다면 자동차가 없고 자전거만 있을 때는 괜찮은 사회였나요? 아니면 자전거도 아니고 달구지나…. (웃음)

답 자전거도 고급산업화의 산물이지요. 어디서부터 어긋났는지 아직

제 실력으로는 도저히 해명할 수 없고… 그러니까 종래에는 산업혁명 이후에 이런 문제가 생겼다고 흔히들 얘기해왔지만 곰곰이 생각해보면 그런 문제만은 아닌 것 같아요. 더 근원적인 것이 있지 않은가 합니다. 제가 잡담 하나 할까요? 작년에 제가 포항공대에서 강연하면서도 그런 얘기를 했는데 자연현상 중에 이상한 현상들이 가끔 일어납니다. 수탉이 알을 낳는 경우가 있다고요. 바로 자연이기 때문에 그런 겁니다. 인간이 자연을 법칙으로 이해한다는 것은 우리가 경험할 수 있는 한도 내에서 대체로 그렇다는 얘기죠. 그러나 예외도 많거든요. 예전에 유럽에서는 수탉이 알을 낳으면 자연법칙을 어겼다고 해서 닭을 화형(火刑)에 처했어요. 그런데 중국에서는 수탉이 알을 낳으면 천자(天子)가 자기가 덕이 없어서 그렇다며 나가서 제단을 만들어놓고 목욕재계하고 용서해달라고 하늘에 빌었습니다. 나는 이 두 태도의 차이라고 봐요. 어떻게 논리적으로 표현해야 좋을지 모르지만 서양사람들에게 그런 멘털리티가 우세했던 게 분명해요. 동양적인 정신적 경향이 서양에도 존재하기는 했지요. 하지만 주류는 그런 것이 아닌… 뭔가 대단한 교만심, 자기가 전지전능하지 않으면서 하느님으로 착각하는 데서, 어떤 한계를 지킬 줄 모르는 것이 나오는 것 같아요. 물론 제대로 된 답변은 아니지만… 대단히 근원적인 문제가 있는 것 같아요.

문 동양적인 정신적 경향을 말씀하셨는데, 상황이 이렇게까지 악화되기 전에 산업화나 자본주의, 이런 방향이 아니라 다른 방향을 제시한 사상들도 있었겠지요? 그럼에도 불구하고 그런 사회가 이루어지지 않고 결국 이렇게 됐다면 역설적으로 옛날보다는 사태가 악화된 지금이야말로 그런 사상이 더욱 발전하고 또 실현될 물적인 토대가 마련됐다고 보아도 될까요?

답 그렇죠. 개벽사상이라는 것이 그런 것 아니겠습니까? 결국은 캄캄해지는 것이 희망의 시간, 구원의 시간이지요. 그런 희망이 없이는 우리

가 살 수 없을 것 같아요. (웃음)

문 지난 호 창비의 갑오농민전쟁 100주년 기념 좌담에서도 전통사상의 근대성에 대한 논란이 있었습니다만, 실학사상의 근대지향이라는 것도 물론 부정적으로 보시겠지요?

답 실학사상이라는 게 결국 부국강병론 아닙니까? 그런데 지금 일본도 그렇고, 중국이나 우리나라, 싱가포르, 홍콩이 서구를 제외하고는 산업화를 어느 정도 이룬 거의 유일한 지역입니다. 이것을 저는 유교와 결부시켜야 한다고 생각하지요. 우리가 동양에 속해 있으니까 피상적으로 동양사상은 자연친화적 운운하는데, 유교사상이란 것이 반드시 그런 것 같지는 않아요. 오히려 산업화에 부합하는 것 같습니다. 유교문화가, 김지하씨가 잘 쓰는 용어지만 '영성(靈性)'에 있어서 상당히 결여되어 있는 문화가 아닌가 하는 생각이 들거든요. 그야말로 생명에 대한 진정한 공경의 느낌으로 와야 하는 건데 … 유교사상이라는 것이 말하자면 철저한 인간중심주 아닙니까? 그런 점에서는 산업화의 원리와 통하고, 또 인간을 높이 보면서도 인간사회속에서는 윗사람, 아랫사람으로 본다는 점에서 권위주의란 말이죠. 저는 권위주의적인 문화의식과 산업화는 근원적으로는 동일한 생각에서 움직이는 것이 아닌가 합니다. (1994년)

마을문화를 되찾아서

오늘 제가 여기서 농사짓는 여러분 앞에서 무슨 말씀을 드려야 할지 난감한 기분입니다.

저 자신은 오랫동안 문학공부를 해왔고, 요 몇해 《녹색평론》이라는 잡지를 엮어내는 일을 해왔을 뿐입니다. 실제 농사를 지어본 경험도 없고, 또 농가출신도 아닙니다. 다만 그동안 농업이 굉장히 중요하다는 것, 이 시점에서 올바른 농사를 짓고 발전시키는 것말고는 인류에게 미래가 없다는 생각만은 쭉 해왔습니다. 그런 생각은 일찍이 지혜로운 선인들이 다 말씀해오셨고 저는 단지 매개가 되어 이런 생각을 좀더 확산시키고 의미있는 것으로 만드는 데 미약하나마 도움이 되었으면 하는 겁니다.

그러니까 정농회 모임과 같은 이런 자리에서 제가 무슨 말을 하더라도 그건 군더더기에 지나지 않아요. 그런데도 이 자리에 나타난 것은 지난 달에 오재길 선생님께서 대구까지 오셔서 간곡하게 부탁을 하시는 바람

이 글은 1997년 1월 15일 경기도 양주 풀무원 농장에서 열렸던 정농회 제22차 연수회에서 했던 이야기를 정리한 것임.

에 제가 존경하는 선생님의 모처럼의 청을 끝내 거절할 수 없었기 때문입니다. 오늘은 그냥 최근에 제가 막연히 품고 있던 생각을 두서없이 말씀드릴까 합니다.

저는 양주라는 데가 처음이고 또 의정부는 서울에서 대학 다닐 때 지나가면서 잠깐 버스 차창 너머로 본 기억밖에 없는데, 오늘 오면서 얼핏 보아도 여기도 성한 데가 하나도 없어 보입니다. 땅도 성한 데가 없고 농가라고 하는 것도 농가 모습이 아니고…. 그래서 늘 그렇듯이 이래서 되겠는가 하는 절망감이 듭니다. 시골에도 고층아파트가 많이 들어섰는데 이 공룡 같은 괴물을 정말 우리가 어떻게 해야 할 것인지 막막한 심정입니다.

여러분들은 지금 실제로 농사를 지으시는 분들이니까 워낙 당연하고 자명한 얘기가 되겠습니다만, 무엇보다도 이 농사라는 건 단순한 산업이 아니지요. 말할 필요도 없지만, 농사는 모든 산업, 모든 인간경영의 토대, 토대 중의 토대라고 할 수 있습니다. 농사를 단지 먹을거리를 생산하는 일로 보는 것도 지나치게 피상적이고 공리주의적인 관점입니다. 저는 오늘 그러한 공리주의적 입장을 떠나서 농사를 중심으로 하는 농민문화가 인간의 근원적 삶에 어떻게 중요한 것인가를 조금 생각해보려고 합니다.

저는 우리가 본질적으로는 어디까지나 마을사람이라는 사실에서 실마리를 찾아보고 싶습니다. 지금 우리나라는 세계에서 도시화가 제일 심하게 진전되었다고 합니다. 도시로의 인구밀집 현상도 그렇고, 비농업적인 일에 종사하는 인구가 전체의 70퍼센트가 넘는다고 해요. 프랑스보다도 많고 심지어는 미국보다도 더 많은 사람들이 도시에서 거주하고 있는 꼴입니다. 싱가포르나 홍콩 같은 순수한 도시국가를 제외하고 나면 이렇게 흙으로부터, 땅으로부터 유리된 삶을 영위하는 사회도 없을 것입니다. 그동안 우리가 모두 착각을 하고 살아왔어요. 도시사람이라면 무엇인가 조금 출세를 한 것 같고, 성공한 것 같다는 착각 말입니다. 그러나 우리는 깊이 내면적으로 모두 마을사람입니다. 예컨대 우리는 병원에 가면 편치가 않습니다. 요즈음은 병원에 가면 청진기 같은 것은 골동품이지요. 예외없이 첨단기계로 무슨 무슨 검사, 하다못해 위궤양이나 십이지장궤양 같은 것도 사람을 컴컴한 데로 데려가서 이리저리 빙빙 돌려가며 상하좌우 촬영을 하면서 기계에 사람을 붙들어 매놓습니다. 그러면서 외과수술 같은 것도 마취랍시고 사람을 반쯤 죽여놓고 … 굉장히 싫지요. 실제로 병원에 가면 안된다는 특별한 안목이 있어서 병원에 가기를 꺼려하기보다는 병원에 가면 무엇보다 기계와 접촉해야 하고 사람이 아니라 물건 취급당하는 것이 싫어서 병원에 가는 것을 대부분 꺼려합니다. 사실 꺼려하는 것이 옳은지도 몰라요. 우리의 내면이 원천적으로 거부하고 있거든요.

그리고 예를 들어 저도 마찬가지입니다만 지금 도시에 사는 사람들이 다 마음속으로 시골에 집 하나 가지려는 꿈을 갖고 있습니다. 왜 개인 플레이 하려고 하나, 그 돈 모아가지고 제대로 된 마을 하나 살리는 방향으로 나가야 할 게 아닌가 하고 저는 가끔 이야기를 합니다만, 어쨌든간에 지금 도시에 사는 대부분의 사람들이 형편이 허락하면 시골에 가서 살고 싶다는 소망을 갖고 있는 건 사실입니다. 그리고 흙집 지어서 살고 싶다는 거지요. 지금 흙집에 살고 싶다는 것이 굉장히 사치스러운 이야기이지만, 사람들이 농촌공동체속에서 살고 싶다는 뿌리깊은 소망을 어쩌지는 못합니다. 그러면서도 대개는 행동으로 옮기는 데는 소극적입니다. 이것이 문제입니다만 어쨌든 우리가 기본적으로 마을사람이라는 점만은 누구도 부인하지 못할 것이라고 저는 봅니다.

인류의 기술문명이 지금 굉장히 놀라울 만큼 발전하고 있는데 끝이 안 보이죠. 그런데 분명히 이런 식으로 가서는 파국에 직면할 것이라는 것은 조금만 생각해보아도 알 수 있습니다. 논리적으로 생각해보아도 이게 지속가능한 문명이 아니지요. 재생불가능한 자원을 계속 소모하고 자연을 오염시키고 있으니까 이것은 지속불가능하다는 결론이 쉽사리 나옵니다. 저는 늘 우리나라 경제학자들이 참 한심하다는 생각을 합니다. 경제를 살리자고 아우성인데 어떤 식으로 경제를 살려야 할 것인가 하는 근본적인 문제에 대해서는 이야기가 없습니다. 그냥 덮어놓고 지난 30년 동안 해오던 방식대로 자연과 인간에 대해 파괴적인 그 경제를 또다시 되살려야 된다는 이야기죠. 그래서 그러한 주어진 테두리 내에서 저비용 고효율이니 하고 이야기를 할 뿐이지 실제로 지난 30년 동안 농촌공동체를 파괴하고, 그렇게 함으로써 우리의 자립적인 삶의 기반을 망가뜨려온 그런 경제를 우리가 다시금 부활시키는 것이 어떤 비극적인 재난을 가져올 것인가 하는 문제에 대해서 심각하게 고민하는 경제학자가 없는 것 같아요. 제가 늘 《녹색평론》 편집일을 하면서 그런 경제학자 한사람 만나봤으면 하는 것이 소원입니다만 그게 안되어 늘 외국사람들 글을 번역하는 것으로 대신하고 있습니다. 하여간 경제문제도 경제문제지만 이런 물질생활을 영위하는 방식이 지속불가능하다는 것은 명명백백한 문제지요. 그리고 또 그보다 더 근본적인 것은 지금 제가 이야기를 하고 있는 내면적인 문제 — 우리가 그냥 몸뚱아리만 가지고 신진대사만 하면서 일차원적인 목숨만 영위해가는 그런 존재가 아니라는 점에 있습니다.

사실 지금 우리가 당장 먹고사는 데 크게 지장을 느끼지는 않지요. 우리가 오염된 음식을 먹었다고 해서 그 자리에서 즉사하는 것은 아니잖습니까? 막연한 불안은 있지만 그래도 배불리 먹고 있습니다. 그런데 마음들이 편치 않아요. 이게 중요한 문제입니다. 마음 편케 사는 사람들이 사실 없을 거예요. 조금 예민한 사람들은 아마 몹시 괴로울 거예요. 자연이 병들어서 앓고 있다고 해도 자연이 스스로 소리를 낼 수 없으니까 그 몫은 아마 사람 중에 예민한 사람들이 맡고 있을지 모릅니다. 신음소리를 내면서 말이지요.

기술문명이 발달할수록 우리가 인간적으로 성숙하지도 못하고, 인간적으로 내용있는 체험을 할 기회가 줄어든다는 사실도 중요한 문제입니다. 요전에 제가 아는 어떤 나이많은 분이 겪은 일에 대해 잠깐 얘기해보고 싶어요. 얼마 전에 대학에서 은퇴하신 분인데 평소에 건강한 편이었는데 갑자기 심장의 관상동맥의 일부가 막혀가지고 병원에 급히 입원을 했습니다. 옛날 같으면 치명적인 병이죠. 그래서 장기적으로 섭생을 하고 생활을 절도있게 하면서 왜 이런 건강문제가 생겼는지 이런 것에 대해서 반성도 하고 그러면서 철학적으로 될 수 있는 계기가 되었을 겁니다. 오늘의 시점에서 우리의 환경이라든지 지금 우리가 살아가고 있는 삶의 모습이라든지 이런 것이 근본적으로 어디서부터 잘못되었는가에 대해 깊이 생각할 수 있는 기회가 되었을 거라는 겁니다. 그러니까 질병 하나가 사람을 교육시키는 그런 의미를 가질 수 있는 것입니다. 그런데 이분이 입원을 해서 즉각 응급조치를 받았는데 그 처치라는 것이 외국에서 도입된 첨단 의료기술인데, 아주 미세한 더듬이를 혈관에 집어넣어서 그게 문제의 관상동맥의 막힌 부분을 찾아가서 뚫는다는 거예요. 그렇게 간단하게 문제를 해결하고는 아무 일도 없었다는 듯이 퇴원하였다는 겁니다. 병원에서 나와서는 또 예전처럼 그대로 고기먹고 술먹고 아무런 행동의 변화도 필요하지 않다는 거지요. 얼마나 편해졌습니까? 심장병이 생겼다고 고민할 필요도 없고, 조심할 필요도 없으니 얼마나 간단합니까? 그런 얘기를 들었어요. 그래 가만히 제가 생각해보니 정말 큰일이다 싶더군요. 비단 의료문제뿐만이 아니라 모든 기술적인 진보라는 것이 이런 식이에요. 사람에게서 고통을 덜어주고, 고민할 필요를 제거한다는 것이지요. 그런데 우리가 참다운 사람이 되려면 고통과 고민 없이는 안되는 거 아닙니까. 우리가 심각한 질병을 갖고 있는 동안 그걸 통해서 배우는 것은 책이 가르쳐주지 못하는 큰 교육일 수 있습니다. 때로는 실패하더라도 의미는 그런대로 있는 거예요. 어떤 심적·정신적 상황에서 삶을 마무리 짓는가 하는 것이 더 중요한 것이니까요. 바보같이 돌멩이처럼 아무 생각없이 엉터리로 살다가 가는 것보다는 그래도 한번 죽음에 대해서 철학적인 명상이라도 해볼 수 있는 것이 인간으로서 기본적인 위엄을 갖춘 죽음일 겁니다. 그런 기회를 지금의 첨단기술이 박탈하고 있습니다. 그것도 거창하게 문명의 발달이니 진보니 해가면서요.

　미국의 유명한 문명비평가 루이스 멈포드는 사회가 건전하게 유지되려면 인구의 70~80퍼센트가 농사, 20~30퍼센트가 농사를 토대로 한 비농업적인 일에 종사하고 있어야 한다고 했습니다. 그에 의하면 인류사회가 출현해서 지금까지 이루어놓은 최선의 문화적 업적은 근본적으로 신석기시대에 확립된 마을문화의 전통에 뿌리를 두었다는 겁니다. 산업사회라는 것이 인류의 장래를 이렇게 암담하게 만들기 이전까지는 근본적으로 그러한 토대가 유지되고 있었습니다. 지금도 우리에게 끊임없이 지혜를 제공해주는 인류 최선의 문화전통이 신석기시대에 시작된 농업문화에서 나왔다는 것은 우리가 조금만 생각해보아도 틀림없는 사실입니다. 2차대전 이후 미국의 지도적인 언론인으로 활약했던 월터 리프만이라는 사람이 있어요. 《여론》이라는 유명한 책을 쓴 사람이기도 한데, 제가 대학생이었을 때 민주주의와 언론의 관계를 논하는 그 책을 감명깊게 읽은 기억이 있습니다. 요즈음 어디서 보니까 이분이 바로 그런 얘기를 했더군요. 사람이 정신적으로 품위있는 생활을 하는 전제조건은 농업문화라는 것입니다. 농업이 중심이 되어있는 삶에서만 인간은 사계절의 리듬에 순응하여 삶을 꾸려나가면서 자기자신보다 더 큰 근원적인 존재를 느끼고, 무한한 우주 앞에 '경건한' 태도를 갖게 된다는 것이지요.

　독일의 경제학자 중에도 그런 이야기를 한 학자가 있습니다. 인류의 재앙은 산업사회를 통해 농업을 포기한 데서 시작되었다고 알렉산더 뤼스토프라는 경제학자는 말하고 있어요. 지금 외국에서는 각 방면에서 이런 얘기들을 하는 사람들이 늘어가고 있습니다. 우리나라에서는 아직도 극소수를 제외하고는 이런 의견을 개진하는 사람이 없는 것 같아요. 요즈음 노동법 개정문제로 진보적 지식인들 가운데서 열을 올리는 사람들이 많은데요. 물론 이것은 당연히 있어야 할 움직임입니다. 그러나 제가 생각하기에 요즘 대학교수들이나 신부, 목사님들이 노동법 개정에 대해 서명운동도 벌이고 성명서도 발표하고 있는데, 이런 걸 왜 우루과이라운드 협정 타결할 때는 안했는가 하는 것입니다. 사실 이 문제가 더욱 근본적인 문제라고 할 수 있는데도 그때 대학교수들이 서명운동에 나선 일이 없어요. 그 결과가 이런 모습으로 나타나리라는 것을 왜 예상 못했는지 모르겠어요. 조금 투박하게 하는 말입니다만 지금 파업노동자들의 뜻이 관철된다고 하더라도 오래 못갈 것입니다. 세계무역기구체제 때문에 결국 부닥치게 되어 있습니다. 결국 실업사태가 나게 되어 있습니다. 구조적인 모순 때문에 더이상 못 나가게 되어 있어요. 유럽의 실업률이 10퍼센트 이상이고 갈수록 더 높아지고 있습니다. 우리나라를 포함해서 이 몇십년 동안 동아시아 지방에서는 실업이라는 것을 몰랐습니다. 호경기를 누려왔지요. 그런데 호경기를 누리게 만드는 조건들이 다 사라져가고 있습니다. 이것은 여러분이 다 아시는 이야기지요. 우리보다 더 늦게 공업화를 추진하고 있는 개발도상국들은 이미 우리가 가지고 있었던 조건을 모두 넘겨받았습니다. 기술개발이나 기술혁신을 통해 새로운 도약이 가능할 것처럼 경제전문가들은 말하지만, 기술발달이 심화될수록 경영합리화·자동화를 통해 일자리가 대폭 축소된다는 게 세계적인 추세입니다. 실제로 우리보다 기술이 앞서있는 일본이나 유럽에서 실업문제는 이제 만성적인 사회문제가 되었습니다.

아마 이런 추세는 꽤 오래갈 것으로 보입니다. 우리가 무슨 기막힌 재주가 있어서 이러한 추세를 거슬러 경제를 되살릴 수 있다는 말입니까? 그러니까 지금 우리가 서둘러야 할 것은 가난하지만 고르게 살 수 있는 자립적인 삶의 조건을 빨리 회복시키는 일입니다. 이것을 확대는 하지 못할망정 축소한다는 것은 말도 안되는 얘긴데 지금 경제회생을 위해 한다는 일이 전부 생존의 근원적인 토대를 파괴하는 짓들입니다. 삶의 기본적인 토대가 무엇입니까. 토대 중의 토대가 땅이란 말입니다. 지금 땅이 성한 데가 없잖습니까. 농촌에 가면 이제 전부 시설농업입니다. 전부가 비닐하우스에서 겨울철에 난데없이 딸기 수박 이런 농사짓고 있습니다. 말도 안되는 얘기지요. 이런 공장식 농업이 진짜 농사라고 할 수 없지요. 물론 오랫동안 이러한 추세가 계속되어왔지만 결정타가 우루과이라운드 협정이고 세계무역기구체제 출범입니다. 그런데 우리나라 지식인들이 무얼 했느냐 말입니다. 농업에 관계되어 있는 극소수 사람이 신문 칼럼 몇편, 시론 몇편 쓰고, 그리고 농민들하고 농업분야의 학자들 몇 사람을 빼놓고는 그냥 방관했습니다.

　지식인들이 요즈음 파업사태에 대하여 서명운동을 하는 것이 잘못이라는 게 물론 아닙니다. 이 문제에 이렇게 열성적인 반응을 보이고, 노동투쟁의 성패여부로 우리사회의 민주적 가능성을 생각하는 것은 백번 옳은 일이죠. 그러나 이보다 더 근원적이고 더 근본적인 문제에 대해서 관심이 없다는 게 문제라는 것입니다. 그러니까 아주 구태의연한 산업주의 논리를 그대로 답습하고 있는 셈이지요. 〈한겨레〉를 포함하여 이른바 진보적 매체들도 농업에는 별 관심이 없어요. 땅을 살려야 한다, 땅을 지켜야 한다는 절박한 문제에 대해 별 관심이 없어요.

　경제적·사회적으로뿐만 아니라 우리가 기본적으로 진정한 자유와 행복을 누리려면 마을사람이라는 우리의 내면적 본성에 충실하는 생활을 가져야지, 절대로 도시화나 기술문명의 확산속에서는 안될 것입니다. 진화론적 존재로서의 우리 자신의 생물학적인 구조가 벌써 그렇게 되어있는 것입니다. 진화론이라는 말을 쓰고 싶지 않다면, 그냥 우리가 하늘로부터 받은 인간성의 기본적인 구조가 우리가 마을사람으로서 살고 마을사람으로서 존재하게끔 결정하고 있다고 볼 수 있겠지요.

　세계의 수많은 시인·작가들과 예술가들은 대부분 늘 자연을 예찬했습니다. 자연속에서 또는 자연의 본성을 거스르지 않는 삶속에서만 사람의 행복이 가능하다는 것을 항상 증언해왔습니다. 그러면서 산업화가 진전될수록 자연을 잃어버린 것에 대해서 분노와 슬픔과 절망을 표현해왔습니다. 그리고 지금도 많은 사람들에게 감동을 주면서 읽히고 있는 것은 전부가 우리가 흙의 아들이고 딸이라는 것을 환기시켜주는 문학과 예술입니다. 이러한 사실이 무엇을 의미하느냐. 결국 우리가 흙을 떠나서는 살 수 없는 마을사람이라는 것을 증언하는 것이지요. 요즈음 아이들, 젊은 세대들은 흙을 밟아보지 못하고 자라고 있지 않습니까? 단순히 감각적 즐거움이 아니라 사람다움이라는 게 제대로 지켜지려면 흙속에서 살고, 땅과 늘 접촉해야 한다는 것을 제대로 실감하지 못하는 세대가 점점 늘어나고 있습니다.

지난번에 《녹색평론》에 실린 글에 이런 게 있습니다. 구소련에서는 공식적인 연구기관에서 이른바 초능력자들을 연구해왔던 모양입니다. 알라 쿠드리아쇼바라는 초능력을 가진 소련 여자 이야기입니다. 그 여자가 염력을 넣어서 예를 들어 곡식의 씨앗 같은 것을 발아를 잘 시키고 수확을 많이 하게 하는데, 소련에서는 늘 식량이 문제였으니까 그런 여자를 제도적으로 흡수해서 농업진흥에 이용해보려고 한 것이겠지요. 제가 그 이야기를 번역해서 실었는데 그 이야기속에 저로서는 굉장히 마음아픈 대목이 있었습니다. 무슨 얘기냐 하면 이 여성이 소련아카데미의 어떤 연구원의 부탁을 받아서 시골의 집단농장에 가서 땅에다 염력을 불어넣는 장면이 있습니다. 밭고랑에 앉아서 이제 막 정신을 모아서 땅을 지켜보고 있는데 별안간 큰 통증이 엄습합니다. 그 글을 읽어보신 분은 아시겠지만 땅이 지금 어마어마한 고통으로 신음하고 있는 것이 이 여자에게 전달된 것입니다. 땅은 살아있는 생명체입니다. 그 생명체가 아파서 소리를 지르고 몸부림치는 모습을 보고 들은 것입니다. 땅이 트랙터 때문에 마구 짓눌리고, 독한 비료나 농약 때문에 죽어가는 것입니다. 사람이 제

몸속에 독약이 막 들어오면 견딜 수 없듯이 땅도 똑같이 그것을 견디기 어려워한다는 것이지요. 우리는 그저 과학적이고 공학적인 견지에서 화학비료와 농약을 남용하면 토지가 오염된다고 생각하지만 그보다 더 근원적으로 땅이라는 생명체가 울부짖고 있다는 겁니다. 거기다 덧붙여서 오늘날 농부들은 옛날의 농부들처럼 땅에 대한 애정이나 공경심이 없이 일을 한다는 겁니다. 땅이 그 느낌을 이 여자에게 전달하는 거예요. 농부들이 트랙터를 가지고 일하면서 막 욕설을 뱉는다는 거지요. 이 빌어먹을, 이 신세를 언제나 면한다지? 죽어라 죽어. 그러면서 침을 탁 뱉고 말이죠. 이러한 모욕도 땅으로서는 견딜 수 없는 아픔의 원인이라는 것이었습니다. 이것을 경험하고 알라라는 여성은 그로부터 한동안 몹시 앓아요. 그래서 상당한 기간 마음과 몸을 정화하기 위하여 단식을 하고, 비로소 회복되었다는 그런 이야기입니다.

지금 초능력 이야기가 나왔습니다만, 초능력이라는 것은 무슨 특별한 능력이라기보다는 사람의 마음이 맑아지고, 사물의 내면으로 들어가서 귀를 기울일 만큼 자연만물에 대한 사랑이 깊어지면 열리는 능력이 아닌가 합니다. 하여간 이 이야기에서 중요한 것은 땅이 살아있고, 마음을 가지고 있다는 것, 그리고 오늘날 산업문명의 지배속에서 땅이 몹시 고통을 당하고 죽어가고 있다는 사실이 극히 맑은 마음을 지닌 한 인간에 의해 생생히 체험되었다는 점입니다. 우리는 모든 것을 자기중심적으로, 공리주의적 견지에서 생각하는 뿌리깊은 습관 때문에 땅이 죽으면 농사가 안된다는 측면에서만 생각하지만, 땅 그 자체가 생명체로서 겪는 고통에 대해서는 주의를 기울이지 않지요. 소련의 초능력자나 옛날 고대인들이 자연의 소리를 잘 이해하고, 오늘날 근대적인 지식체계로는 도저히 파악할 수 없는 근본적인 지혜를 갖게 될 수 있었던 것은 본질적으로 그들이 지극히 비폭력적인 심성의 소유자들이었기 때문이라고 저는 생각합니다.

옛날 성인들이나 지금도 탐욕없이 사는 토착 부족민들은 우리들보다 훨씬 더 깊은 지혜를 가지고 있는 건 사실인 듯합니다. 흙에서 멀어짐으로써 사람의 마음이 막혀버렸는지 모르지만 어쨌든 문명이라는 것은 인간관계가 복잡해지고 계급사회로 분화되고 사회에 억압과 압제와 전쟁이 일어나는 역사를 의미해왔습니다. 그리하여 정치하는 사람들, 사회를 이끌어간다는 사람들은 문제를 늘 기술적으로만 해결하려고 하지요. 우리 농업도 결국은 자꾸만 기술로 해결하려고 하다가 결과가 오늘과 같이 된 것이거든요. 아마 지금도 기술적인 모색을 하는 것이 현실적이라고 생각하는 사람들이 대다수일 거예요. 그런데 아까도 말씀드렸지만 그러는 도중에 우리가 마을사람으로서의 본성에 위배되는 생활을 자꾸만 확대하게 된다는 것이 문제입니다. 다시 말해서 우리는 갈수록 환경과 자기자신의 내면에 대하여 폭력적으로 되어간다는 것입니다.

지금 우리가 누리는 생활 전체가 폭력에 기초해 있다고 할 수 있습니다. 가만히 보면 지금은 태어날 때부터 폭력속으로 들어가게 되어있어요. 한국과 같은 경우에는 요즈음 아이를 낳을 때 거의 100퍼센트라고 해도 될 정도로 임산부들이 병원에 가서 낳는단 말예요. 그런데 병원에 가서 아이를 낳는 상황을 한번 생각해보세요. 아이가 어머니에게서 태어나는 그 순간은 엄청난 환경의 변화잖아요? 어머니 몸속에서 바깥세상으로 나오는 그 순간은 어린 생명에게 있어서 모성의 보살핌이 절대적으로 필요한 순간입니다. 어른들도 외롭고 따분할 때 포옹을 하면 마음이 놓이잖습니까? 저도 나이 오십이 넘었는데도 그래요. 누군가 어깨라도 두드려주면 마음이 가라앉아요. 어린 생명이 세상에 처음 나오는 그 순간 어머니의 포옹보다 더 절실히 필요한 게 어디 있겠어요? 그런데 지금 병원에서는 아이가 태어나자마자 신생아실로 가게 되어있어요. 그리고 거기서 우유 먹여요. 이런 식으로 태어나자마자 아이는 근원적인 불안, 스트레스를 느끼게 되고, 세상과의 불화를 경험하게 되는 것입니다.

미국의 인류학자로 진 리들로프라고 하는 여성학자가 있는데 이 사람이 베네수엘라 아마존 밀림에서 예쿠아나라는 원주민부족과 함께 생활하면서 몇년 동안 현지조사를 한 게 있습니다. 이 학자의 주 관심사는 어린아이의 양육방식이었습니다. 그 부족사회는 본질적으로 가난한 사회이면서 사람들 표정이 좋아요. 협동적인 마을생활을 하면서 늘 웃음이 끊이지 않고 전부 즐겁게 살아요. 이들이 이처럼 넉넉하고 행복하게 사는 까닭은 물론 여러 이유가 있겠지만, 리들로프라는 백인 중산층 출신의 여성학자에게는 무엇보다 아기가 태어나고 양육되는 방식이 이 인디언부족의 평화롭고 행복한 삶에 크게 관계가 있는 것으로 보였습니다.

물론 그 인디언마을에는 병원도 없고 직업적인 산파도 없습니다. 그들은 대가족 생활을 하고, 또 무엇보다 긴밀한 공동체 생활을 하니까 당연히 아기의 탄생도 그 큰 가족과 마을 전체의 공통된 관심사가 되는 것이지요. 이 마을에서 신생아의 탄생은 마을 전체의 축복으로 받아들여집니다. 이것이 그들이 누려온 오랫동안의 전통이고 문화입니다. 우리가 어떤 문화속에서 사는가 하는 것이 실은 결정적인 것입니다. 다 같은 아기의 출생이라는 사건을 두고도 문화의 차이 때문에 완전히 극단적으로 다른 반응이 나타납니다. 예를 들어 미국에서 백인 중산층 계층의 젊은 여성들이 임신하여 출산일이 다가올 때 그들은 대개 심각한 불안, 공포를 느낀다는 겁니다. 출산을 넘어가야 할 큰 장애물이라고 생각하는 것이죠. 그래서 꿈을 꾸어도 절벽에서 떨어진다든지, 컴컴한 터널로 혼자서 두려움에 떨며 들어간다든지 하는 악몽에 시달린다고 합니다. 이것은 아마 개인주의 문화속에서는 필연적인 현상일 것입니다.

그런데 자메이카 (자메이카도 지금은 관광지가 되어버렸지만) 같은 좀더 토착적인 문화가 살아있는 곳에서는 사정이 딴판이에요. 카리브해협의 이 흑인여성들은 애기를 잉태한 그날부터 싱글벙글한다는 겁니다. 동네사람들의 축하속에서 자기가 대단히 자랑스러운 일을 한다는 느낌을 갖는 것이지요. 그래서 출산일이 다가오면 어떤 꿈을 꾸느냐 하면 호박

이 막 절로 터지는 꿈을 꾼다고 합니다. 호박의 이미지는 어디서나 비슷하게 행복의 이미지인 듯싶군요. 그러니까 사람이 어떤 문화속에서 사느냐에 따라서 꿈도 이렇듯 엄청나게 달라진다는 거죠.

그러니까 아까 그 여성 인류학자가 베네수엘라의 인디언부족이 어떻게 아이를 양육하는가를 지켜본 것은 당연하지요. 거기서는 처음부터 모든 게 달라요. 물론 모유를 먹이죠. 태어나면서부터 아기는 끊임없이 사람들의 보살핌을 받습니다. 그런데 여기서 주목할 것은 그러한 보살핌이 주로 신체적 접촉으로 표현된다는 겁니다. 이 인류학자에 따르면, 인간의 성품이 형성되는 과정에 태어나서 여섯달 내지 아홉달 동안, 그러니까 아이가 기어다니기 시작할 때까지 어떻게 보살핌을 받느냐 하는 것이 결정적이라는 것입니다. 이 기간 동안 이 인디언부족에서는 아기가 깨어 있건 잠들어 있건 어른들이 밤낮없이 아기를 만져주고 안아주고 쓰다듬어주면서 육체적인 접촉을 계속한다는 것입니다. 산업문화에서는 불가능한 일입니다. 그렇게 양육되었기 때문에 아이들은 굉장히 원만해지고 평화로운 심성을 갖게 됩니다. 근원적인 불만이 없는 거예요. 자기의 내면이 평화로우니까 남들에게, 자연에 대해서 저절로 공경하는 태도가 길러지는 것이지요. 인디언문화의 근본적인 비폭력성은 이런 양육과정에 깊이 관계되어 있을 것입니다. 지금 우리나라도 그렇고 구미 산업사회도 그렇고 머리좋은 사람들이 계속 새로운 기술을 만들어내고 매사를 기술적으로 처리하고 극복해 나가려 하는 것은 따지고 보면 내면이 평화롭지 못하기 때문일 거예요. 원천적으로 보살핌을 받지 못해서 그래요. 그러니까 뭔가 갈급증이 생겨서 자꾸만 무엇인가를 만들어내야 해요. 가만있지 못하거든요. 어떤 철학자는 인류의 제일 큰 비극이 가만있지 못하는 데 있다는 이야기를 했는데, 이게 참 맞는 말인 것 같아요. 누가 제일 가만히 있지 못하느냐 하면 심리적인 문제가 많은 사람이에요.

그러니까 폭력의 근원은 내면적 평화와 자유의 결핍이라고 할 수 있습니다. 그래서 산업사회는 폭력의 악순환이죠. 내면적으로 행복할 수 없는 사람들이 모여 사니까 자꾸만 파괴적인 수단을 강구하면서 나아가고 또 그런 수단을 강구하니까 원천적으로 보살핌의 문화는 자꾸 망가지게 되는 거죠. 악순환이 심화되는 겁니다. 이것은 자본주의의 문제보다 더 근원적인 문제입니다. 물론 자본주의는 극단적으로 경쟁적인 문화를 만들어내는 체제입니다. 제 얘기는 자본주의가 문제가 아니라는 얘기가 아니고 그보다 더 근원적인 문제가 있다는 얘기입니다.

아까 말한 아마존의 인디언부족 같은 경우를 제외하고 '폭력성'이란 것은 거의 인간본성이 되어버린 것이 아닌가 합니다. 저는 이 폭력성이 오늘날 파국 직전에 달한 사회적·생태적 위기의 근원이라고 생각합니다. 하여튼 타자를, 다른 생명을 늘 자기자신과 분리되어 있는 것으로 보는 데 폭력의 본질이 있다고 할 수 있는데요. 옛날 선지자들이나 기독교도, 불교도, 자이나교도, 힌두교도, 동양의 노자도 보면 전부 폭력에 대한 이야기입니다. 폭력은 교만, 자기가 제일이라고 생각하는 데서 시작됩니다. 불교에 마나(mana)라고 하는 개념이 있다고 합니다. 이걸 한자로 표기하면 교만하다 할 때 만(慢)자입니다. 부처님은 이 '만'의 뿌리를 뽑는 게 굉장히 어렵다고 하셨습니다. 보통 키가 크고 몸이 좋고 가문이 좋고 학벌이 좋고 지식이나 돈이 있다고 뻐기는 마음이 생기는 건 무슨 이유라도 있으니 깊이 수련을 하면 없앨 수가 있는지 모르겠습니다만, 그러한 객관적인 조건에 관계없이 무조건 사람은 누구든지 자기가 남보다 잘났다는 마음이 있다는 겁니다. 아무 근거도 없이 무조건 그러한 것이니 뿌리가 얼마나 깊은 것이겠어요.

독일 녹색당 창설의 주역 중의 한사람이었던 루돌프 바로는 지금 동베를린에서 대학교수로 있습니다만, 이 바로라는 사람에 의하면 특히 서구인들에게는 뿌리깊은 파괴적 심성이 있다는 것입니다. 뭔가를 정복하고 내가 꼭 이겨야겠다, 자기가 제일이라는 것을 세상에서 확인하고 싶어하는 그런 정신구조가 유럽역사의 시초부터 시작되었다는 것이지요. 제가 보기엔 서구인들만의 문제가 아닌 것 같습니다. 제가 오늘 기차타고 오면서 신문을 보니까 우리나라의 유명한 춤꾼의 인터뷰 기사가 실렸더군요. 인터뷰 도중에 우리나라 고유의 춤을 찬양하면서 세계제일이라고 하더군요. 우리 춤은 우리 체질에 맞다, 우리 생리에 근원적으로 맞다, 그렇게 이야기가 되었으면 합리적인 이야기고 듣기도 편합니다. 그런데 꼭 한마디 넣습니다. 우리 춤이 세계최고다라는 겁니다. 우리 춤은 온몸을 해방시켜주고, 그런 점에서 제일이라고요. 아주 참 그럴 듯합니다. 믿어야지요. 그러나 각각의 문화와 인간집단은 모두 자기 체질에 맞는 춤이 있지 않겠습니까? 왜 꼭 우리것이 최고라는 말을 넣어야 시원할까요?

어떤 사람들은 우리나라 전통 두레야말로 최고의 문화형식이라고 말해요. 그건 납득할 수 있는 얘깁니다. 그런데 다른 나라에는 이런 것이 없다는 식으로 나아가서는 곤란하잖아요. 우리가 세계를 다 본 것도 아니에요. 그런 얘기가 있을 수가 없지요. 어디에서나 사람들은 자기의 생태적 조건과 체질에 적합한 문화를 발전시켜왔어요. 고원지대에 사는 농민들은 그 나름으로 독특한 문화를 발전시켜왔고 열대지방은 열대지방대로, 자기들 나름의 자기들에게 맞는 노동의 양식과 축제의식을 발전시켜왔을 거란 말입니다. 어떻게 보면 오늘날 한국사람들이 대부분 이런 불합리한 사고, 덮어놓고 자기가 최고이며, 최고가 되어야겠다는 생각에 푹 빠져있는 게 아닌가 합니다. 순진한 꼬마들로부터 정치한다는 사람들에 이르기까지 쇼비니즘에 크게 오염되어 있어요. 정치가들은 늘 대중을 조작하면서 가장 손쉽게 쇼비니즘적 감정을 이용합니다. 소위 지도자들이라는 사람들이 합리적인 사고를 할 수 있도록 우리를 교육시키지 않습니다. 교육, 언론, 말할 필요도 없지요. 요새 환경운동하고 생명운동한다는 사람들도 예외는 아닌 것 같아요. 서양의 에콜로지사상 그거 틀렸다고, 읽어보지도 않고 마구 말해요. 동아시아 그중에서도 한반도, 한반도의 생명사상・활인사상이 앞으로의 세계를 이끌어갈 지도적 원리라는 겁니다. 그러나 정말 중요한 것은 누가 누구를 지도할 필요가 없는 것 아니겠어요? 각 민족과 인간집단이 다양한 문화적・생태적 조건속에서 자기 나름으로 지속가능하고 건전한 삶을 꾸려나가면 되는 것이고, 그게 올바른 방식이잖아요? 바로 자기가 최고라는 교만심 때문에 세상이 이렇게 뒤틀려왔는데 그러한 태도로 어떻게 세상을 치유할 수 있다는 걸까요?

남들하고 평등하게 형제자매로서 살아야 한다는 절박한 그런 심정이 있다면 우리는 스스로의 내면을 들여다볼 필요가 있습니다. 그러지 않고 우리가 벌레를 존경한다 미물을 공경한다 자연에 대한 공경심을 갖는다 해봤자 이건 헛소리입니다. 뿌리깊은 자만심을 그대로 두고 어떻게 공경이 가능하겠어요?

또다른 미국인 인류학자의 경험입니다만, 캘리포니아대학에서 박사논문을 쓰기 위하여 야키족이라는 멕시코의 인디언부족에 들어갔다가 특이한 체험을 한 학자가 있습니다. 카를로스 카스타네다라는 이 학자의 책이 일부 우리나라에 번역되어 있다고 들었습니다만, 책 내용은 주로 거기서 만난 돈 후앙이라는 인디언 샤먼으로부터 받은 영적 가르침에 관한 것입니다. 처음에 그는 그 샤먼을 다만 자신의 인류학 연구를 위한 정보제공자로 만났습니다만, 사귐이 진행되는 동안 오히려 그 샤먼의 제자가 되어버렸어요. 서양의 백인문화의 틀로써는 도저히 근접할 수 없는 깊은 정신적 세계에 눈을 뜨게 되었기 때문입니다.

그런데 그 샤먼이 미국인 학자를 교육시키는 여러 과정 중에 이런 내용이 나옵니다. 어느날 돈 후앙은 이 백인 제자를 데리고 들판으로 나갑니다. 그리고는 아무것도 아닌 잡초 한포기 앞에서 하루종일 나는 너보다 더 중요하지 않다라는 말을 외게 합니다. 그즈음에는 이 학자가 인디언문화에 대해서 이해가 상당히 깊어져 있었기 때문에 이것이 터무니없는 일이라고는 여기지 않습니다. 하지만 그래도 마음속에는 풀보다 자기가 중요하다고 당연히 그렇게 느끼면서 살아오지 않았겠습니까. 하루종일 그 말을 외어야 했습니다. 만물의 근원적 평등성을 마음 밑바닥에서 받아들이지 않는 한 진정한 비폭력주의 문화는 성립하지 않는다는 것이지요. 저는 이런 방향이 제일 중요하다고 생각합니다. 오늘날 우리는 갈수록 전부 권력지향적으로 되고 있습니다. 산업문화라는 이 자멸적인 생활방식도 따져보면 남보다 앞서고 남 위에 군림하고자 하는 권력지향적인 욕망의 소산일 텐데요. 그래서 노자가 앞서지 말라고 하잖아요. 검소하고, 자애롭고, 남 앞에 나서지 않는 것 ― 이것이 세가지 보배라고 했어요. 앞서지 말라. 불감위천하선(不敢爲天下先). 옛날 사람들은 생각을 깊이 했던 것 같아요. 만악(萬惡)의 근원이 바로 이 권력욕망, 권위주의에서 비롯한다는 것이지요.

그러면 지금 우리가 어떻게 해야 할 것인가? 거짓말은 안해야겠지요. 거짓말을 하기 시작하면 제대로 될 일이 하나도 없는 것 같아요. 거짓말을 안해야 실수가 있고 잘못이 있어도 그걸 다음 사람이 참고할 수가 있습니다. 그런데 거짓말을 해버리면 결정적인 지점에서 또 실수가 일어나고 또 시행착오를 범하게 되고 늘 그 장단이에요. 그런데도 우리는 늘 거짓말을 해요. 자기의 약점을 드러내기가 본능적으로 싫으니까요. 하여튼 제 잘난 맛에 산다고 하지만 참으로 고약하게 뿌리가 깊어요. 자기가 잘났다는 의식에서 벗어나는 게 얼마나 어려우면 불경의 어떤 것은 처음부터 끝까지 아상(我相)을 떨쳐버려야 한다고 그러겠습니까?

우리가 늘 보는 많은 사회운동들도 대부분 그래요. 자기는 옳고 상대방은 늘 잘못되어 있다는 전제가 깔려 있잖아요. 그래서 늘 운동방식도 대결적이고 투쟁적이에요. 힘을 보여주고 본때를 보여주어야겠다는 것 아닙니까? 그런 태도속에는 자기의 약한 모습을 보여주어서는 안된다는 강박적 충동이 작용하고 있어요. 이러한 구태의연한 힘의 논리로는 이제 더이상 나아갈 수 없는 게 분명해요. 남성주의적 투쟁을 행동원리로 하는 강자의 논리, 이른바 부국강병의 논리 — 이러한 '폭력'의 논리를 넘어가지 않는 한 우리에게 미래가 없다고 저는 생각합니다.

중요한 일을 한다고 하는 사람일수록 최고다, 제일이다 이런 생각에서 이제는 떠나야 할 것 같습니다. 정농회가 형성된 지 꽤 많은 세월이 흐른 것으로 알고 있습니다만 지금부터 아마 더 중요한, 어려운 시기로 접어드는 것이 아닌가 싶습니다. 저는 직접 농사를 짓지는 않지만 농사짓는 분들을 어떻게 하면 도와서 땅을 살리고 우리 삶의 방향을 바로잡는 데 조금이라도 도움이 될까 하고 늘 궁리는 하고 있습니다. 그래서 한살림에도 관계해보고 이리저리 기웃거려보고 있는 중입니다만 쉬운 일은 없는 것 같아요. 도시사람을 설득하는 문제, 소비자를 설득하는 문제도 그렇고, 지금 한살림도 금년에 가을 수확이 풍작이 되는 바람에 굉장히 어렵다고 합니다. 도무지 물건이 안 나간다는 것입니다. 그렇게 예민하게 시장가격의 영향을 받는다는 겁니다. 직거래에 관심있는 소비자들이 조그만 물건값의 변동은 초월해야 할 텐데 그렇지 않다는 거죠. 이런 세상입니다.

지금 미국이나 유럽이나 거기도 깨어난 사람들이 꽤 있으니까 관행농법으로는 더이상 나아갈 수 없다고 생각하는 사람들이 늘어가고 있습니다. 그래서 우리나라 한살림 같은 농산물직거래방식, CSA(community-supported agriculture)가 급속도로 번지고 있다고 합니다. 미국에서는 3년 전에 제가 알기로는 몇십개였는데 지금 600개가 넘었다고 해요. 도시에서 동아리를 엮어서 생산자와 연결하고 또 그 일을 실질적으로 맡은 실무자들이 중간에 있는 우리의 방법과는 조금 달리 운영되고 있는 모양입니다. 미국 같은 경우는 도농간의 구조가 우리와는 좀 달라요. 거기서는 우리처럼 대도시 중심이 아닙니다. 그러니까 작은 도시나 소읍 주변의 농민들이 혼자서 또는 몇몇이 직접 물건을 가지고 도시로 나와서 유인물을 돌린다든지 사람들이 모여있는 곳에 가서 계몽을 해서 연결망을 만들어냅니다. 그러니까 한 농민이 상대하는 소비자가 몇십명 되는 거죠. 그러나 본질적으로는 도시소비자들의 지원하에서 유기농업을 실천하는 농민들이 확대되는 생활기술이라는 점에서 우리나라 직거래운동과 다를 게 없지요. 물론 이런 운동은 단순한 농산물거래 차원을 넘어 새로운 대안적인 문화를 위한 돌파구를 연다는 의미로 이해하는 사람들이 증가함으로써 가능한 일입니다.

이런 운동은 정부 차원에서는 불가능하기도 하지만 그렇게 해서는 별 의미가 없다고 생각합니다. 철저하게 풀뿌리운동 방식으로 이 문명을 근저로부터 무너뜨려 나가야지요. 이걸 우리가 무슨 권력을 차지하는 운동으로 이해해서는 말이 안되는 얘기죠. 자꾸 반복되지만, 오늘의 문명의 위기는 권력욕망에 의한 중앙집권화의 결과란 말이에요. 생명의 경제라는 것은 철저히 지역자립경제가 아니면 안됩니다. 물론 100퍼센트 자급자족이라는 것은 있을 수가 없지요. 그러나 가능하면 자립의 근거를 많이 확보해야 해요. 그래서 우선 제일 중요한 것은 생태적으로 건전한 마을을 자꾸만 넓혀가는 거예요. 그걸 하기 위한 전단계로서 한살림이라든지 직거래라든지 이런 것이 필요한 것이지요. 직거래운동이 단순히 오염되지 않은 먹을거리를 공급하는 차원에서 이루어진다면 피곤해서 오래 못합니다. 그야말로 내 생명 네 생명 할것 없이 생명의 위기에서 내 자식 살린다는 기분으로 해야 하는 것입니다. 내 자식이 제대로 인간적인 대우를 받고 살려면 내 이웃이 제대로 살아야 할 것 아닙니까.

그러니까 우리가 진짜 이기적인 사람이 되어야 한다는 겁니다. 이기주의 이기주의 하지만 지금 세상사람들이 따져보면 진짜 이기적인 사람들도 아니죠. 진정으로 이기적인 사람이라면 왜 자동차를 몰고다녀요? 독가스가 결국은 내 몸과 내 자식을 병들게 하고, 자동차 중심의 경쟁과 적대적 사회관계는 결국에는 나와 내 자식의 삶을 위태롭게 하지 않습니까?

저는 풀뿌리운동의 가능성은 크다고 생각합니다. 제가 《녹색평론》일을 하면서 사무실에 앉아있어 보니 우리나라에 별로 눈에 뜨이지는 않지만 작은 움직임, 작은 조직들이 굉장히 많아요. 학교 연구실에 있을 때는 저는 이것을 몰랐습니다. 심지어는 서너명으로 된 조직도 있고 많아 봐야 몇십명의 회원으로 된 조직들이 많은데 이런 조그만 조직들이 산재해 있는 것을 가볍게 볼 일은 아닌 것 같아요. 그러한 조직을 만들고 이끌고 있는 아이디어나 이념은 공통되게 자연과 조화된 삶을 새롭게 일구어야 한다는 것이에요. 기성의 논리와 틀로는 도저히 인간답게 살 수 없다는 자각이 광범위하게 확산되고 있는 게 분명합니다. 이런 움직임을 살리고, 연결해야 할 필요가 있다고 저는 생각합니다.

그런데 이런 좋은 생각들을 가지고 있으면서도 작은 조직이든 큰 조직이든 일하는 방식에 무엇인가 중대한 결함이 있는 것 같아요. 제일 문제는 이런 조직들이 거의 대부분 뿔뿔이 흩어져 있고, 상호연대나 상부상조의 틀을 발견하지 못하고 있다는 점입니다. 그래서 그런지 이들은 지금 상투적인 내용으로 일관하고 있는 유인물들을 너무나 많이 만들어내고 있어요. 지금은 컴퓨터 덕분에 소책자 한권 발간하는 건 어려운 일이 아니니까, 이 단체들의 목적이 책자발행에 있는 것인지 사회운동이나 생태운동하는 데 있는 건지 구별이 안될 정도예요. 그런가 하면 큰 단체는 지나치게 기업에 의존적인 것 같아요. 단적으로 환경단체에서 나오는 잡지에 매번 자동차광고가 나옵니다. 아무리 광고라지만 자동차광고를 실으면서 환경에 대하여 무슨 뜻있는 얘기를 하겠다는 건지 모르겠습니다. 그러나 이것은 아마 어쩔 수 없는 현실조건 때문일 겁니다. 환경단체에 회원들이 충분히 확보되고 회원들이 회비만 내준다면 이런 문제가 있을 수가 없겠지요. 아직 우리나라 사람들은 이런 단체에 가입도 잘 안하고, 회비도 안 내요. 환경문제든 무슨 다른 문제든 대체로 정부를 탓하기만 해요. 우스운 얘기지만 제가 하는 잡지만 하더라도 구독료를 안 내는 독자들이 많아요. 녹색평론은 운동도 아니고 책장사예요. 그런데 1년 동안 책을 공짜로 받고 가타부타 아무 응답이 없어요. 1년 동안 10번이나 책값에 관한 연락을 보내는데, 그걸 무시하는 사람들이 꽤 있어요.

제 얘기는 우리들이 너무나 민주적 자치의 교육이 안되어 있다는 겁니다. 어제도 이런 일이 있었습니다. 서울의 조금 규모가 작은 어느 환경단체로부터 연락이 왔어요. 《녹색평론》 과월호에 실린 글이 필요하다고 그것을 봤으면 좋겠다고 해요. 그 단체에 《녹색평론》이 평소 들어갑니다. 그러니까 좀 잘 찾아보든지 안되면 큰 서점에 나가보면 될 텐데, 몇십페이지나 되는 글을 당장 팩스로 보내달라는 거예요. 평소에는 어지간하면 보고 싶은 글 보내달라면 다 보내줍니다. 그러나 아무 주저도 없이 팩스로 수십페이지를 넣어달라는 데는 제 고약한 성미로는 얼른 내키지 않아요. 하다못해 통신료는 우리가 부담하겠습니다라고 예의를 차려야 되는 것 아닙니까? 그리고 뭐가 그리 화급해서 팩스로 꼭 받아야 해요? 우편물로 보내달라면 될 것 아닙니까?

언젠가 일본사람들의 사회운동방식에 대해서 경험이 많은 분에게서 들은 얘깁니다만, 일본의 시민운동단체들은 그런 점에서 우리하고 아주 달라요. 아무리 사소한 유인물 한장이라도 자기들끼리 그냥 가져가는 법이 없답니다. 단돈 얼마라도 내놓고 유인물이든 무엇이든 가져간다고 합니다. 그러니까 그 무수한 주민운동 내지 시민운동단체들이 재정적 자립을 할 수 있다는 겁니다. 반핵운동이라든지 몬주(文殊) 원자로사고라든지 그럴 때 어쨌든 사람들이 모여 성명서도 내고 입장을 밝혀야 하고, 때로는 데모도 해야 할 것 아닙니까. 그러면 자기들끼리 사발통문을 돌려서 몇백 몇천의 민간조직이 금방 모인다는 거예요. 그래서 다채로운 성명서가 나오고 정부와 기업에 압력을 행사하게 된다는 것이죠.

일본의 경우가 반드시 모범적인지 어떤지 모르겠습니다만 하여튼 우리보다는 시민 내지 주민자치의 훈련이 많이 되어있는 사회가 아닌가 합니다.

예를 들어 지금 농업문제만 해도 그렇지요. 일본이 우리보다 여러 면에서 한발 앞서 있잖아요. 가정주부들을 중심으로 생활필수품 공동구입 운동으로부터 시작된 '생활클럽' 같은 것은 많은 녹색운동가들 사이에서 앞으로의 세계에서 바람직한 생활방식으로 갈수록 주목받고 있는데, 지금은 단지 물품거래뿐만 아니라 교육이라든지 노인이나 장애인들의 생활문제, 육아문제에 이르기까지 생활전반에 걸친 자치적 자립운동으로 발전해가고 있다고 해요.

우리가 지금 얘기하는 문제는 덜 민주적인 사회에서 더 민주적인 사회로 나아가야 한다는 이야기가 아녜요. 이것은 우리의 종래의 삶의 방식과 문명 자체를 바꾸어야 한다는 것입니다. 이걸 어떤 정부가 한다는 거예요? 어떤 정부가 그걸 자신의 과업으로 떠맡을 수 있겠어요? 정부사람들이란 늘 표 계산만 하는 사람들인데, 세상의 근본적인 변화라는 아이디어를 어떻게 받아들일 수 있겠어요?

그러니까 철두철미하게 생활현장의 밑바닥에서 시작할 수밖에 없는 일이라고 할 수 있습니다. 농민문화의 뿌리를 강화하고 확산하면서 도시를 포위해 들어가야 하겠지요. 우선은 우리 자신 한사람 한사람이 해방구를 ─ 슈퍼마켓에서 해방되고 권력으로부터 해방된, 지역자립에 기초한 생명의 해방구를 만드는 데 일꾼이 되는 수밖에 없습니다. 지식인들이 있고 도시의 소비자들이 있습니다만 근본은 농민들입니다. 새로운 이상과 비젼을 가진 농민들이 얼마나 생겨나느냐가 결국 관건입니다.

요즈음 시골로 가서 농사짓고 살겠다는 젊은이들이 꽤 늘고 있다고 들었습니다. 이건 참 좋은 변화인 듯싶습니다. 아마 전반적으로 경제가 어려워지기도 하고, 사회 전체의 분위기가 예전과는 상당히 달라지고 있다는 표시인지도 모릅니다.

대학에서도 옛날보다 더 가혹하게 경쟁교육으로 가고 있는 분위기속에서도 아직 소수이긴 합니다만 새로운 생명의 가치에 눈뜨는 학생들이 나타나고 있는 것이 사실입니다. 이런 젊은이들의 뜻을 살리기 위해서도 저는 그런 젊은이들을 수용할 수 있는 터전이 확보되도록 노력해야 한다고 생각합니다. 사실 지금 농사짓고 사는 사람들이나 농사꾼이 되겠다는 사람들은 전부 도인(道人)이라고 할 수 있어요. 이 광란적인 물욕과 경쟁주의 세상에서 손해를 자처한 사람들이니까요. 철학과 사상이 없으면 못합니다. 도대체 돈을 생각하면 절대 못하는 게 농사입니다. 그런 걸 생각하면 인간에게 있어서 사상의 힘이란 막강하다는 것을 느끼게 됩니다.

그러나 농사라고 하지만 지금 시골에서 농사짓는 사람들 중에는 이미 농사꾼 아닌 농사꾼이 많은 것도 사실입니다. 아까 의정부역에서 택시를 탔는데 만원 달라고 해요. 시골사람들이 만원씩 주고 이 택시를 이용할 수 있겠습니까 하니까, 무슨 말씀이십니까 시골사람들이 더 잘 이용합니다, 시골사람들이 무슨 돈으로요? 시골사람들 다 부자예요, 그러더군요. 실제로 그런 말을 들을 만한 농민이 요즈음 꽤 있잖아요. 땅값 오르기를 학수고대하거나 시설농사나 공장식 축산으로 돈 벌 생각이 앞서있는 사람들 말입니다. 하기는 농촌이고 도시고 할것 없이 대다수가 이런 식이에요. 농민도 그렇고, 도시노동자도 또 과학자든 교육자든 언론인이든 대부분의 직업인들이 하고 있는 일이 전부 소득경쟁이고, 삶의 근본을 망가뜨리는 일이에요. 특히 학자들이 하는 연구의 대부분이 살생에 관계되어 있습니다. 어떻게 생명을 효과적으로 죽이느냐 하는 연구에 매달려 있어요. 이것이 대세니까 어쩔 수 없지 않느냐, 그렇게 생각할 수도 있습니다. 그러나 이건 사는 길이 아니죠. 지금 죽으러 가는 길을 가면서 자꾸 이걸 살 길이라고 말하고 있잖아요. 그걸 따라갈 수는 없는 것입니다. 당장에 현실적으로 패할 수밖에 없더라도 저항을 하지 않을 도리가 없죠. 적어도 불복종은 해야 한다는 것입니다. 불복종의 핵심은 결국 아까도 말했듯이 생명의 해방구를 늘려나가는 것이라고 생각합니다.

요즘 대안학교라는 것도 나오고 있잖아요. 학교가 공식적으로 인정되든 안되든 내 자식과 내 이웃의 자식을 내가 책임지고 키우겠다는 자존심 강한 사람들이 여기저기 나타나고 있습니다. 이런 말이 기억납니다. "혼자서 꾸는 꿈은 꿈으로 끝나지만, 여럿이서 함께 꾸는 꿈은 현실이 된다." 어려운 길을 선택하신 여러분의 꿈이 언젠가 좋은 결실을 맺을 것을 믿습니다. (1998년)

IMF체제를 맞으며

 망가진 경제의 회생을 위해서 모두가 합심 노력해야 할 필요성에 관해 많은 사람들이 소리높여 말하고 있다. 책임자를 처벌해야 한다고도 하고, 대기업, 정부, 가계, 개인을 불문하고 모든 사람에게 책임이 있다고도 한다. 또, 모두에게 책임이 있는 것은 사실이지만 책임의 경중을 가리는 문제도 중요하다는 얘기도 나온다.
 그러나 이렇듯 엇갈리는 견해에도 불구하고, 지금이 엄청난 난국 — 6·25 이후 최대의 위기이며, 따라서 이 상황을 하루빨리 반전시켜 또한번의 경제기적을 성취할 필요가 있다는 데에는 거의 목소리가 일치하고 있다. 이제 구체적으로 어떤 전략으로 얼마나 신속하게 그러한 성취에 도달할 것인가 하는 어려운 실행의 문제가 남았지만, 일인당 국민소득 만달러가 사실상 5천달러로 떨어져버린 '치욕'에서 어떻든 조속히 벗어나고 싶다는 욕망은 실로 강력하게 분출되고 있다.
 그러나, 물론 치욕감이라는 주관적 정서가 문제의 전부는 아니다. 이제 바야흐로 국제통화기금의 압력밑에서, 또 무엇보다 세계화 시대의 무자비한 경쟁논리속에서, 어김없이 다가들 실업사태와 궁핍화의 고통에 대한 두려움이 심리적 공황상태를 불러일으키고 있는 것은 말할 필요가 없다. 라면 한두 상자와 밀가루 한두 포대를 남들보다 먼저 확보해둔다고 해서 될 일이 아니라는 것을 모르지 않으면서도 사람들은 그러한 사재기로써 자신의 두려움을 조금이나마 해소할 수 있을 것으로 믿는지도 모른다.

하기는 사재기는 이 사회의 유구한 뿌리깊은 관성이다. 대기업의 부실경영 실태가 차츰 드러나고, 외환위기의 조짐이 보이기 시작했을 때, 부유한 사람들은 일찌감치 원화를 달러로 바꾸어 장롱속에 보관해두었고, 이것이 현재의 위기의 또하나의 원인이 되기도 하였다는 것이 아닌가. 현대경제학은 — 특히 지금 '세계화'를 이끌고 있는 신자유주의 경제학은 — 무엇보다 경제주체의 이기심을 전제로 하지 않고는 성립할 수 없는 이론체계이다. 개인이든 집단이든 이기심에 기초하여 행동할 때, 그것이 과학적으로 예측 설명할 수 있는 합리적인 행동이 되는 것이다. 그러니까 사재기 행위는 현대경제학의 틀속에서는 지극히 합리적인 행동이며, 따라서 나무랄 수 없는 행동이라고 할 수밖에 없다. 다만, 그 행동의 동기의 뿌리에 있는 근시안적인 안목에 대해서 개탄할 수는 있겠지만, 그러나 오랜세월 이 사회의 대다수 사람들이 받아온 교육은 — 가정, 학교, 사회교육을 막론하고 — 내가 살기 위해서는 남들도 살아야 한다는 공존과 공생의 지혜를 가르치는 교육이 아니었다. 뿐만 아니라, 현실에서는 사재기 행위가 흔히 그 당사자에게는 이득을 가져다주었으면 주었지 불리한 결과를 가져다준 일이 없었다. 실제로 이번에도, 달러를 장롱속에 보관함으로써 국가경제를 벼랑으로 몰고가는 데 일조한 사람들이 그 때문에 어떤 형태든 책임추궁을 당하기는커녕 오히려 금융실명제의 사실상의 폐지라는 선물을 받게 된 것이다. 이것이 우리사회의 경제적 현실의 기본문법이다. 요약하자면, 그것은 사회정의에 대한 무감각을 구조화하고, 삶의 진실에 대한 뿌리깊은 냉소주의가 활개를 치게 하며, 사회적 약자와 인간생존의 근원적 토대인 자연생태계에 대한 약탈적 접근의 끝없는 되풀이를 조장하는 체계였다. 그런데, 바로 이러한 체계를 확립하고 강화해온 것이 다름아닌 지난 30년에 걸친 '성장경제'의 논리였던 것이다. 그렇다면 지금 우리가 무턱대고 경제의 회생을 큰 소리로 외쳐대는 게 과연 이성적인 행동일 수 있는가?

상황이 다급할수록 필요한 것은 근본적인 성찰이다. 그러나 오늘날 매스 미디어의 본질을 생각할 때, 한국의 주류언론에 이와 같은 근본적 성찰을 기대하기는 어려운 일로 보인다. 신문이나 방송 그 자체가 거대기업화되었을 뿐만 아니라 실제로 상업광고 없이는 존속할 수 없는 처지에서, 대부분의 언론이 현재의 사태를 시급히 벗어나야 할 재앙으로 보는 것은 어쩔 수 없는 일인지 모른다. 기업으로서의 자신의 존립이 걸려있는 상황에서 사태의 본질을 좀더 객관적으로, 장기적이고 근원적인 관점에서 통찰해볼 수 있는 능력은 처음부터 배제되기가 쉽기 때문이다.

제3세계 민중의 현실에 초점을 두고 오늘의 세계문제를 다각도로 분석해온 월간잡지 《뉴 인터내셔널리스트》는 1995년 1월호에서 동아시아 신흥공업국들의 '경제기적'을 특집으로 다룬 바 있다. 전통적인 사회이론의 믿음과는 달리 저개발국의 처지에서 고속성장을 이루어내는 데 성공한 아시아 신흥공업국들의 예는 만성적인 빈곤, 사회모순, 그리고 환경악화에 시달려온 수많은 제3세계 사회들의 미래에 희망을 던져줄 수 있는 모범으로 종종 비쳐져왔다. 그러므로 지구상의 인구 대다수를 이루고 있는 제3세계 또는 산업국가들 내부의 사회적 약자들의 운명의 개선에 이바지하려고 노력해온 이 국제적인 잡지가 '동아시아의 경제기적'에 주목하는 것은 당연한 일이었다. 그런데 이 특집에 기고한 여러 필자 중의 한 사람이었던 필리핀 출신의 아시아경제 전문가 월든 벨로는 다음과 같은 어떤 미국 관리의 말을 인용함으로써 글을 시작하였다.

신흥공업국들을 아시아의 호랑이들이라고 사람들은 흔히 말하지만, 그 비유에는 어두운 면이 있다. 호랑이라고 불리는 것은 지금 아시아의 신흥공업국들이 강력하고 사나운 교역상대자이기 때문이다. 그러나 호랑이는 정글에서 사는 동물이며, 정글의 법칙에 따라 산다. 오늘날 호랑이는 멸종되어가고 있는 종(種)이다.

이 발언은 원래 미국과 동아시아경제 사이의 무역전쟁의 분위기에서 나온 것이다. 미국의 자유시장론자들의 시각에서 볼 때, 아시아경제의 고속성장은 "가격을 옳게 매겼기 때문이 아니라 가격을 고의적으로 왜곡시켰기 때문"이었다. 요컨대, 시장경제의 규칙을 지키지 않은 결과로 아시아의 경제기적이 가능했다는 것이다.

지금 1997년 말의 상황에서 국제통화기금의 구제금융으로 위기를 넘기면서 한국경제의 재도약을 말하는 사람들에게 공통된 것이 있다면, 아무도 시장경제와 개방화의 논리를 부정하지 않는다는 점이다. 그러니까 시장의 논리를 충분히 존중하지 않은 결과가 지금의 위기인만큼 위기극복의 원칙도 당연히 시장경제의 원리를 준수해야 한다는 것이다. 그런 점에서, 위와 같은 미국 재무성 관리의 발언은 결국 타당한 것이 된 셈이다.

그러나, 발언자의 의도와 관계없이 호랑이와 호랑이 서식지로서의 정글에 관한 비유적 언급은 좀더 근원적인 문제에 관련하여 놀랄 만큼 날카로운 암시가 아닌가? 미국 관리는 이 발언을 통해 '정글의 법칙' 즉, 국가개입 없는 기업의 자유경쟁의 필요성을 강조하였는지 모르지만, 우리가 보기에 그보다 더 중대하고 근본적인 문제는 호랑이의 서식지인 정글이 사라지고, 그 필연적인 결과로 호랑이가 멸종되어가고 있다는 엄연한, 부정할 수 없는 불길한 사태이다. 그러니까 지금 정말 문제는 '정글의 법칙'을 말하는 미국 관리나 뒤늦게나마 그 '정글의 법칙'이 지배하는 냉혹한 현실을 받아들여야 한다고 하는 한국의 여론주도자들 대부분이 믿는 것과 같이, 시장원리에 입각한 경제체질의 강화 또는 경쟁력 제고를 통해서 또한번 경제적 도약을 이룰 것이냐 말 것이냐가 아니다. 정글의 '법칙'을 운운하기 이전에 '정글'이 사라지고 있다는 데 먼저 주목하지 않으면 안되는 것이다. 왜냐하면 우리는 지혜로우면 돈 없이도 얼마든지 살 수 있지만, 삶터가 붕괴되면 어떠한 꾀로도 살아남을 수 없는 생물학적 존재이기 때문이다.

월든 벨로는 같은 글에서, 풀뿌리 민중의 입장에서 볼 때, 국가개입에 의한 경제발전이냐 자유시장에 의한 경제발전이냐 하는 것은 그다지 중요한 문제가 아니라고 말한다. 적어도 지금까지의 경제개발은 국가주도이든 아니든 모두 엘리트주의적 발전모델로서, 극심한 사회적 불평등을 심화시켜왔다. 그리고 무엇보다도 그것은 경제성장 물신주의에 빠져 생태적으로 지속불가능한 발전모델 — 다시 말하여, 자신의 '미래를 갉아먹는 경제'를 만들어왔다고 월든 벨로는 강조한다. 요컨대, 아시아 신흥공업국들이 이루어냈다고 하는 경제발전은 지극히 단명할 수밖에 없는 운명을 가진, 이를테면 노천광 채굴식의 방식으로 진행되어왔다는 것이다. 단적으로 이러한 과정은 대만의 한 생태여성운동가의 다음과 같은 말속에 잘 드러나 있다. 이 여성은 오늘날 대만의 엘리트들의 일반적인 행태를 지적함으로써 대만에 있어서의 경제성장의 본질이 어떠한 것인가를 예리하게 드러내었다. "그들은 이 섬을 착취함으로써 혜택을 누린 뒤에 자기 아이들을 미국으로 보냅니다. 대만은 너무 오염되었기 때문이지요." 이것은 대만에 국한되는 얘기가 아닐 것이다.

돌연한 위기국면의 출현으로 많은 사람들의 마음이 얼어붙는 것은 어쩔 수 없는 일일 것이다. 그러나 그동안 우리가 믿어왔던 '성공'은 결코 성공이 아니었다는 사실을 우리는 명확히 할 필요가 있다. 어떻게 보면, 더 늦기 전에 이런 위기가 닥친 것이 구원일 수도 있다. 지금 많은 사람들이 큰 두려움을 느끼는 것은 닥쳐올 생활상의 고통도 고통이지만 어쩌면 잠재의식 중에 이제 우리들이 되돌아갈 수 있는 귀향의 터전이 남아있지 않을지도 모른다는 위구를 갖고 있기 때문인지도 모른다. 외국언론인들이 다 같이 IMF의 구제금융에 의지하게 되었으면서도, 동남아시아 사람들과는 달리 한국인들이 이 상황을 너무나 비관적인 심정으로 받아들이는 것에 대하여 이해하기 어렵다는 이야기를 하고 있다는 사실도 조금 생각해볼 만한 단서를 제공한다. 우리가 가령 태국이나 인도네시아 사람들과 현저하게 다른 반응을 나타내는 것이 사실이라면, 그 차이는 어디에서 나올까. 물론 그것은 문화와 역사가 만들어내는 차이일 것이지만, 다른 한편으로 생각해볼 때 그 차이는 상대적으로 뒤늦게 출발한 공업화 덕분에 동남아시아에는 한국에 비해 아직 손상이 덜 된 땅과 농촌공동체가 많이 남아있다는 점과 관계가 있는 것이 아닐까 혹시 모를 일이다.

많은 전문가들이 분석해왔듯이 지난 30년 동안 한국 경제발전의 원천은 비록 적지않은 문제가 내포되어 있는 대로 해방후 경자유전 원칙에 따라 이루어진 토지개혁으로 확립된 자영농중심의 농업공동체와 그 생산력이었다. 한국의 공업화는 처음부터 농촌으로부터 제공받는 노동력 및 에너지, 식량공급 없이는 불가능하였다. 그러나 경제효율성과 생산성이라는 산업논리가 우리의 전체 삶을 지배하면서, 우리의 삶은 순환적인 질서를 잃어버렸고, 농업 및 농촌공동체는 여기서 가장 대표적으로 산업논리의 희생물이 되었다. 농촌은 끊임없이 빼앗기면서 되돌려받는 것이 없었다. 그 결과 농지는 끊임없이 축소되어 30년만에 농경지는 반으로 줄어들었고, 심각한 토지오염과 지력소모로 잠재적인 사막으로 되어가고 있다. 이것은 우리가 다 아는 일이다.

지금 현재 남한의 식량자급률이 25퍼센트 수준으로 떨어져 있는 시점에서 경제위기를 맞게 되었다는 것은 단순한 우연이 아닐 것이다. '월드

워치연구소' 등에 의한 임박한 세계적 '식량대란'에 대한 경고는 갈수록 설득력이 높아져가고 있는 상황인데, 자동차나 전자제품을 수출해서 번 돈으로 해외에서 식량을 사들인다는 한국경제의 전략이 언제까지 먹혀들 수 있을까? 수출경기가 좋아진다고 하더라도 — 그럴 가능성은 점점 줄어들고 있지만 — 그래서, 돈이 있다 하더라도 세계 식량시장에서 식량이 고갈된다면 어찌할 것인가?

주간신문 〈내일신문〉의 보도에 따르면, 지난 10월말 전경련 산하 대외경쟁력위원회라는 기구가 주최한 한 심포지엄에서 앞으로 우리나라의 농토를 현재의 2퍼센트 수준으로 축소시켜나갈 필요가 있다는 주장이 발표되었다고 한다. 이러한 믿기 어려운 계획이 이 사회의 사실상의 실력자들의 머릿속에서 구상되고 있을 뿐만 아니라 이제는 공공연히 발표되기도 하는 것이다. 전경련 사람들의 주장으로는, 앞으로의 식량문제는 생명공학이나 수경재배와 같은 첨단기술로써 해결하면 되는 것이고, 따라서 지금의 농경지 대부분은 보다 수익성이 높은 산업용 및 산업 하부기반으로 전용시켜야 한다는 것이다. 경제논리로써는 이러한 계획에 반대한다는 것은 사실상 불가능할 것이다. 좀더 이윤이 많은 산업활동을 위해서 수익성이 낮은 농업은 포기하는 것이 합리적이다 — 이러한 사고방식은 물론 어제 오늘 갑자기 튀어나온 것이 아니다. 문제는 이러한 사고방식의 지배를 우리가 언제까지 허용할 수 있는가 하는 것이다.

농토를 지금의 2퍼센트 수준으로 줄여야 한다는 얼핏 보아 농담 같은 주장이 그럴싸한 심포지엄의 주제로 공공연히 발표될 수 있다는 것은 그동안의 이 나라의 엘리트들의 행태나 사고방식으로 보아서 그다지 놀랄 일도 아니라고 해야겠지만, 또 한편으로는 그런 주장의 근거가 생명공학과 같은 이른바 첨단 과학기술에 대한 순진한 믿음에 기초해 있다는 사실은 우리의 각별한 주목을 끈다. 생명공학은 물론 그 범위가 넓은 것이고, 그것이 베풀어줄 수 있는 부분적인 혜택을 우리가 완전히 부정할 수는 없다. 그러나 현재 유전자 조작기술에 의해서 생물의 종간(種間) 벽이 없어지고, 고등동물의 복제까지 가능해진 단계에서 앞으로 생태계의 질서가 어떻게 교란될지 모른다는 불안과 우려가 커져가고 있을 뿐만 아니라 현실적으로 유전자적으로 조작된 식품의 안전성이 확실히 검증되지도 않고 있는 상황에서, 다시 말하여 '생명기술'의 유효성이 아직은 과학적으로 만족스럽게 하나도 검증되지도 않은 상황에서, 그러한 모호한 가능성을 가진 기술에 한 인간집단의 운명 전체를 건다는 것은 도대체 있을 수 있는 일인가? 그에 반해서 적어도 농업은 오랜세월에 걸쳐 지속적인 인간생존을 보장해왔을 뿐만 아니라 최선의 인간문화가 성립할 수 있는 기반을 제공해왔다는 것은 누구도 부인하지 못할 엄연한 사실이 아닌가? 그런데도, 이러한 분명한 객관적인 사실을 무시하고, 불확실한 것을 위해 확실한 것을 희생시키려고 하는 것이 오늘의 권력있는 사람들 대부분의 행태인 것이다.

생각해보면, 단순명료한 진실을 외면하고 본말이 전도된 논리를 펴면서 삶의 근원적인 토대를 파괴하려고 하는 이러한 반이성적인 권력엘리트들의 행태와 사고방식은 그들의 눈이 탐욕에 어두워진 결과라고 할 수 있다. 우리는 이제 중요한 것은 삶 자체이지, 이른바 생활수준이 아니라는 것을 분명히 인식할 필요가 있다. 이러한 인식의 근본적인 전환에 의해서만 우리는 우리의 삶을 끝없이 야만적이게 하는 경제물신주의의 질곡으로부터 해방될 수 있고, 따라서 인간다운 삶의 필수적인 요건이라고 할 수 있는 공생의 논리를 마음깊이 받아들일 수 있는 능력을 갖게 될 것이다.

실제로, 이번에 이른바 'IMF 한파'가 불어닥치면서 우리사회에서 나타난 여러 반응은 음미할 만한 것이 적지않다. 그 가운데 특히 주목할 것은 많은 사람들속에서 임박한 실업사태에 직면하여 해고나 감원보다는 감봉을 감수하면서라도 동료들과 일을 나누어갖는 쪽을 택하겠다는 태도가 두드러지게 나타나고 있다는 점일 것이다. 이것은 그동안 이기성으로 점철되어온 이 사회의 관행으로는 얼른 이해하기 어려운 태도로 보일지 모른다. 그리고 이러한 태도의 이면에는 실상 보다 완고한 이기성이 도사리고 있다는 것도 부인할 수 없는 사실일 것이다. 그러나 여기에는 단순히 그러한 동기만으로는 다 설명될 수 없는 심리적 요소 — 어려운 시절을 함께 살아가야 할 사람들로서의 본능적인 연민의 감정이 다소나마 작용하고 있음을 느끼지 않을 수 없는 것이다.

비록 가냘픈 모습으로 지금 드러날 뿐이라고 하더라도 우리의 궁극적인 구원이 그러한 공동체적 감각, 연민의 마음의 확산에 달려있다는 것은 말할 필요가 없다. 그러니까 가난해진다는 것은 결코 나쁜 일이 아니다. 가난이 주어지지 않았다면 어떻게 사람들이 일이든 무엇이든 남들과 나누어갖는 것이 좋은 것이라는 생각에 도달할 수 있었겠는가.

경제난국에 처하여 이것을 단지 일시적으로 참고 견뎌야 하는 어려운 시기로 간주한다는 것은 근본적으로 잘못된 생각이라고 할 수 있다. 내핍과 절약과 가난은 일시적인 것이 아니라 인간다운 삶에 있어서는 항구적인 생활방식일 수밖에 없다. 이렇게 말하는 것은 인간의 생활향상 의지를 우습게 보거나 과학기술의 능력을 얕잡아 보기 때문이 아니다. 모든 조건을 고려할 때, 이 지구 위에 서식하고 있는 사람을 포함한 모든 목숨붙이들이 공생공존할 수 있는 가장 기본적인 원칙은 '고르게 가난한' 삶을 받아들이는 것이라고 생각하기 때문이다. 인간의 재간이 아무리 뛰어나고, 과학기술의 능력이 아무리 향상된다 하더라도 인간은 자연의 일부로서, 지구라는 유한체계속에서만 삶이 가능하다는 근원적인 테두리를 뛰어넘을 수는 없는 것이다. 이러한 테두리를 초월하고자 하는데 근대적 산업문화의 근본적인 불경(不敬)이 있고, 삶의 끝없는 타락과 왜곡이 비롯하는 것이라는 것은 우리가 늘 경험해온 대로이다. 다만 물리적으로 판단하더라도, 현재의 구미 선진국이나 대만이나 남한 사람들의 평균 생활수준을 온 세계인구가 공유할 수 있기 위해서는 지구가 수십개나 더 필요할 것이라는 추정이 있다. 그러니까, 내가 누리는 풍요로운 생활의 뒤에는 내 형제의 굶주림과 고통이 있다는 것 — 따라서 우리가 높은 생활수준에 연연해 한다는 것은 얼마나 범죄적인가, 또는 적어도 얼마나 염치없는 노릇인가 하는 자각이 있어야 하는 것이다. 더욱이 오늘날 전지구적으로 무차별로 자행되고 있는 개발이란 온갖 동식물을 끝없이 희생시키는 과정이 아닌가. 우리는 진정으로 "풍요로운 삶이란 새 한마리까지 함께 이웃하며 살아가는 것이지 인간들끼리만 먹고 마시고 즐기는 건 더럽고 부끄러운 삶"이라는 아동문학가 권정생 선생의 말에 새삼 귀기울일 필요가 있다.

그러나, 가난을 받아들여야 할 필요성은 생태학적 고려 때문만은 물론 아니다. 절제된 가난의 삶은 그 자체가 미덕이며, 인간을 인간답게 만드는 필수적인 전제조건이라는 생각은 동서양을 막론하고 옛날부터 지혜로운 이들에 의해 줄기차게 이야기되어왔다. 아씨시의 성인 프란치스코는 우리가 가난한 사람들에게 자선을 행할 때, 그것은 우리가 가난한 사람에게 '허리를 굽히는' 행위가 아니라 가난한 사람에게 우리 자신을 '들어올리는' 행위라고 말하였다. 다시 말하여, 가난을 받아들이거나 가난을 선택하는 것은 삶의 전락이 아니라 고양(高揚)을 의미하는 것이라는 것이다. 가장 단순한 차원에서 생각해보더라도 가난해져야 우리가 서로서로 돕고, 상부상조할 필요성이 생겨난다는 것은 분명한 진실이다. 생각해보면, 산업화 또는 경제개발의 과정은 재화와 서비스의 총량적 증가를 통해 물질생활의 풍요를 가져다준 반면에 그밖의 많은 삶의 내용을 극히 빈곤하게 만들어버렸다. 우리는 일상적인 생활의 자립적 관행과 서로서로를 돕고, 보살피는 데 필요한 전통적인 기술과 지혜를 잃어버렸다. 그리고 무엇보다도 대량생산과 소비에 기초한 '쓰고 버리는' 생활습관이 뿌리내리면서, 물건과 사람과 생명을 아끼고, 귀하게 여기는 능력을 상실하였다.

　물자가 귀해지면 사람이 물건을 아끼고, 주의를 기울이게 되는 것은 당연하다. 주의를 기울인다는 것은 그 대상에 대하여 공경심을 갖는다는 의미가 될 수도 있다. 가난이 우리 자신을 떨어뜨리는 것이 아니라 들어 올린다는 것은 바로 그런 뜻인지도 모른다. 탐욕의 지배밑에서 우리는 끝없이 직선적인 욕망충족의 경주에 내몰릴 수밖에 없다. 그동안 우리의 삶은 늘 들뜨고, 시끄럽고, 불안할 수밖에 없는 속도경쟁속에 갇혀왔다.

　불가의 게송(偈頌)의 하나에 '空界循環濟有情'이라는 구절이 있다. 순환이 없다면 이 세상은 유지될 수 없다. 직선적인 욕망의 추구는 세상의 근본질서를 망가뜨리는 일이다. 우리의 삶의 올바른 회생은 간단히 말하여 순환의 질서에 순응하는 삶의 패턴을 다시 일구는 것이라고 할 수 있다. 우리는 모든 생명이 서로서로에게 밥이 되고, 공양이 되는 우주의 근본질서를 겸손하게 받아들이지 않으면 안된다. (1998년)

'보살핌의 경제'를 위하여

요즘 여유들 없이 살고 있는데 한가로운 소리를 좀 해볼까 합니다.
 부산한살림이 금년에 벌써 창립 5년이 되었다지요. 서울쪽에는 10년이 넘었습니다. 대구도 지금 한 7, 8년 넘었습니다. 그리고 다른 지방에서도 한살림이라든지 또는 다른 명칭으로 한살림과 비슷한 일을 하는 조직들이 꽤 있고요. 그러니까 이런 모임이 우리나라에서 이제 연륜을 꽤 쌓은 편이고 이제는 좀 뿌리를 내린 편이라고 할 수 있는데, 그런데 전체적으로 요즘 상당히 흐지부지되어가는 경향이 있는 것 같아요. 초기에는 꽤 활기도 있고 박진감도 있었는데 말입니다. 특히 부모들 입장에서 자식들 장래를 생각해보면 너무나 암담하고 당장 어린애들에게 안심하고 먹일 음식이 없는 세상이다 — 그런 절박한 심정을 가진 사람들이 모여서 우리가 죽어가는 농업을 살려봐야 될 게 아니냐 하는 의도에서 한살림이라는 방식을 생각해본 건데요. 그래서 초기에는 사람들이 열심히 모이고 열정적인 발언들도 오고가고 그랬습니다.

이 글은 1998년 5월 26일 부산한살림 월례모임에서 했던 이야기를 정리한 것임.

오늘 저는 부산한살림에서 이렇게 더운 날인데도 불구하고 많은 주부들을 포함해서 여러 분들이 참석하신 걸 보면서 속으로 좀 뜻밖이라는 느낌이 듭니다. 여기서 한살림을 이끌고 가는 정삼조 씨가 굉장히 신임을 얻고 있구나 하는 생각도 들고, 이 지역에는 그래도 시류를 덜 타고 한살림에 관심을 가져주시는 분들이 많구나 하는 생각도 듭니다. 지금 대구에서는 도대체 사람이 모이지를 않습니다. 금년 봄에 총회가 있었는데, 예전에는 야외에 나가서 총회를 했는데 금년에는 아예 포기를 했습니다. 그래서 제가 잡지를 하는 사무실에서 한 스무명 모여 총회라는 형식을 치렀습니다. 심지어 그 자리에서 우리가 한살림을 해체해야 하는 상황이 오는 게 아니냐는 얘기도 나왔고 그래서 분위기가 좀 침울했습니다.

그런데, 우리가 세상이 우리 마음대로 돌아가지 않는다고 해서 비난하는 것은 굉장히 쉬운 일이지요. 세상이 왜 이래, 왜 이렇게 사람들이 정신 차리지 못할까 하고 불평불만을 말하는 건 굉장히 쉽지만 그건 쓸모없는 일이에요. 중요한 것은 왜 이렇게 되었는지 분석해보는 것입니다. 아직까지 저로서는 만족스런 답변이 나오지 않습니다. 그러나 몇가지 지적해보면 첫째, 5년 내지 10년 전에는 가게에 가다라도 유기농산물이란 게 굉장히 낯설었는데 지금은 도시 곳곳에 유기농산물 판매장이라는 것이 있고, 백화점 코너에 무슨 청정야채코너도 있는데 그런 걸 보면 이런 장사도 이젠 체제속에 자리를 잡은 게 아니냐 하는 생각도 듭니다. 대구만 하더라도 가톨릭단체를 비롯하여 여러 단체에서 유기농산물 직거래하는 상점들이 꽤 널려 있습니다. 그런 것들이 한살림에 상당한 영향을 주었을 겁니다.

그리고 또 문제는 그동안 세월이 지나가면서 창립멤버들의 자식들이 다 커버렸단 말이에요. 저만 하더라도 아이들이 그 당시에는 중학생 고등학생이었는데 지금은 대학을 졸업할 때가 되었어요. 이 녀석들이 제 곁에 있지도 않고 서울에 가 있는데 멀리 떨어져 있는 아이들 입에 뭐가

들어가는지 챙길 수도 없다보니 느슨해지기 마련이죠. 또 애들이 자랄 때는 부모 마음이 굉장히 민감하지만 대충 나이가 들어버리면 물렁해져 버립니다. 저는 명색이 한살림 창립회원이지만 한살림 물품을 이용하는 기회가 거의 없어요. 저 자신이 집에서 밥먹는 때가 많지 않습니다. 아침에 나가면 밤늦게 들어오기가 일쑤인데, 학교식당이나 사무실 주변에서 해결하거나 때로는 라면으로 ― 우리밀 라면으로 ― 때웁니다. 그러니까 우리 식구가 일년에 쌀 한가마도 못 먹습니다. 그리고 초창기에는 현미 먹어보겠다고 꽤 열심이었는데 지금은 엉터리로 되어버렸어요. 저만 예외적인 게 아니고 대체로 우리 창립멤버들의 실정이 그럴 거예요. 하여튼 그런 분위기입니다.

그리고 또 정말 중요한 문제가 있는데, 사람들이 심리적으로 이제 어차피 갈 데까지 간 세상인데 애써서 그렇게까지 할 필요가 있느냐, 자포자기하는 심정이 있는 것 같아요. 이게 제일 큰 문제가 아닌가 싶습니다. 우리나라는 아직 그런 조사가 안 나와있으니까 잘 모르겠지만, 지금 미국이나 유럽에서는 자식을 일부러 안 갖는 젊은 부부들이 나날이 늘어가고 있습니다. 자기들 편하자고 자식을 안 갖는 게 아니고 이 세상에 미래가 없다는 거예요. 그러니까 사회적으로나 생태적으로나 지금 파국이 임박했다는 느낌들을 가지고, 속으로는 아무런 희망없이 그냥 가보는 데까지 가는 것뿐이라는 심정으로 살고 있는 사람들이 의외로 많아요. 하기는 벌써 반세기 이상이나 머리 위에 원자탄이 떨어질 가능성을 늘 가지고 살아왔잖아요. 특히 뭘 좀 알고 배웠다는 사람들 사이에서 그런 허무주의적 경향이 퍼지는 건 어쩌면 당연한 일일 거예요.

그리고 부산한살림을 실제로 운영하는 분들에게 도움이 좀 될 말인지 모르겠습니다만, 또하나 문제는 한살림의 기본원칙과 운영에 관한 것입니다. 예를 들어, 대구한살림에는 그래도 한살림을 창립할 때의 기본적인 원칙을 고집하는 사람들이 있습니다. 그래서 우리는 될 수 있으면 고기와 축산가공품은 취급 안한다는 원칙을 정해놓고 그걸 고집하는데, 서울에서는 벌써 여러해 전부터 이걸 열어놓았다고 해요. 그래서 한우고기를 비롯하여 소시지 같은 가공품도 있는 모양입니다. 그 결과인지 모르지만 지금 외형이 굉장히 커졌다지요. 직영하는 점포도 있고, 대리점격으로 개인에게 맡긴 점포도 있다는 걸 보면 꽤 장사가 잘되는 모양입니다. 그런데, 좀 투박하게 말하면 손님이 많아진 대신에 한살림을 무엇 때문에 하는지 잘 모르게 되어버린 게 아닌가. 사람은 많아졌는데, 매출액은 많이 늘고 유통기구로서의 한살림은 커졌는데, 한살림을 무엇 때문에 하는지 모르는 그런 흐름으로 간단 말이에요. 고기가 왜 안된다 하는 것은 여러분도 잘 아실 테니까 구구히 말씀드리지 않겠습니다. 현대농업의 큰 병폐 중의 하나가 산업축산이고, 이것은 예전에 시골 농가에서 어쩌다가 한두마리 잡아서 동네잔치를 벌이던 것과는 전혀 차원이 다른 대표적인 반생명 산업이라고 할 수 있어요. 그런데 대구쪽은 이런 고기종류를 취급 안하니까 주부들이 섭섭해 해요. 아무리 문제가 많다고 하지만 자라는 아이들은 고기를 좋아하고, 또 동물성 단백질 섭취는 꼭 필요한 것이 아니냐 하는 그런 미신에 붙들려 있어요. 그러니까 슬금슬금 대구한살림은 기피를 당하는 거예요. 그래서 우리도 일년에 두어차례 명절 때, 그런 걸 약간 공급합니다. 마침 우리 이사장이 식품가공학과 교수로 전공이 육가공학입니다. 그 양반이 자기 전공이 그러니까 늘 고민이 많지요. 요즘 그분은 학생들에게 고기를 될 수 있는 대로 먹지 말자는 얘기를 강의실에서 하고 있습니다. 그 양반이나 저나 학교 그만두어야 옳지 않을까 싶습니다. (웃음) 그분을 통해서 학교에서 실습용으로 만든 소시지나 베이컨을 한살림 회원들에게 약간 공급을 합니다.

그리고 사람들이 또 특히 좋아하는 게 뭐냐 하면 딸기예요. 사실 딸기 같은 건 안 먹어도 그만 먹어도 그만인 거 아녜요? 딸기는 알고보면 굉장히 문제가 많은 작물이잖아요. 지력을 손상시키는 데는 딸기 이상 가는 게 없다고 해요. 딸기 몇해 지으면 그 땅은 전혀 못쓰게 되니, 계속 엄청난 퇴비를 줘야 합니다. 게다가 상품성을 높이기 위해 봄에 일찍 시장에 내놓으려면 한겨울에도 막대한 에너지를 들여 비닐하우스에 보온을 해줘야 합니다. 그런 보온장치로 심지어는 수막재배법이라는 걸 도입해서 요즘은 지하수를 계속 퍼올려 비닐천장과 벽을 관통하게 합니다. 그러니까 아까운 지하수가 어떻게 되겠어요. 먹어도 좋고 안 먹어도 좋은 딸기농사 때문에 경북 고령 지방에는 지금 지하수가 고갈되어가고 있다고 해요. 그런 딸기인데, 딸기공급 때가 되면 한살림도 평소에 죽어있던 분위기가 활기를 띱니다. 주문이 활발해지는 거예요. 그걸 보면서 우리들이 그동안 할 일을 제대로 못했구나 하는 자괴감을 느낍니다. 5년 전이나 10년 전이나 대부분의 한살림에 참여하고 있는 회원들의 수준이 조금도 나아지질 않았어요. 그냥 무농약 ― 지금 하늘과 땅이 다 오염된 판에 무공해라는 말은 가당치 않아요 ― 농산물이나 농약 덜 친 농산물 먹겠다는 의식수준 이상으로 나아가질 않고 있습니다. 그러니까 조금 원칙을 지키려 하는 대구한살림에서는 손님들이 떨어져나가고, 원칙을 풀어버린 서울에서는 매출액이 늘고 이래요. 참 대단히 어려운 상황인 것 같아요.

생각해보면, 우리가 한살림을 시작할 때의 여러가지 객관적인 조건이 그동안 조금도 나아진 게 아니고 오히려 훨씬 악화되었습니다. 지금 공기, 토지, 기후, 사람들 인심, 그리고 암담한 전망 ― 이런 걸 종합적으로 고려하면 말할 수 없이 악화되어 있어요. 이건 세계적으로 그래요.

성장물신주의의 재앙

우리는 지금 IMF 관리체제하에서 우리만이 굉장히 곤란한 상황에 빠진 것처럼 여기고 있지만, 따져보면 전지구적인 범위에서 볼 때 우리는 아직도 굉장히 잘살고 있는 축에 들어요. 그런데 문제는 이런 우리의 생활이 장기적으로 지속가능한 토대 위에 서있느냐 하는 것입니다. 우리의 경제의 거죽이 아니라 내부의 구조가 어떻게 되어있는지를 들여다보면 정말 한심하기 짝이 없습니다. 그러나 어쨌든 현상적으로 볼 때 한국은 아직도 잘사는 편이에요. 지금 세계는 20 대 80의 세계로 간다고 합니다. 20의 부유한 인구와 80의 빈곤한 인구로 나누어지는 세계로 말입니다. 그걸 조금 더 인상적으로 말하면 지금 전세계 인구가 약 65억 된다고 하는데, 그 전체 인구 중에 자동차 소유자는 6억 정도입니다. 그러니까 인류의 1/10이에요. 이것만으로도 지금 자동차가 지구상에서 포화상태에 이르렀고, 더이상 늘리다가는 인류는 공멸할 수밖에 없게 되어있어요. 거기다가 실제로 경제적으로도 얼마나 더 많은 인구를 자동차 소유 능력자로 만들 수 있는지는 지극히 의심스러운 단계에 와 있다는 거지요. 그러니까 현재 우리나라와 미국, 유럽, 일본의 자동차회사들이 더이상 자동차 팔아먹을 데가 없는 거에요. 공급과잉 상태에 빠져있어요. 대공황이 임박했다는 얘기도 있잖아요.

하여튼 지금 제 얘기는 아직 우리는 좀 나은 편이라는 겁니다. 오늘날 물 한잔 얻어먹기 위해서 하루종일 헤매고 다녀야 하는 사람들이 지구상에는 수도 없이 많다는 사실을 알 필요가 있습니다. 토착민족이라고 하는, 전통적으로 자연과 친근한 관계를 유지하면서 평화롭게 살아왔던 많은 민족들이 지금 다국적산업들의 탐욕 앞에서 삶터를 빼앗기고 있잖아요. 그 밑에 무슨 석유가 나온다든지, 지하자원이 나온다든지 해서 몇백년에서 몇천년 동안 살던 터전을 뺏고, 숲을 불지르고, 벌목하고, 댐을 만들어 수많은 생물종을 몰살시키고, 이런 일을 끝도 없이 저지르고 있어요. 거기에는 한국경제도 상당히 책임이 있습니다. 그러니까 우리는 세계 전체적으로 보면 약한 민족들, 약한 사람들에게는 가해자라 할 수 있어요. 적어도 중산층에 속하는 한국인들의 삶은 전지구적인 수준에서 볼 때 가해자이지 절대로 희생자가 아닙니다.

요즘 매스컴을 보고 있으면 우리나라가 금방 거덜이라도 나는 듯 신음

소리를 내는데 … 하기야 지난 수십년 동안 실업문제로 사회가 전체적으로 이렇게 고민에 빠졌던 적은 없습니다. 저의 형님이 캐나다에 이민간지 25년 정도 됩니다. 그 형하고 며칠 전에 오랜만에 통화를 했는데 그런 얘기를 하더군요. 형이 거기서 요즘의 한국경제에 관한 뉴스를 보면서 생각해보니, 자기는 캐나다에 오래전에 이민와서 지금까지 지내오면서 한번도 실업문제가 뇌리에서 떠날 날이 없는 세월을 살아왔다는 겁니다. 자기만 그런 게 아니고 캐나다 사람들이 대체로 그렇다는 거예요. 저의 형은 여기서 공과대학 졸업하고 엔지니어 일 좀 하다가 캐나다로 가서도 계속해서 엔지니어 생활하면서 지내왔습니다. 자기 친구들은 여기서 그동안 사회의 소위 중추적인 산업중심에서 꽤 출세도 하고 돈도 벌었어요. 그런데 캐나다에서 저의 형은 일년이나 이삼년쯤 일하다가 레이오프 (lay off, 일시해고)당하고, 실업보험 타먹고, 또 복직하고 하는 세월을 되풀이했어요. 캐나다 같은 나라는 우리처럼 끝없이 건물짓고, 확장하고, 마구 땅을 파헤치는 그런 데가 아니니까 기술자에게 맨날 일거리가 주어질 수는 없지요. 하여간 그래서 그렇겠지만, 저의 형 가족이 사는 집은 아주 조그만 오두막이에요. 그 오두막에서 다른 많은 캐나다 사람들처럼 그냥 조용히 근근 살아가고 있어요. 물론 캐나다는 우리나라와 단순비교할 수는 없는 나라입니다. 여러가지 사회보장 장치가 되어있는 나라이기도 하고, 전체적으로 우리처럼 이렇게 살벌한 경쟁사회가 아니지요.

그렇지만, 단순비교해서도 안되고 여러가지 고려할 게 많이 있지만, 그래도 저는 이게 비교적 정상이라고 생각해요. 어차피 자본주의 세상이라는 것은 지속적으로 안정된 체제가 아닙니다. 늘 불안한 체제이지요. 이 체제속에서는 예를 들어 캐나다 사람들의 경우처럼 늘 실업문제로 전전긍긍 사는 게 오히려 정상이라는 겁니다. 물론 어느 정도는 역설적으로 하는 말입니다.

그러나 왜 제가 이런 말씀을 드리느냐 하면, 이번 IMF 사태를 당해서 이게 무슨 예외적인 굉장히 나쁜 재앙을 만난 것처럼 언론에서는 지금 다루고 있지 않습니까. 그래서 하루빨리 여기서 벗어나야 된다는 식으로 온 나라 사람의 의식이 그런 방향으로 흐르고 있는데, 그렇지만 저는 이것은 하루빨리 극복해야 될 재앙이 아니고 이제 비로소 정상적인 상태가 될 수 있는 전환점을 맞이했다고 생각합니다. IMF 이전 시절이 어떤 시절이었어요? 그것은 먹고 쓰는 것보다 버리는 게 많았던 시절이고, 그런 식으로 계속 더 가다가는 정말 재앙을 면할 수 있는 가능성이 하나도 없는 성장물신주의가 판을 쳤습니다. 윤리적으로는 말할 것도 없고, 장기적인 지속이 불가능한 것이 너무나도 뻔한 길로 가고 있었단 말입니다. 지금은 세계가 그걸 허용하지 않습니다. 그런 식으로 살면 지구가 서른개 있어도 모자라요. 그러면 지구를 벗어던지고 우리가 화성으로 갈 거예요? 실제로 그런 공상을 하는 과학자들이 있기는 있어요. 미구에 지구가 더이상 사람이 거주할 수 없는 그런 공간이 되고 있다, 그러니까 화성에 갈 준비를 해야 된다고요. 칼 세이건이라는 유명한 통속적인 천문학자도 살아있을 때 그런 소리를 했고, 지금 그런 식의 아이디어를 가지고 연구실에서 연구랍시고 하는 과학자들이 있습니다. 화성에 대한 관심이 높은 게 그런 것하고도 관계가 있어요. 그러나 그런 식으로 화성에 가는 데 성공한다고 하더라도, 제 버릇 못 고치고 화성에 가면 화성은 아마 10년만에 붕괴되지 않을까요? 그러면 어느 또다른 별로 옮겨야 될 겁니다. 그 옮긴 별에서는 얼마나 갈까요? 그리고 다른 별로 간다고 할 때 지구인구가 다 갈 수 있습니까? 소위 엘리트들만 가겠다는 것이지요. 이 아름다운 지구를 버리고 황무지 화성으로 간다는 그런 아이디어 자체가 정신병의 징후입니다.

그런데 지구를 버리고 화성 같은 데로 가겠다는 발상은 실은 우리들이 은연중에 흔히 갖고 있는 어떤 사고방식과 닮은 데가 있습니다. 무슨 얘기냐 하면 우리나라 사람들이 걸핏하면 자원이 없다고, 그래서 수출만이 살길이라고 말하는데, 그걸 좀 따져보잔 말입니다. 우리나라처럼 이렇게 풍부한 천혜의 자연조건이 갖춰진 나라가 얼마나 더 있겠어요? 아무데나 꽂아도 식물이 싹이 트고 꽃이 피어나요. 우리나라 인삼을 딴 나라에서 길러보면 무뿌리보다 약효가 없어요. 저는 민족주의자도 아니고 자기 나라 것이 제일이라는 발상을 아주 싫어해요. 그러나 이렇게 훌륭한 복받은 삶터를 가지고 있는 사람들이 맨날 우리나라는 자원이 없어 틀렸다는 거예요. 그러니 하늘에서 무슨 복을 주겠습니까. 예를 들어서 사우디아라비아를 한번 보십시오. 그 나라가 지금 석유 팔아먹어서 부자나라가 되어있기는 합니다. 더욱이, 좀 우스운 얘기이지만 그 나라는 지금 세계 3위의 밀 수출국입니다. 사우디아라비아가 사막지대인데 무슨 밀이 되겠습니까. 그런데 석유 판 돈을 가지고 바닷물을 담수로 만들어 그걸 사막에 끊임없이 뿌려대어 밀밭을 조성하고 있는 겁니다. 아라비아 사람들은 하도 모래땅에 질려가지고 밀밭 구경하는 게 소원인 거예요. 그래서 막대한 국가재정이 드는 밀농사를 하고 있습니다. 사우디아라비아 수도 근처에 지금 끝도 없는 밀밭이 전개되고 있다고 해요. 그런데 석유라는 게 어떤 거예요. 석유라는 것은 언젠가는 반드시 고갈되거나 유효가치가 사라집니다. 그리 되면 그날로 밀밭은 사라지는 겁니다. 신기루지요. 그런데 우리 땅은 그렇습니까? 우리가 이걸 잘 다루기만 한다면, 이 비옥한 땅은 우리가 가난한 마음으로 겸손하게 살기로 한다면 영구히 간단 말이에요. 그런 땅에 살면서 우리가 사우디아라비아 부러워하고 앉았어요. 그래서 심심하면 석유 날 가능성이 조금 있다고 해서, 동해바다 어딘가 대륙붕을 뚫고 한바탕 소동을 벌이잖아요. 저는 석유 나면 큰일이라고 생각해요. 그렇지 않아도 큰 망상속에 빠져있는 사람들인데 석유가 난다면 온통 정신이 황폐화할지 모릅니다.

경제를 위해 파괴되는 사회

요즘 실업자가 많이 나오는 사태는 물론 참으로 유감스런 일입니다. 그렇지만 실업에 대해서도 좀 대범하게 받아들일 수 있어야 될 것 같아요. 지금 경제문제를 풀기 위해서 정부의 대책은 외국돈을 한시라도 빨리 많이 끌어들이겠다는 것 아닙니까. 거기에 대해서는 지금 재야고 노동집단이고 재벌이고 일반 언론이고간에 근본적으로 반대하는 데가 없어요. 그런데 외국돈 끌어오기 위한 유인책으로 내놓는 것들을 살펴봅시다. 외국자본가에게, 국내기업들과 똑같은 대우도 아니고, 월등하게 우대정책을 하겠다는 거 아네요. 세금도 안 받겠다 하고 그린벨트까지 내주려고 해요. 그동안 군사정권들도 물론 훼손을 많이 하기는 했지만 그린벨트의 근본은 차마 건드리지 못했습니다. 그것을 건드리지 않아야 한다는 철학이 있어서가 아니라 사회여론이 무서웠던 것이지요. 그런데 지금은 소위 국민의 정부라는 권력이 그린벨트를 철폐하겠다고 해도 여기에 저항하는 사회세력이 없습니다. 그리고 며칠 전에는 또 자동차 중과세제도를 폐지하고 버스 전용차선제도 폐지하겠다는 발표가 나왔잖아요. 전부가 이런 식이에요. 그동안 역대정권들이 정말 환경의식이 있고, 민중의 차원에서 생각할 줄 알아서, 또는 국토를 보전해야겠다는 진심이 있어서 자동차를 조금이나마 억제하는 제도를 만들고 법을 만들어놓았겠습니까. 그나마 그렇게라도 안하면 국가체면이 안 서니까 최소한의 환경법규를 만들어놓았던 거 아네요? 그런데 이것도 지금 없애겠다는 거예요.

좀 극적인 표현인지는 모르지만 제가 보기에는 좁은 의미의 경제를 살리겠다는 대책들이 사회를 파괴하는 방향으로 가고 있어요. 그런데 현실적으로 생각해보면 그런 식으로 나갈 도리밖에 없지 않겠느냐 하는 생각도 듭니다. 여기에 참으로 근본적인 딜레마가 있어요. 단기적으로 볼 때, 우리는 지금 급히 외국돈을 끌어올 도리밖에 없습니다. 왜? 식량자급률이 25퍼센트가 안됩니다. 저는 IMF 이후에 우리나라 신문이나 방송들 정말 믿을 수가 없다는 생각 때문에 요즘 비교적 열심히 외국신문을 보고

'보살핌의 경제'를 위하여 153

있습니다만, 한 두어달 전에 〈아이리쉬 타임스〉라는 아일랜드 신문에서 보니까 그동안 북한에서 아사자가 실제로 3백만명이 넘었다는 기사가 나왔어요. 그걸 어떻게 조사하였는지는 모르지만 전연 터무니없는 추정은 아니겠지요. 굶어죽는 사람이 많다는 건 짐작하고 있었지만, 그렇게 많은 인구가 북녘에서 굶주려 죽었다는 것은 굉장한 충격이었습니다. 순전히 굶어서 죽은 사람의 수효가 그렇다는 거예요. 그렇다면 지금 굶주리면서 죽어가고 있는 사람은 부지기수겠지요. 우리가 이렇게 가만 있어도 되는지 모르겠어요. 남한은 워낙 문제가 많은 사회이다 보니까 이런 데 여론이 집중되질 못해요. 그런데 제가 이북 이야기를 꺼낸 것은 지금 남한의 식량자급도가 25퍼센트라고 했지만, 이게 순수히 식량자급도만 따진다면 이북보다 못하단 말이에요. 우리가 지금 25퍼센트라고 하지만 실은 이게 대부분 석유로 짓는 농사예요. 화학비료, 농약, 그리고 수많은 비닐하우스, 시설농에 들어가는 석유, 또 트랙터, 경운기, 관리기, 농촌에서 쓰는 온갖 종류의 농기구들이 전부 석유 없으면 못 움직여요. 그런 석유를 가지고 지금 25퍼센트입니다. 우리가 만약 외채를 갚을 능력이 없어서 석유를 들여오지 못한다고 했을 때, 순전히 우리의 인력과 축력으로 농사를 지어야 된다고 했을 때는 어떻게 되겠어요? 그러면 대체 몇퍼센트나 되겠습니까? 그러니까 다급하잖아요.

　말레이시아의 마하티르 총리는 IMF 구제금융 안 받겠다고, 가난하게 살겠다 하고 선언했다지요. 그 선언 때문에 미국신문들에서 시끌벅적합니다. 사실은 미국이나 IMF나 국제자본기구가 제일 무서워하는 게 바로 그러한 태도입니다. 자기들 책략에 말려들지 않는 태도란 말예요. 너희들이 조금만 노력하면 잘살 수 있어, 자동차를 즐기고 골프를 칠 수 있어, 이렇게 계속 유인하면서 따라오게 했잖아요. 그러면서 완전히 노예가 되게 하는 거죠. 그런데 마하티르 총리는 뭘 믿고 그러는지 모르지만 큰소리를 치고 있어요. 말레이시아라고 해서 다른 아시아국가와 근본적으로 다를 게 없을 거예요. 그동안 그 나라도 수출주도 성장경제로 나가느라고 엄청난 사회적 문제, 환경파괴를 초래해왔습니다. 지금 세계에서 최고층 건물이 말레이시아 수도에 세워져 있어요. 그런데도 그 총리가 저렇게 큰소리 치는 걸 보면 그동안의 엄청난 생태적 손상에도 불구하고 최소한의 자립적 근거는 아직 남아있는 모양이에요. 지금 당장에 돈을 끌어와가지고 산업을 계속 돌리지 않으면 굶어죽게 되어있는 우리 경우와는 아마 조금 다른 데가 있는 것 같아요. 우리는 정말 절박한 사정이에요. 그러니까 장차 십년 뒤에 어찌 되더라도 지금 당장 살아야 되지 않느냐 하는 겁니다. 그러니 그린벨트가 깨어지건, 토지가 사막이 되건, 지반침하가 되고 지하수가 없어지건 말건 강물이 똥물이 되건 말건간에 공장 돌리고, 물건이 될 만한 것들 다 팔아먹자는 전략인 것 같습니다. 조금이라도 생각이 있는 사람들이라면, 정말 잠이 오지 않겠어요. 참으로 난감한 일이에요. 이건 말하자면 자신의 몸의 장기(臟器)들을 떼어 팔아서 연명해가자는 꼴이나 다름없어요.

  우리에게 가능한 활로가 있는지, 있다면 그건 무엇인지, 지금은 정말 중지를 모으고, 진지한 토론이 활발하게 이루어져야 할 때라고 봅니다. 단지 일시적으로 경제적 곤경을 어떻게 벗어날 것인가 하는 차원을 넘어서, 지금의 상황을 오히려 근본적인 자기성찰의 기회로 만들 필요가 있다는 겁니다. 제 생각에는 근본적인 발상의 전환이 없으면 우리가 더이상 발전은커녕 살아남기도 어려워지지 않을까 해요. 간단하게 말하면 서로 연대하는 수밖에 없다는 거지요. 이건 옛날부터 지혜로운 선인들이 다 말씀해오신 것이지만, 사람다운 삶은 투쟁이나 경쟁적 방식으로는 더이상 불가능한 게 틀림없어요. 지금까지 그래왔던 것처럼 맨날 자기 위주로, 자기 몸뚱아리 위주로 타자를 이용대상으로만 여기는 그러한 사고방식으로는 더이상 나아갈 수가 없어요. 한살림문제도 그래요. 우리가 하기 싫은 것을 단순히 환경문제나 먹거리문제 등에 관한 개인적인 관심 때문에 억지로 연대를 하고 한살림에 가입을 하는 식으로는 오래가는 게 아니에요. 그건 아주 공리주의적이고 피상적인 이기주의에 토대를 둔 행동이에요. 그러니까 한살림운동이 세월이 가니까 지금 흐지부지되고 있는 거예요. 처음에는 물론 우리 식구들에게 좀 좋은 음식을 먹이자 하는 그런 단순한 가족이기주의에서 출발할 수 있겠지요. 그러나 자기 가족을 제대로 먹이기 위해서도 왜 우리가 상호의존적인 연대의 그물망을 형성하지 않으면 안되는가 하는 깨달음이 꼭 필요한 거예요.

그리고, 또하나 중요한 것은 지금 정부라든지 언론이라든지 빨리 이 상황을 벗어나자고 할 때 염두에 두고 있는 경제는 근본적으로 지난 수십년 동안 해온 그러한 성장경제를 말하는 것 아니겠어요? 그러나 이것은 사람으로서 할 바가 못됩니다. 아까도 잠시 말씀드렸지만 우리가 지금 그런 식의 물질적인 풍요를 누리고 살기 위해서는 우리사회 내부에서나 국제적으로도 우리보다 힘이 약한 사람들에 대한 범죄적인 약탈을 동반해야 합니다. 사람뿐만 아니라 자연에 대해서도 착취적일 수밖에 없습니다. 근원적인 구조가 그렇게 되어있어요. 우리가 살아남기 위해서는 반드시 이겨야 하고, 우리가 이긴다는 것은 또 반드시 누군가 우리보다 약한 사람들과 자연을 희생시킨다는 것을 말합니다. 이래가지고는 꿈자리 사나워서 편할 수 없습니다. 그건 사는 게 아니라 나날이 죄짓는 거예요.

강자숭배심리

장일순 선생님이 생존해 계실 때 원주에 한번 찾아가 뵌 적이 있는데, 그때 여러가지 얘기 가운데 이런 말씀을 하시더군요. 우리나라 사람들이 보통 그런 얘길 잘 하지만 인물론이란 거 있잖습니까. 뭐냐하면 원주를 끼고 있는 치악산이 풍수적으로 잘 생기질 못해서 원주에 인물이 안 난다 ― 이런 소리를 사람들이 잘한다는 거예요. 장선생님 말씀이, 그럴 때 사람들이 '인물'이라고 하는 것이 구체적으로 무엇이냐는 겁니다. 그건 결국 다른 사람들을 괴롭히는 인간을 말하는 거예요. 세상에서 보통 인물이라고 하면 기운세고, 머리좋고, 권세있는 사람들인데, 알고보면 이런 인간들 때문에 세상이 이렇게 허덕여왔단 말이에요. 그래서 장선생님 말씀이 세상에서 제일 좋은 삶이란 자기 새끼 데리고 이웃사람과 친화하면서 평화롭게 사는 것말고 무엇이냐는 겁니다. 그분은 이 세상에서 제일 중요한 시간이 밥먹는 시간이라고 말씀하시는 분입니다. 집밖에서 굉장히 중요한 일들 하는 것처럼 남자들이 괜히 으시대지만 따져보면 하나도 중요한 거 없어요. 집에서 밥먹는 일보다 중요한 거 없단 말이에요. 공연히 헛폼 잡고 헛소리들 하는 거예요. 그런 반면에 집에서 아이들 기르고 밥먹고 설거지하고 살림하는 일이 일시라도 중단되면 아마 우리 삶은 견딜 수 없는 것이 될 겁니다.

지나가는 말씀이지만, 장선생님이 그런 말씀을 하시더라고요. 우리가 은연중 모두 풍수결정론에 빠져있는 건 사실이거든요. 그런데 알고보면 그 뿌리가 전부 권력지상주의 논리란 말입니다. 될 수 있으면 남 앞에 나서서, 남들 위에 군림하고, 보란 듯이 뽐내는 것 ― 이것이 성공적인 삶이라고 믿는 뿌리깊은 욕망이 있어요. 요번에 《녹색평론》에 홀거 하이데라는 독일 경제학자가 쓴 글이 실렸는데, 그 사람이 그동안 우리나라의 경제발전 과정을 설명하면서 '공격자'에 대한 숭배심리라는 말을 하고 있어요. 그 독일 경제학자에 의하면 그동안 한국사람들은 식민지 시대, 6·25 사변 등을 겪어오면서 자기도 모르게 약자들이나 패배자들에 대한 혐오감, 강자들과 승리자에 대한 선망의 감정을 마음깊이 길러왔다는 거예요. 미국이나 미국사람들이라는 강자가 무의식중에 우리의 구원군이 되어있는 거죠. 이런 건 물론 우리가 다 알고 있는 사실이에요. 우리나라처럼 미국유학생들이나 소위 미국통들이 우대받는 데가 어디 있겠어요? 미국에 친척이 하나 있다 하면 공연히 기분이 좋은 게 보통 사람의 심리가 되어있단 말예요. 하여튼 공격자와 자기를 동일시하는 이면에는 약자를 깔보고, 희생자를 희생시키려는 심리가 강하게 배어 있는데, 이런 심리가 지난 30년 동안의 한국 산업화의 기본 추동력이었다는 겁니다. 저는 그게 전부는 아니지만 일리가 있다고 생각해요. 그 사람은 노동운동에 관심을 많이 갖는 사람인데, 우리나라에 와 있는 외국인 노동자들이 굉장히 천대를 받고 있는 중요한 이유가 그러한 강자숭배심리와도 관계가 있는 게 아닌가 하고 생각합니다.

외국인 노동자들 말이지만 정말 이 사람들은 호소할 데가 없는 사람들이에요. 우리나라에 와 있는 외국인 노동자들 문제를 가지고 집중적으로 인권운동을 하던 목사가 있습니다. 이분이 언젠가 인도네시아와 네팔을 다녀와서 쓴 글을 읽어보았습니다. 외국인 노동자들 중에 다치고도 보상도 못 받고, 임금도 제대로 못 받은 사람들이 많은데, 그런 일 뒤치다꺼리로 한 2, 3년 전에 동남아시아에 왔다갔다 한 경험인 것 같아요. 그 얘기 중에 인도네시아 수도 자카르타에서 베스트셀러가 된 인도네시아 책 하나를 소개하는 게 있습니다. 그런데 그 책 제목이 우리말로 번역하면 '한국놈 개새끼'라는 겁니다. 한국에 와서 일하다가 돌아간 사람이 쓴 책이에요. 그것도 충격이었지만, 그 다음에 네팔에 가서 길을 가고 있는데, 네팔 청년 두 사람이 오토바이를 타고 오더래요. 그러고는 당신 어느 나라 사람이냐, 일본사람이냐 하고 묻더래요. 한국사람이라니까, 이 청년이 대뜸 한국말 하나 해볼까 그러더래요. 그러면서 "야, 이 개새끼야" 하고는 사라지더라고요. 우리보다 소위 경제력이 조금 약한 나라에서 우리를 어떻게 보고 있는지가 이 얘기에서 단적으로 드러나 있습니다. 한국의 이미지는 국제적으로 아주 형편없는 거예요. 서양이고 동남아시아 사람이고간에 한국에 대해서 조금도 존경심이 없습니다.

늘 하는 얘깁니다만 한국의 언론은 너무나 국제적인 감각이 없습니다. 맨날 한국과 미국과의 단순비교에 열심이지, 우리를 상대화시킬 줄 모릅니다. 그러다보니까 맨날 힘을 길러야 한다거나 쇼비니즘적인 열정만 자극하면서, 강자의 논리로만 치닫는 거예요. 우리가 일본사람으로부터, 또 서양사람들로부터 힘의 지배를 받아왔으니까, 우리도 똑같은 방식으로 강자의 반열에 서야겠다는 생각은 정말 늘푼수 없는 생각이에요. 존경받을 수 없는 생각이에요. 개인적으로 누구하고 싸울 때도 마찬가지죠. 이번엔 내가 졌으니까 절치부심 근육을 길러서 상대를 꼭 꺾어버리겠다는 식으로 가본들 귀결이 뭐가 되겠습니까. 문제는 인격적으로 감화를 시키는 겁니다. 이것이 문명적인 생각이고, 간디의 방법입니다. 그래야 사람다운 세상이 비로소 열리기 시작해요. 힘이 숭상받는다 해서, 그 힘의 논리를 그대로 되풀이 적용하면 우리보다 약한 사람들은 피눈물을 흘리게 될 수밖에 없고, 평화로운 세상이 절대로 안 옵니다.

지금 우리사회에는 강자숭배주의가 갈수록 더 커가고 있어요. 며칠 전 저녁에 뉴스를 들으니까, 뉴스 기자가 박세리라는 한국 여성이 미국에서 골프를 잘쳐서 우승했다면서, 하는 소리가, 앞으로 우리가 이런 식으로 나가야 된다는 겁니다. 그러면서 덧붙이기를 항간의 골프에 대한 비뚤어진 시각 때문에 꿈나무들이 자라지를 못한다고요. 이게 공영방송의 뉴스예요. 돈벌었다 하면, 출세했다 하면 그것이 무슨 일을 어떻게 한 결과든 무조건 존경해야 된다는 소리지요. 사회를 뿌리로부터 완전히 파괴해가는 이런 발상법이 지금 만연하고 있어요.

저는 오늘날 세상에서 제일 문제되는 기술이 자동차라고 생각합니다. 자동차를 대폭 줄이든지, 생산 자체를 중단하든지 하지 않으면 사회적·생태적 파국을 면할 수 없다고 생각합니다. 그러나 자동차는 그것으로 먹고사는 문제가 걸려있는 많은 인구가 있습니다. 아마 보험회사와 병원이나 경찰, 법원 등 자동차에 관련된 사회적 제도나 기구들을 다 계산하면 자동차로 밥먹고 사는 인구가 우리나라 전체인구의 반정도나 되지 않을까요. 그러니까 자동차문제를 해결하는 건 갈수록 지난한 문제가 되고 있습니다. 당장의 생계문제가 걸려있단 말입니다. 그러나 골프라는 건 전혀 다른 경우예요. 이것은 변명의 여지가 없이 당장 폐지되어야 하는 퇴폐의 극단적인 형태라고 할 수 있습니다. 지금이 어떤 상황이에요? 땅 한 평, 나무 한그루라도 너무나 아까운 때입니다. 지금 제일 무서운 게, 기후변화라고들 합니다. 지금 남태평양 섬들에는 바닷물이 차오르고 있고, 남극의 빙벽이 수백미터나 녹아 허물어졌다는 얘기도 들리고, 북극의 동토지대가 사라지고 있다고 합니다. 세계적인 보험회사들이 남태평양에 근거지를 둔 시설에 대해서는 보험가입을 안 받아주는 현실입니다. 기후변화가 분명히 오고 있다는 징후예요. 한때는 과학자들 사이에 지구온난화의 원인에 대해서 논란이 많았지만, 이제는 인간의 산업활동에 관계되어 있다는 걸 부인하는 사람은 없습니다. 그러니까 나무 한그루, 숲 하나를 보존하고 못하고 하는 것은 지구생태계가 죽느냐 사느냐 하는 문제예요. 그런데도 당장의 생계를 위한 어쩔 수 없는 문제도 아닌 사치스러운 놀이를 위해서 삼림을 거덜내고, 지하수를 오염시키고, 농경지를 파괴하고, 마을공동체를 망가뜨리는 골프를 장려한다는 건 제정신 있는 사람들의 일이라고 할 수 없는 거예요.

지금 사실 동남아시아와 하와이, 남태평양 여러 나라에 걸쳐서 주민운동으로서 골프반대운동이 치열하게 전개되고 있잖아요. 이런 데에 우리나라 언론은 주목을 하지 않아요. 골프문제만 해도 우리 언론은 늘 일방적으로 미국이나 일본 등 소위 선진국 형편만 보지, 아시아의 다른 지역에서 풀뿌리 민중 사이에 무슨 운동이 일고 있는지 관심조차 없어요. 그러니까 한다는 말이, 이제는 골프에 대한 촌스러운 시각에서 벗어나자는 거예요. 한국의 진보적인 신문이라는 한겨레신문에서 버젓이 그런 소리가 나오는 형편이에요.

아마 오늘날 소위 엘리트들은 정치·경제적인 이해관계에 있어서도 그렇겠지만 문화적으로도 국경을 가로질러 평준화되어가고, 동질적인 집단을 형성해가는 게 아닌가 합니다. 그들은 자기 나라의 빈민이나 하층민들과 교류하기보다는 외국의 엘리트그룹과 사귀는 게 훨씬 자연스럽고 마음편할 거예요. 지금 세계화니 국제화니 하는 것의 본질도 그런 것일 겁니다.

'여성주의 경제학'의 필요성

그동안 저는 《녹색평론》을 통하여, 과학기술의 녹색화니 녹색경제니 하는 새로운 개념을 이야기하는 글들을 소개해보려고 해왔습니다만, 요즘은 한걸음 더 나아가 '여성주의 경제학'이라는 것을 좀 숙고해볼 필요가 있지 않을까 생각중입니다. 어차피 경제문제는 우리가 회피할 수 없는 문제예요. 지금 우리들 보통 사람들의 대부분의 행동은 일거수일투족이 환경파괴적이고 공동체를 분열시키는 데 기여하고 있는데, 그것은 우리의 생활을 지배하고 있는 경제시스템의 본질 때문에 그렇게 될 수밖에 없는 거예요. 그렇다면, 우리가 할 수 있는 한 최대한의 노력을 통해서 이러한 경제시스템의 지배에서 조금이라도 벗어나서 살 수 있는 공간을 확보하는 게 제일 다급한 일이라고 할 수 있겠지요.

저는 이 방면에 별로 지식이 없는 사람이지만, 무식한 사람의 특권이라는 것도 있으니까 그냥 피상적으로 조금 말해본다면, 지금 우리 삶을 지배하고 있는 '산업경제'라는 건 겨우 2, 3백년 정도의 짧은 역사밖에 가지고 있지 않은 겁니다. 인류가 살아온 역사 전체에 비하면 정말 아무 것도 아닌 순간적인 경험에 지나지 않는 거지요. 그런데 그 산업경제도 자세히 들여다보면 그 저변에는 산업시대 이전부터 늘 있어왔던 전통적인 경제 — 옛날에는 경제라는 용어도 쓰질 않았습니다만 — 가 근본토대를 이루고 있어요. 단지 그것이 소위 근대경제학자들의 눈에 보이질 않을 뿐이에요. 그 대표적인 것이 주로 여성들이 집에서 해온 노동 — 가족과 노약자를 돌보고, 텃밭을 가꾸고, 일반적인 가사일을 맡고, 이웃과 교류하고, 그리고 아직도 많은 발전도상국에서는 남자들 대신에 가족의 기본생계를 해결하는 일을 맡고 있는 여성들의 일입니다. 그런데 이런 일들은 자동차나 텔레비전이나 컴퓨터를 만들고 파는 일보다도 더 근본적이고 필수적인 일임에도 불구하고, 돈으로 보상받지 못하는 거예요.

우리는 보통 금전적 보수를 받지 않는 노동은 낮게 평가하는 습관이 있어요. 이것은 산업경제를 시스템의 핵심으로 간주하는 오늘의 경제체제속에서 세뇌된 탓이지요. 미국의 어떤 생태경제학자에 의하면 현대의 산업경제 자체도 이런 여성들의 무상노동의 뒷받침을 받지 못하면 유지될 수 없다고 해요. 가사일이나 생존에 필요한 기초노동에 일일이 값을 지불해야 하는 제도라면 거기 드는 엄청난 비용 때문에 지금과 같은 거대 산업체제가 성립·유지되기 힘들었을 거란 말입니다.

그런데 여성들이 맡고 있는 이러한 일들은 단순히 대가가 지불되지 않는 노동이라는 점말고도 굉장히 중요한 특징이 있는데, 그건 산업경제가 철저히 이윤추구에 몰입하는 경제인 것에 반해서 여성들의 일은 기본적으로 생명을 보살피고, 인간관계를 평화롭게 유지시키는 데 관계하고 있다는 겁니다. 그러니까 이것은 '보살핌의 경제'라고 할 수 있습니다.

저는 인류사회와 지구의 장래는 바로 이런 보살핌의 경제를 확대하고, 산업경제를 축소하는 데 우리가 성공하느냐 못하느냐에 달려있다고 보고 있어요. 지금 문제되고 있는 대량해고와 실업문제만 해도 그래요. 가령 자동차산업이 계속 번창하여 많은 노동자들이 자동차공장에서 일하게 되면 일단 실업문제는 해결되거나 완화되겠지요. 실제로 우리사회에서 보통 생각하는 실업문제의 궁극적 대책도 그런 방향입니다. 그러니까 늘 경쟁력 운운하잖아요. 경쟁력을 위해서 구조조정하고 정리해고한다는 거죠. 단기적으로는 대량실업이 불가피하더라도 장기적으로 경쟁력있는 산업들이 번창하면 실업문제가 자연히 해결될 것이라고요. 지금 그런 논리로 설득하는 거 아네요?

그런데 경쟁력이라는 것도 만만찮은 문제지만, 정말 장기적으로 볼 때

예를 들어, 자동차니 전자제품이니 컴퓨터산업이니 하는 이런 환경파괴적이고 자연착취적인 산업활동이 끊임없이 확대되는 건 불가능한 일이에요. 우리가 옛날 전통 농경사회나 토착사회로 되돌아갈 수는 없지만, 적어도 앞으로의 문명에서는 — 만일 문명이 존속한다면 — 자연자원의 고갈과 오염을 강요하는 방식의 산업활동이 아니라 어디까지나 순환의 법칙에 토대를 둔 생명활동이 중심이 되어야 한다는 것은 자명한 일입니다.

새로운 생명중심의 경제라고 해서 어디서 난데없이 만들어낼 수는 없는 거예요. 그건 지금까지 산업경제나 산업문화의 지배 밑에서 변두리로 밀려나 보이지도 않았던, 그러면서 끈질기게 인간다운 가치의 불씨를 보존해온 '여성의 문화'를 좀더 의식적으로 발전시켜야 한다는 얘기가 됩니다.

'여성주의 경제학' 또는 좀더 분명하게 '보살핌의 경제'라고 하는 개념에 주목하게 되면, 그동안 경제학자들이라고 하는 전문가들이 주도해온 경제라는 건 철저히 실패한 경제라는 것을 분명히 이해할 수 있어요. 도대체 사회적 약자들과 인간의 삶의 근본토대인 생태계를 이렇게 망가뜨려온 경제가 어떻게 경제라고 하겠어요. 그리고 밤낮없이 그런 경제를 유지·확대하고 변명하는 데 열중하는 작업이 경제학이라는 이름의 학문으로 행세한다는 것도 기이하기 짝이 없는 일이에요.

《오래된 미래》라는 책을 여러분도 많이 보셨겠지만, 라다크 전통사회에서는 비록 물질적으로 가난하게 살면서도 아무도 가난하다는 의식 없이 넉넉한 마음으로 살고 있잖아요. 여러가지로 얘깃거리가 많은 책이지만, 이 책에서 제일 저한테 인상적인 것이 라다크 전통사회를 "여성과 아이들과 노인들을 공경하는" 사회로 묘사하는 대목입니다. 그러니까 산업사회니 문명사회니 하는 곳일수록 제일 천대받는 사회적 약자들이 여기서는 제일 존경받고 살고 있다는 거예요. 이 이상 더 바람직스러운 사회가 어디 있겠어요. 물론 티베트 불교의 영향이 크고, 또다른 요인이 있겠지만, 제가 보기엔 이런 인간다운 삶이 라다크에서 오랫동안 유지될 수 있게 된 데에는 그 사회가 근본적으로 '여성주의적 문화'에 기초해 있었기 때문인 것 같아요. 조그만 어린애들까지 함부로 개울물을 더럽혀 서는 안된다는 것을 본능적으로 알고 있고, 사람들이 자신의 이해관계를 앞세우기보다 먼저 남들하고 같이 살아야 한다는 윤리 — 보살핌의 윤리 — 를 뿌리깊이 체득하고 있는 문화란 말이에요.

저는 한살림운동의 잠재적 가치가 아주 크다고 늘 생각해요. 이것은 근본적으로 여성주의적 감수성에 토대를 둔 운동이라고 할 수 있어요. 물론 지금 농산물 직거래운동도 중요하지만, 그런 수준이 아니라 우리가 노력하기에 따라 우리는 한살림을 통해서 지금 죽어가는 농업도 제대로 살리고, 농업의 부활을 통해서 자연히 마을공동체들도 살리고, 그러면서 조금씩 조금씩 인간답게 살 수 있는 저변을 넓혀갈 수 있는 겁니다. 그리고, 이런 것은 좀 원대한 꿈이라면, 지금 당장에라도 한살림을 통해서 우리가 얻을 수 있는 혜택들이 얼마나 많아요. 첫째는 갈수록 살벌해지는 사회에서 이웃끼리 서로 돕고 연대하면서 살아가는 데서 오는 기쁨도 작은 것이 아니고, 또 무엇보다 아이들 기르는 데도 한살림이 정말 필요해요.

요즘 귀농운동이 활발해지는 분위기입니다. 물론 동기야 어찌 되었든 청년들이 시골로 되돌아가는 현상은 바람직한 일이에요. 시골에 젊은 사람이 없고, 이대로 가면 다음 세대쯤에는 자연 폐농이 되겠다는 우려가 많았는데, 물론 그런 우려가 완전히 가셔지는 상황은 아직 아니지만 하여튼 젊은이들이 많이 귀농을 생각하고 있다는 것처럼 반가운 얘기도 없어요.

그러나 도시에 살고 있는 우리들 전부가 농촌으로 돌아갈 수는 없는 일입니다. 우리들이 되돌아갈 땅이 어디 있어요? 그러니까, 어차피 우리들 대부분은 계속해서 도시에서 살 수밖에 없는데, 그렇다면 결국 도시의 삶이라 하더라도 좀더 흙냄새 나는 삶으로 가꾸고 전환할 도리밖에 없는 거예요. 지금 서양에서도 그렇고 여러 나라에서 '도시농업'이라는 얘기가 나오고 있습니다. 도시속의 빈터, 자투리땅을 이용하여 텃밭농사 정도라도 해보려는 사람들이 늘어나고 있다는 얘기지요. 물론 그런 쪽으로도 가야 되겠지만, 사실 저같이 땅 한평 없이, 아파트에 갇혀 지내는 수많은 도시 사람들은 어떻게 하겠어요? 한살림 조직에라도 가입해서 생산자들과 교류하는 가운데 자연스럽게 아이들의 욕구 — 생명에 대한 욕구 — 도 충족시켜나갈 수 있지 않을까요. 요즘 도시 아이들이 쌀이 어디서 나오는지 모르고, 조그만 땅벌레를 보아도 무서워하고, 자연세계를 두려움의 대상으로만 여긴다고 하잖아요. 그건 자연속에서의 살아있는 체험이 없기 때문이에요. 늘 그런 절연된 상황에서 지내는 게 버릇이 되면 제 방에 앉아서 컴퓨터나 두드리고, 카세트나 듣는 게 제일 편안할 거예요. 그러나 아이들이 일단 자연의 느낌을 실제로 체험해보고, 농촌에 왔다갔다 하다보면 놀라운 변화를 보이면서 자꾸만 가고 싶어해요. 사실 아이들 교육에 이보다 더 중요한 경험이 없는 거예요. 기술적인 지식과 정보만 머리에 잔뜩 쌓아놓은 채 아이들이 자라서 그대로 성인이 된다면 어떻게 되겠어요?

자연세계와의 교감이라는 건 해도 좋고 안해도 좋은 그런 게 아니에요. 이런 체험이 없으면 우리가 행복하게 사는 게 불가능해요. 왜냐하면 우리는 진화론적 존재이고, 인류의 조상은 본래 물과 흙에서 태어났고 굉장히 오랜 세월 숲속에서 살았단 말이에요. 인간의 행동과 의식을 심층적으로 지배하고 있는 건 그러니까 그러한 숲속에서의 기억입니다. 우리가 개인적으로 아무리 학식이 높고, 재산이 많고, 똑똑한 지능을 가지고 있다 하더라도 우리의 내면의 심층에 있는 그런 동물적인, 진화론적인 욕구가 해소되지 않는 한 늘 얼굴 찡그린 채 살 수밖에 없어요. 내면이 행복하지 못하니까 자기자신에 대해서도, 타자에 대해서도 평화로운 느낌을 갖고 살 수가 없는 거예요. 도시화가 심화되고, 산업화가 심화될

수록, 그래서 자연세계로부터 멀어지면 멀어질수록 우리는 내면적으로 부자유스러운 인간, 폭력적인 인간으로 되어갈 수밖에 없는 거예요.

불살생의 논리

지금 이 지구상에서 제일 행복한 사람들이 누구일까요? 저는 그게 아직 문명의 침탈을 상대적으로 덜 받고 사는 토착민들, 특히 잔존해 있는 아메리카 대륙의 인디언 부족들이 아닐까 생각해요. 물론 토착민들이 세계 도처에서 지금 갖가지 수난을 겪고 있는 건 사실이에요. 그러나 이들이 수난을 받고 있는 제일 중요한 이유는 자기들이 전통적으로 살아온 방식대로 살기를 고집하기 때문이에요. 예를 들어, 남아메리카 어떤 지역에서 석유가 매장되어 있다는 것을 확인한 미국의 석유회사가 그 지역에 살고 있는 토착 인디언 부족에게 보상비를 주면서 다른 지역으로 옮겨 살거나, 도시로 나가서 살도록 권하지만, 토착민들은 절대로 이런 제안에 응하지 않습니다. 왜냐하면 그들이 삶을 누려온 그 땅은 매매가 가능한 부동산이 아니라 자기들의 '어머니'이기 때문이고, 지금까지 살아왔던 생활방식을 포기하는 것은 '죽음'을 의미하는 것으로 받아들이기 때문입니다. 토착민들은 만물을 형제로 여기는 지극히 비폭력주의적인 문화에서 살아왔기 때문에, 온갖 화려한 문명의 이기에도 불구하고 근본적으로 약육강식의 경쟁에 토대를 둔 문명세계의 방식을 받아들일 수 없는 겁니다.

아마 지금 지구상에서 가장 지혜로운 인간집단은 그런 인디언들일 겁니다. 산업문화의 근본가치가 근원적으로 의심받게 된 이 시점에서 인디언 문화는 우리에게 가르쳐주는 것이 많습니다.

많은 얘기들이 있지만, 토착 인디언 부족들이 동물들에 대해서 어떤 태도를 갖고 사는지 한번 살펴볼 필요가 있어요. 예를 들어, 한때 미국의 백인들이 넓은 평원을 뚫고 부설된 기차를 타고 가면서 눈에 보이는 대로 버팔로 같은 짐승들을 마구 총질하고 했다는 얘기는 여러분도 다들 알고 계시지요. 그냥 취미로, 재미삼아 총질을 하는 거예요. 그러면 그 몸집 큰 물소들이 들판에서 그냥 죽어서 썩어가고, 그런 흉한 장면들이 오랫동안 계속되었다는 거예요.

그런데, 인디언들의 얘기는 너무나 대조적입니다. 남아메리카 안데스 산맥 밀림속에 사는 어떤 부족의 관습이라고 합니다만, 거기서는 사냥을 나갈 때는 여러날 전부터 사냥꾼들이 일체 고기를 먹지 않는다고 해요. 거의 단식에 가까운 다이어트를 하면서 자기들이 사냥할 짐승들에 대하여 미리 영혼의 안식을 기원하면서, 심신의 정화를 꾀한다는 겁니다. 그러면서 사냥 떠나기 직전에 향기로운 풀들의 생즙을 마신다고 해요. 그러면 사냥꾼들의 몸에 향기가 난다고 합니다. 그런 식으로 심신의 정화를 거친 뒤, 향기나는 몸으로 숲속으로 들어가면 여기저기서 짐승들이 다가와서는 사냥꾼들과 숲속을 이리저리 같이 다닌다는 거예요. 비록 자기들을 죽이러 온 사람들인데도, 그 사람들 마음에 아무런 원한이나 적의, 살기(殺氣)가 없으니까 그냥 짐승들이 따라다닌다는 겁니다. 동화 같은 얘기죠. 그러나 이건 실제로 있는 일입니다. 문제는 마음속에 살기가 있느냐 없느냐 하는 겁니다.

지난번 여기 부산한살림 모임에 서울한살림의 서형숙 씨가 다녀가신 줄 압니다만 그집 아이들 얘기 들으셨는지 모르겠어요. 그 아이들이 몇살 때였는지 모르지만, 그 아이들이 한살림에 열심인 자기 어머니 따라 시골에 자주 왔다갔다 하는 동안 일어난 변화를 보여주는 한가지 에피소드인데요. 이 아이들이 길에 나가서 길바닥에 깔아놓은 포석(鋪石)들 사이 골이 패여있는 데로 개미들이 돌아다니는 걸 보면서, 저거 다행이라고, 골 따라 개미들이 다니니까 사람들 발에 밟혀죽을 염려가 없다고 다행스럽다고 한다는 거예요. 생명 귀한 줄 알고, 어떻게 보살펴야 하는지 안다는 거 아녜요? 사람이라면 누구에게나 이런 근원적인 감수성이 있을 거예요. 그러나 그걸 발견하고 교육하지 않으면 그런 감수성도 눈뜨지 못한 채 묻혀버리거든요.

　아마 부모들 중에는 자기 아이들이 그렇다면, 그런 여린 감수성을 가지고 이 경쟁사회에서 어떻게 살겠나 하고 걱정하는 사람도 있을 겁니다. 공공장소에서 버릇없이 구는 아이들을 좀 교육시키려 하면 남의 아이 기죽인다고 펄펄 뛰는 사람들도 있잖아요. 그러나 딴 사람들 보기에 어떨지 모르지만, 그런 '여린' 감수성을 가진 아이 자신의 내면은 굉장히 행복할 거예요. 모든 걸 거룩하게 느끼면서 살고 있을 거란 말예요. 사실 영성이니 뭐니 어려운 말들 쓸 필요가 없잖아요.

　이 망가져가는 세상을 치유하는 데는 많은 방책이 있을 수 있겠지만, 결국에는 그러한 살기(殺氣) 없는 마음 ― 비폭력주의적 감수성이 모든 것의 근본인 것 같아요.

　오늘 얘기의 마무리로서, 장일순 선생님의 책《나락 한알 속의 우주》에 나오는 예화 하나를 소개하고 끝을 맺을까 합니다. 아시겠지만 장 선생님은 일찍이 서울에서 학창생활을 마친 뒤 고향인 원주로 내려와 평생을 남의 뒷바라지로 보내셨는데, 청년시절에는 학교운동도 하시면서 통일운동도 하시고, 반독재투쟁도 하신 분입니다. 그러다가 5·16쿠데타 직후에 검거되어 몇해 동안 감방에 갇혀 지내셨는데, 그때 교도소에서 겪은 체험 중에 나오는 얘깁니다. 무슨 얘기냐 하면 그때 감옥에서 여러번 본 사형수들의 모습입니다. 요즘은 설사 사형이 최종적으로 확정되었다 하더라도 사형집행은 쉽게 안하는 게 세계적인 추세지만, 예전에는 그렇지 않았잖아요. 그럴 때인데, 마지막 최종심에서 언도가 확정되기 이전과 이후에 사형수들의 태도가 확연히 달라진다는 거예요. 최종 언도 이전에는 실낱 같은 희망이라도 있으니까 마구 악을 쓰고 야단법석을 떨던 사람도, 일단 모든 것이 확정되어버리면 갑자기 얼굴이 창백해지고 기운이 다 빠져서 며칠 동안 꿈쩍도 안한다고 해요. 완전히 죽은 사람 모습이라고 합니다. 그런데 장선생님이 본 몇사람의 경우에, 그러고 있던 사람이 몇날 며칠이 지나고 나서는 사형집행을 기다리는 동안 지금까지와는 너무나 다른 사람이 된다는 겁니다. 그러니까 살아날 가망이 전혀 없다는 게 확실해진 다음에는, 자기 몫의 식사를 거의 자기 입에는 가져가지 않고, 감방 안에 출몰하는 쥐들이나 벌레들의 먹이로 준다는 거예요. 예전에는 눈에 뜨이면 즉각 죽이거나 쫓아버리던 그 짐승들을 보살피기 시작한다는 거예요. 그러면 쥐들이 처음에는 피하기도 하고 눈치를 보면서 슬금슬금 접근하다가 마침내는 자기들에게 밥을 주는 사람의 무릎에도 앉고, 어깨에도 올라타 앉아있는다고요. 장선생님이 그런 말씀을 하신 게 책에 나와 있습니다.

사실, 이 세상은 우리의 육신의 눈으로 보이는 것만이 전부가 아닌 게 분명해요. 어쩌면 물리학의 법칙으로 움직이는 현상적인 세계도 궁극적으로는 우리의 마음이 좌우하는지도 모릅니다. 우리의 마음이 바뀌면 세상이 바뀌는 거고, 그러면 온갖 것, 온 세상이 다 내 편이 되는 기적이 일어나는 거예요. 왜냐하면 실제로 우리 모두는 — 사람 아닌 것들도 포함해서 — 한 나무에 달린 잎사귀들이니까요. 얘기 끝내겠습니다. 고맙습니다. (1998년)

지역통화 — 삶과 공동체를 살리는 기술

이른바 IMF 사태가 불어닥치기 오래전부터 한국이나 이른바 동아시아 신흥공업국들의 경제적 호황이 — 나아가서는 오늘날 세계를 지배하는 산업경제 전체가 — 장기적으로 지속될 수 있는 것이 아니라는 것은 조금이라도 분별력있는 사람들에게는 분명한 일이었다. 만인의 만인에 대한 투쟁이라는 극심한 경쟁의 논리를 핵심적인 원리로 하는 오늘의 세계경제체제속에서 시장의 개방화와 '자유무역'의 확대는, 그 주창자들의 주장과는 반대로, 극단적 부의 편중과 대중적 빈곤화 현상이 심화되고, 세계 도처의 토착민족의 삶터가 파괴되며, 자연생태계의 생명부양능력이 회복불가능한 수준으로 심각하게 손상되는 것을 의미해왔다. 오늘날 세계의 억만장자 350여명의 총재산은 세계인구의 하위 절반 30억여명이 가진 재산을 모두 합친 것을 능가한다고 한다. 그런가 하면 하루에도 몇조달러나 되는 돈이 투기꾼의 탐욕을 채우는 것말고는 아무런 생산적인 기여를 하지 못하는 카지노경제를 확대하는 데 동원되고, 다국적기업들은 오로지 주주들에게 돌아갈 배당을 높이는 데 혈안이 되어 자연자원과 사회적 약자들에 대한 끝없는 공격과 착취를 가속화하고 있다. 세계무역기구라는 전대미문의 압력수단을 통해서 다국적기업의 활동을 조금이라도 제약하는 모든 규제를 철폐하도록 국민국가들의 정부에 강요함으로써, 다국적기업들은 지금 세계전역에서 어떠한 정치권력보다도 더 막강한 힘을 행사하는 실질적인 통치자로 되어가고 있다. 이것은 우리들이 대개 알고 있는 일들이다. 그럼에도 불구하고, 우리가 정말 이해할 수 없는 것은 다국적기업들의 이러한 압력에 대하여 어째서 국민에 의해 선출된 정부가 국민을 보호해야 하는 자신의 의무를 저버리고 기업들의 지배에 순순히 복종하는가 하는 것이다. 실제로 그러한 순종이 궁극적으로 국가의 주권을 현저히 훼손하고, 정부권력 그 자체의 약화를 가져올 것이라는 사실을 정부가 모를 리 없는데도 말이다.

그러니까 이것은 오늘날 전세계적인 차원에서 정치권력과 거대자본의 결탁이 이루어지고 있다는 것을 강력하게 암시하는 현상이라고 할 수밖에 없다. 지금 경제의 세계화라는 논리밑에서 시장개방화나 무역에 관한 모든 규제의 철폐, 또는 외국자본에 대한 온갖 보호조처를 강요하는 세계적인 규약이나 협정들 — 예컨대, 가트협약이나 북미자유무역협정, 세계무역기구체제의 확립, 그리고 무엇보다도 지금까지의 어떠한 협정보다도 더 강력하게 다국적자본의 지배를 강화하려는 의도로 현재 OECD 내에서 진행중에 있는 다국간 무역협정(MAI) 등등 — 은 실제로 국민에 의해 선출되거나 공공권력에 의해 임명된 사람들이 만들어내고 있는 것이 아니다. 그러한 규정들은 다국적기업 대표들이나 거기에 고용된 법률가들로 구성된 소수그룹에 의해서 언론의 감시도 받지 않으면서 은밀히 입안된 다음에 나중에 각국 정부에 그 제안에 대한 동의를 강요하고 있는 것이다. 실제로 가트협정이 통과될 때, 미국의 국회에서도 이 법안의 내용을 충분히 숙지하고 표결에 참여한 국회의원은 극소수였다는 것이다.

세계화 경제라는 것이 무제한의 국경없는 무역의 확대를 통해서 토착문화들의 소멸을 강요하고 그럼으로써 인간문화의 다양성을 파괴하는 세력으로 되고 있다는 것은 우리가 대개 짐작하고 있는 사실이다. 그러나 나아가서 그것이 무엇보다도 인류가 오랜 세월에 걸쳐 피나는 노력 끝에 성취해온 민주주의적 제도를 비롯한 온갖 문명적 기반을 망가뜨리는 가공할 폭력이 되어있다는 것을 우리는 주목할 필요가 있다.

물자와 돈이 자유롭게 이동하고 무역량이 대폭 증가하면 자연히 인류의 복지가 증대될 것이라고 하는 주장은 결국 속임수에 지나지 않는다. 이것은 가령 오늘날 가장 경제적 호황을 누린다고 하는 미국에서도 절대빈곤선 이하의 인구와 거리를 헤매고 있는 집없는 사람들의 숫자가 매년 갈수록 늘어나는 추세에 있을 뿐만 아니라 심지어 노인인구 중 500만명이 실제로 굶주리고 있거나 충분히 먹지 못하고 있다는 놀라운 사실에서도 확인할 수 있다. 클린턴 제1기 행정부의 노동장관을 지낸 로버트 라이히에 의하면 미국에 있어서 부의 편중이 오늘날처럼 심각한 것은 미국 역사상 일찍이 없었다는 것이다. 그는 현재의 미국경제가 빈부격차를 갈수록 심화시키고 있을 뿐만 아니라 국가공동체로서의 통합을 심각하게 저해하고 있음을 크게 우려하는 논설을 최근 연속적으로 발표하고 있다. 그리고 이러한 심각한 공동체 분열현상의 가장 주된 원인은 바로 세계화 경제 ― 즉 경쟁력 향상이라는 지상목표에 붙들려서 공동체에 대한 충성이라는 개념은 무의미한 것이 될 수밖에 없게 하는 기업논리가 갈수록 활개치는 ― 때문이라고 라이히는 말한다.

흥미로운 것은 무차별적이고 무제한적인 자본의 지배로 특징지어지는 오늘의 세계경제 현실에 대하여 우려를 표명하는 사람 가운데는 조지 소로스 같은 이른바 카지노경제의 주역에 해당되는 인물도 들어있다는 사실이다. 조지 소로스는 미국의 월간지 《애틀랜틱 먼슬리》 97년 2월호에 기고한 장문의 에세이에서 오늘날처럼 기업활동과 자본의 흐름에 아무런 제약이 가해지지 않는 상황이 계속된다면 권력의 극단적인 집중화와 더불어 민주주의가 크게 위협받을 가능성이 있다고 경고하고 있다. 소로스에 의하면 민주주의와 '열린사회'를 위협하는 오늘날의 가장 큰 적은 스탈린의 공산주의도 히틀러의 파시즘도 아니고 바로 국제자본의 무제한적인 지배를 허용하는 세계경제 시스템이라는 것이다. (그러나 문제는 이러한 우려를 표명하는 조지 소로스 자신이 그의 유명한 박애주의적 행동에도 불구하고 이익이 생기는 일을 위해서는 지뢰를 포함한 무기산업에도 투자하는 것을 망설이지 않는다는 점일 것이다.)

오늘의 아시아 경제위기의 문제에 관련하여 우리가 가장 단순하게 생각해본다면, 이 위기는 본질적으로 달러를 기축통화로 하는 세계금융시장의 지배구조에 대한 종속의 필연적인 결과라고 할 수 있다. 그리하여 IMF 구제금융으로 위급한 국가부도 사태는 넘겼다고는 하나 이제부터 정작 외채를 갚아야 하는 일의 고통은 고스란히 풀뿌리 민중에게로 전가되고, 그 결과 그나마도 붕괴 직전의 상황에 처해 있는 자연생태계와 공동체는 극심한 파괴의 압박을 받게 될 것이라는 것은 불을 보듯 뻔한 일이 되었다.

이러한 상황에서 풀뿌리 민중의 처지에서 이 위기를 정당하게 벗어나는 길이 있다면, 그 하나는 달러가 지배하는 통화체제로부터 부분적으로나마 단절을 결행하는 일일 것이다. 지금 우리에게 정말로 필요한 것은 또다시 종래의 낡은 방식 — 성장 지상주의라는 자멸적인 방식을 복구하는 데 동참하는 것이 아니다. 오늘의 위기에서 우리가 얻는 가장 중요한 교훈은 말할 것도 없이 기초적인 생계를 포함한 우리의 경제적 삶의 거의 전부를 대외의존적인 무역구조에 종속시킨다는 것이 얼마나 위험천만한 모험인가 하는 점에 대한 깨달음일 것이다. 뿐만 아니라 자급자족의 바탕을 철저히 망가뜨리고 수출주도의 경제적 향상을 꾀하는 방식은, 그로 인한 국내의 온갖 모순된 사회관계를 논외로 하더라도, 결국 다른 나라의 약한 사람들과 지구의 다른 부분의 땅과 바다와 숲을 희생시킨다는 것을 의미하는 것인 한, 종래의 경제적 '성공'이란 당연히 지속불가능한 것이었고 또 지속되어서도 안되는 것이었다.
  물론 쉬운 일이 아니지만, 지금 우리에게 긴급한 것은 우리의 모든 에너지를 동원하여 가능한 한 자립적인 삶의 바탕을 확보하고, 비폭력주의를 삶의 당연한 원칙으로 받아들여 이제야말로 사람과 사람, 사람과 사람 아닌 것들 사이의 공생을 진정으로 고려하는 소박한 생활방식을 수립하려는 노력일 것이다. 그동안 우리가 맹목적으로 추구해온 '생활수준'의 향상이라는 것은 결국 우리의 자립적인 생존의 항구적인 기반을 망가뜨리는 데 기여해왔고, 나라 안팎의 사회적 약자들의 희생을 강요해왔으며, 또한 우리의 진실한 내면적인 삶을 황폐시키는 데 이바지해왔다. 우리는 물질적 편의와 풍요의 달성을 위하여 우리가 가지고 있었던 온갖 다른 중요한 인간가치를 외면해왔던 것이다. 그 결과 공동체적 연대를 상실하고 각자가 자기중심적인 고립속에서 경쟁과 투쟁의 살벌한 생존방식에 매달려왔던 것이다. 이제 위기의 상황에 직면하여, 우리는 이 모든 것을 근본에서부터 재고하지 않으면 안되게 되었다. 우리는 지금부터 단순히 살아남기 위해서도 가장 믿을 수 있고 든든하며 인간다운 생존방식은 협동적인 연대의 삶이라는 진리를 마음속 깊이 받아들여야 할 처지에 놓이게 된 것이다. 우리는 무엇보다 '생활수준'이라는 것이 얼마나 어리석고 범죄적인 개념인가를 생각해야 하고, 우리가 이 지구상에서 인간끼리는 말할 것도 없고 모든 다른 생명체들과 공생의 삶을 향유하자면 우리가 소박하게 살아야 한다는 것은 필수적인 전제조건임을 생각해야 한다. 그러므로 지금 우리에게 가장 필요한 것은 지금까지 지향해왔던 것과는 본질적으로 다른 '생활방식'에 대하여 숙고하는 일인 것이다.
  이러한 각도에서 볼 때, 지금 대다수 인구에게 인간다운 삶의 가능성을 박탈하고 있는 자본의 지배 ― 좀더 정확하게는 세계적 자본의 지배로부터 어떻게 벗어날까를 궁리하는 일의 중요성은 자명해진다. 실제로 이러한 문제의식 밑에서 오늘날 세계 곳곳에서 이른바 주류의 경제생활방식에 대항하여 풀뿌리 민중의 자립적인 삶의 기반을 확대하려는 시도가 일어나고 있다. 그러한 시도 가운데서 아마도 현재 가장 주목받을 만한 움직임은 이른바 '공동체가 지원하는 농업(community-supported agriculture)' 운동 — 이것은 우리나라의 한살림운동과 똑같은 것은 아니지만 근본적으로는 비슷한 발상에 기초한 도농직거래 운동이라고 할 수 있다 — 과 '지역통화(local currency)' 운동일 것이다. '공동체가 지원하는 농업' 운동은 이미 우리나라에서도 여러 형태로 진행중에 있는 것이지만, 지역통화운동이라는 것은 아마 우리들 대부분에게는 매우 생소한 것일는지 모른다. 그러나 지역통화운동의 바탕에 있는 아이디어는 민중의 자립적인 생존의 가능성을 모색하는 데 참으로 흥미로운 발상을 제공하는 것으로 보인다. 그리고 무엇보다도 지금 미증유의 대량실업사태에 직면해 있는 한국의 현실에서 '지역통화' 운동은 단순히 흥미로운 아이디어에 그치는 것이 아니라 매우 실질적이고 구체적인 위기극복의 지혜와 기술을 암시해주는 것인지도 모른다.

지금 실업문제에 관련하여 우리사회에서 흔히 제시되는 처방들은 기본적으로 신자유주의적 경제논리에 따른 것이고, 거기에 부수적으로 박애주의적 호소들이 덧붙여지고 있는 것들이라고 할 수 있다. 그러니까 이것은 근본적으로 구태의연한 약육강식적 경쟁논리를 전제로 한 것일 뿐만 아니라 실효성도 대단히 의심스러운 공허한 처방이라는 것을 우리는 냉철하게 직시할 필요가 있다. 지금의 경제위기는 아시아의 위기만이 아니라 전세계적인 공황의 전조인지도 모른다는 경고의 목소리들이 여러 원천에서 나오고 있다는 것도 우리가 외면할 수 없는 문제일 것이다. 실제로 공황이 곧 닥치든 아니하든 인간다운 삶을 복구하기 위한 방편의 하나로 지역통화운동을 살펴보는 것은 의미가 없지 않은 것으로 보인다.

지역통화운동은 실제로 오랜 역사를 가지고 있지만, 오늘날 세계적인 현상으로 발전하고 있는 이 운동의 선구적인 형태는 1980년대 초 캐나다의 브리티시 컬럼비아 지역의 작은 마을인 코목스라는 곳에서 '레츠(LETS = Local Exchange and Trading System)'라는 이름으로 시작되었다. 코목스 지방은 그 당시 심한 경제적 침체와 높은 실업률로 고통받고 있었다. 이 레츠시스템을 창시한 마이클 린턴은 사람들이 캐나다의 중앙은행이 발행한 돈이 없다는 이유로 곤궁하게 맥없이 지내야 할 필요가 과연 있는가 라는 의문에서 출발하여, 공동체의 독자적인 통화를 만들어내어 그것이 공동체 내부에서 통용되게 함으로써 사람들이 각자가 가진 잠재적인 소질과 기술을 발휘하여 삶을 활기있게 되살려놓을 수 있게 한 것이다.

처음에 여섯명의 가입자로부터 출발한 이 지역통화 시스템은 점차로 커져서 나중에는 캐나다뿐만 아니라 영어를 쓰는 나라들 ― 미국, 오스트레일리아, 뉴질랜드, 그리고 영국과 아일랜드 ― 로 전파되고, 최근에는 프랑스, 네덜란드, 독일을 포함한 유럽 여러나라와 일본으로도 보급되고 있다. 레츠시스템을 집중적으로 연구해온 영국의 한 사회학자의 조사에 의하면, 캐나다에서 시작된 이 운동은 90년대에 들어와 급작스럽게 확산되어 전세계적으로 현재 수천개의 레츠조직이 운영중에 있으며, 계속 불어나고 있다고 한다. 물론 이것은 만성적인 고실업률로 시달리고 있는 공동체들에서 쉽게 번지고 있는 것이지만, 그렇다고 해서 이것이 임시적인 재난구제 수단에 그치는 것이 아니라는 것은 분명하다. 그렇다는 것은 예를 들어, 오스트레일리아의 전 총리 키팅이 재임기간중에 레츠시스템에 관해 소문을 듣고 그 아이디어에 크게 흥미를 느끼고, 마이클 린턴을 초청하여 오스트레일리아에서 레츠 조직을 가능한 한 많이 만드는 데 협력을 구했다는 일화에서도 짐작할 수 있다. 물론 그 당시 높은 실업률에 대응하려는 하나의 수단으로서도 레츠에 관심을 보였겠지만, 키팅 총리는 나중에 머지않아 닥쳐올 산업경제의 붕괴를 통해서도 오스트레일리아 경제는 아마도 다른 나라보다는 생존능력이 높을 것인데, 그

원인은 레츠 때문일 것이라고 말했다는 것이다. 그러니까 키팅은 누구보다도 레츠시스템에 내재된 잠재적인 가치를 분명하게 알아보았던 것이라고 할 수 있다.

 레츠시스템의 기본 메커니즘은 비교적 단순하다. 간단히 말하면, 이것은 국가나 은행이 발행한 돈을 사용하지 않고 지역사회의 주민들끼리 물품과 서비스를 주고 받는, 연대에 기초한 협동적·자립적 경제활동 방식이라고 할 수 있다. 이것은 일 대 일의 관계로 물물교환하는 옛날의 바터시스템과는 달리, 지역공동체속에서 가입회원들 전체 사이에 교류가 이루어지는 체계이다. 회원들은 가입시 자기 앞의 계좌를 개설하고 교환망에 참여하게 되면, 회원들 사이의 거래관계를 일일이 보고받고 기록하는 소임을 맡고 있는 사무소(또는 사무원)를 통해 전체 회원들 각자가 제공할 수 있는 서비스나 기술이나 물품이 열거된 목록을 받게 되고, 가입회원들 개개인의 상세한 계좌 현황을 정기적으로 통보받게 된다. 지역통화라고 하지만 레츠에서는 실제로 돈은 사용되지 않고, 다만 물품이나 서비스를 주고 받은 내역이 기록될 뿐이다. 그리하여 어떤 사람이 어떤 물건을 구입하거나 서비스를 받아야 할 필요가 있을 때, 그는 사무소에서 발행한 목록 — 대개는 신문의 형태로 발행되는 — 을 보고, 그 물건이나 서비스를 제공할 수 있는 회원과 접촉하여 정해진 레츠 가격으로 거래를 성사시킨다. 거래가 이루어지면 그 몫만큼 구매자의 계좌에는 마이너스가 기록되고, 공급자의 계좌에는 플러스가 기록된다. 이 무형의 통화를 마이클 린턴은 '녹색달러'라고 불렀지만, 이러한 시스템을 실제로 운영하고 있는 지역공동체들에 따라 지금까지 예컨대 '조개껍질' '도토리' 등등 다양한 이름으로 불리고 있다.

 이러한 시스템의 실제적 운영에서 당연히 발생할 수 있는 여러 세부적인 문제점들은 그때그때마다 지역공동체별로 슬기롭게 해결해나갈 수밖에 없을 것이다. 그러나 레츠시스템의 무엇보다 중요한 의미는 그것이 사람이 돈없이 삶의 기본욕구를 충족시킬 수 있는 뛰어난 기술을 제공한다는 데 있을 것이다. 레츠속에서는 현금이 없다고 해서 좌절할 필요가 없다. 자신이 누군가에게 도움을 주는 작은 행동 — 예를 들어, 아기나 환자를 돌본다든지 텃밭가꾸기를 대신 한다든지 — 을 행하거나 자기 소유의 물건을 남에게 제공함으로써 (또는 나중에 제공할 것을 약속함으로써) 그는 공동체 내에서 두려움 없이 살 수 있는 생존조건을 확보하게 되는 것이다. 지금까지 이러한 시스템에 실제로 참여해온 사람들의 경험담에서 가장 귀담아 들을 만한 것은 가령 이것을 통해서 그들이 사람 누구에게나 어떤 잠재된 기술과 솜씨와 지혜가 있다는 것을 빈번히 발견할 수 있다는 것, 그리고 현금경제 밑에서 늘 소외되어온 가난한 사람들이나 실업자들이 레츠를 통하여 스스로 쓸모있는 공동체의 구성원이 됨으로써 인간다운 위엄을 회복한다는 것이다. 그 결과 공동체의 상호의존적 사회관계가 강화되고, 지금까지 산업경제의 지배밑에서 보이지 않는 먼 곳으로부터 오는 힘에 속절없이 굴복하여 붕괴일로에 있던 풀뿌리 공동체가 활기있게 되살아난다는 것은 말할 필요가 없다.

 삶에 필요한 온갖 것들이 — 심지어 가장 근원적인 의미를 갖는 사랑하고 보살피는 일까지 — 슈퍼마켓에서 돈을 주고 사들여야 하는 상품이 되어버린 오늘의 상황에서, 이웃끼리의 상호의존적인 연대의 그물을 형성함으로써 기초적인 생계는 말할 것도 없고 진정한 인간적인 삶을 재창조할 수 있는 가능성을 보여준다는 점에서, 레츠시스템이 갖는 의미는 실로 작은 것이 아니다. 물론, 한정된 지역 안에서만 통용되는 '지역통화'만으로는 현대적인 생활을 온전하게 영위해나갈 수는 없을 것이다. 예를 들어, 지역통화에 의존해서 철도나 통신시설을 부설하고 운영할 수는 없을 것이다. 그런 의미에서 적어도 현재로서는 지역통화는 어디까지나 보완적인 통화일 수밖에 없다.

 그러나 지역의 범위를 벗어날 수 없다는 그 한계야말로 지역공동체를 살리는 원동력이라는 점을 간과해서는 안된다. 레츠와 같은 지역통화체제속에서 사람들의 땀과 노력의 성과물은 그 공동체 내에서 순환할 수밖에 없고, 바로 이것이 거대자본으로부터의 독립성을 획득할 수 있게 하는 것이다. 그리하여 이윤추구에 혈안이 된 거대자본이 달러를 수단으로 아마존 숲을 파괴하고, 석유와 농업자원을 고갈시키고, 토착민과 세계 도처의 민중의 삶을 암담하게 만들어가고 있는 현실에서, 지역통화는 이것에 대항하여 풀뿌리 민중의 삶과 삶터를 지키는 유력한 무기가 될 수 있는 것이다. 지역통화운동에 헌신해온 어떤 사회운동가의 견해대로, 앞으로 '지역통화'는 세계를 구원할 수 있는 강력한 도구의 하나가 될지도 모른다.

'레츠'와 근본적으로 동일한 발상에서 출발하였으면서도, 무형의 통화체계가 갖는 복잡함 — 예컨대, 사무소에 보고를 해야 한다든지 하는 번거로움과 중앙관리에 필요한 경비와 인력문제 등등 — 때문에 아예 지역의 화폐를 독자적으로 고안, 발행함으로써 기왕의 전국적 또는 세계적 화폐를 사용하는 것과 같은 방식으로 사용하면서도 레츠의 요체를 살린 지역화폐운동도 오늘날 다양하게 시도되고 있는데, 그중 대표적인 것은 아마도 미국 뉴욕주 이사카에서 폴 글로버라는 공동체운동가에 의해 시작된 유명한 '이사카 아워(Ithaca Hours)'일 것이다. 이 지역화폐는 이사카 지역의 한시간당 노임 평균을 기본단위로 하여 다양한 액수의 지폐를 발행하고 있는데, 그 지폐들에는 그 지역의 풀뿌리 역사의 기념할 만한 인물들의 초상화가 그려져 있다. 폴 글로버는 지역통화운동은 기업과 자본중심의 세상을 사람과 공동체 중심의 세상으로 변화시키는 데 혁명적인 잠재력을 갖고 있다고 확신하고 있다. '이사카 아워' 방식을 본받은 지역통화운동은 지금 특히 미국에서 인기를 끌고 있으며, 일본에서도 실험 중이라고 한다. (1998년)

'거대기계'의 욕망
삼풍백화점 붕괴를 보고

인간의 삶에 있어서 작든 크든 고통은 피할 수 없는 것일 것이다. 고통은 삶의 근원적인 조건인지도 모르기 때문이다. 고통없는 삶이란 인간에게 있어서는 불가능한 꿈일 뿐만 아니라 완전히 바람직한 것이라고도 말할 수 없을 것이다. 생각해보면, 고통없는, 안락한, 절대적으로 안전한 삶에 대한 희구는 ― 그것이 배타적인 목표로서 추구될 때 ― 도리어 삶의 온전함을 망가뜨리는 파괴적인 힘으로 작용할 수도 있는 것이다. 절대적 안전에 대한 완강한 집착 ― 이것은 사람의 사람다운 삶의 궁극적 조건이라 할 수 있는 '죽음'을 부정하는 어리석은 기도의 또다른 표현일 수도 있기 때문이다. 우리의 나날의 생존이 무수한 인연의 보이지 않는 자비로움속에서 가능한 것이라면, 우리가 무엇 때문에 자기를 앞세워 세계의 고요와 평화를 깨뜨리고, 나아가 자기자신의 본성에 대하여도 심히 난폭한 공격을 해야 하는가?

오늘날 산업기술문화의 근본적인 폭력성은 여러 각도에서 이야기될 수 있지만, 그중에서도 가장 중요한 것은 그것이 계속적인 기술개발과 기술혁신의 과정을 통하여 이제는 근원적인 인간조건을 부정하려는 데까지 이르렀고, 그래서 죽음조차도 부정한다는 점에 있을 것이다. 이것은 산업문화가 심화됨에 따라 죽음이라는 인간현상을 수용함에 있어서 사람들이 갈수록 무능력을 드러내는 것에 직결되어 있는 문제이다. 산업사회에서 죽음이란 외면하고 싶은 단순한 재난이며, 밑도 끝도 없는 공포의 대상일 뿐이다.

 그러나 인류 전체의 역사에서 볼 때, 죽음에 대한 이러한 태도는 극히 근래의 것이며, 예외적인 현상임이 분명하다. 전통문화에 대한 기억을 되살려보거나 토착민족들에 대한 인류학적 보고를 살펴보면, 생태적으로 건전한 삶을 누렸던 이들 사회는 예외없이 죽음을 지극히 평정한 마음으로 받아들이는 성숙한 정신적 체계를 유지하고 있음을 확인할 수 있다. 예를 들어, 19세기 중엽 북미 인디언 시애틀 추장이 남긴 메시지는 이런 점에서도 감동적인데, 그는 백인들의 무자비한 공격 앞에서 인디언종족의 멸망을 예견하면서, 그것을 깊이 슬퍼하면서도, '바다의 파도처럼 왔다가 가는' 인간의 궁극적인 운명에 너그럽게 자신을 맡기는 것이다. 이것은 '합리주의'와 경쟁의 논리에 찌든 사람들로서는 이해하기 어려운 태도이다. 토착민족들의 사물을 파악하는 방식은 인간존재란 자기자신보다도 훨씬 더 큰 전체 자연의 일부이며, 만물은 형제라는 사실에 대한 살아있는 감각에 뿌리깊이 기초해 있었다. 이러한 인식은 세계속에서의 그들의 존재방식을 결정하였다. 자연과의 생생하게 살아있는 교감이 지배하는 문화에서 자연에 맞서는 기술을 발전시킨다는 것은 불가능한 일이다. 자연에 맞선다는 것은 결국 자기자신에게 적대하고, 인간본성에 반하는 것을 의미하기 때문이다.

 산업문화란 바로 그러한 유기적 지식과의 철저한 단절 위에 기초해 있는 문화이다. 그러므로 우리가 갈수록 우리 자신이 자연의 일부라는 인식을 받아들이는 데 곤란을 느끼고, 그 결과로 죽음이라는 가장 근원적인 인간조건에 대해서조차도 혼란을 느끼는 것은 당연한 일인지 모른다.

죽음에 대한 부정적인 태도는 본질적으로 죽음에 대한 두려움에 기인하는 것인데, 두려움이란 단절과 고립과 외로움의 체험속에서 불가피한 것이다. 자연의 일부로서의 자신의 존재에 대한 생생한 감각으로부터 멀어지기 시작하면서 사람은 외로움과 불안을 피할 수 없는 운명이 되었다. 생태적으로 건강한 사회는 동시에 공동체적 연대가 살아있는 사회를 의미한다. 자연과의 살아있는 교감의 상실은 공동체적 삶의 붕괴와 병행하는 것인데, 그런 상황에서 이제 사람의 갈수록 공허하고 불안해지는 마음은 끊임없이 물건과 권력을 확대하는 일에 대한 집착밖에 달리 기댈 데가 없는지 모른다.

백화점건물이 무너지고, 남해바다가 기름으로 뒤덮이고, 온갖 경악과 신음소리, 그리고 온 산천을 유린하는 자동차들의 소음속에서, 이 땅의 여름이 힘들게 지나가고 있다. '삼풍'사고에서 분명하게 보아야 할 것은 이것이 부실공사와 부패구조와 관리태만과 가진 자의 탐욕의 문제만이 아니라는 점이다. 하필이면 왜 백화점건물이냐고 물어볼 만도 하지만, 하여튼 여기에는 오늘날 우리의 삶의 전면적인 뒤틀림이 집약되어 있다. 그러나 우리들 대부분이 이 문제를 얼마나 심각하게 보고 있는지는 분명치 않다. 이 나라의 언론은 이번에도 문제의 근본을 생각해보려는 노력은 거의 보여주지 않았다. 지난 겨울 일본에서 대지진이 발생하여, 내진성을 자랑하던 모든 건물, 도로와 철로들이 파괴되고, 수많은 사람이 참사를 입었을 때, 물론 소수의견이기는 하나 일본의 주요언론에 반영된 중요한 견해의 하나는 이 재난이 이른바 '풍요'를 맹목적으로 추구해온 일본사회 주류의 뿌리깊은 지향을 근본적으로 수정해야 할 필요를 던져주었다는 논리였다. 이와 같은 견해의 바탕에는 지진이 발생한 고베지방 일대에 여러 해에 걸쳐 대토목공사가 진행되었고, 이것이 민감한 지반(地盤)에 영향을 미쳤을 것이라는 가정도 들어있었다. 이러한 가정 자체의 타당성과는 별도로, 적어도 대토목공사와 지구생태계와의 양립가능성을 근본적으로 묻고, 그리고 무엇보다 천재지변으로 통할 수 있는 사고와 인간 자신의 교만과 탐욕을 연결시켜 보고 있는 점에서, 이것은 경청할 만한 시각이었다. 이것은 산업문명의 인간적·사회적·생태적 적절성에 대한 근원적인 의문을 제기하는 물음인 것이다. 흔히 너무나 당연한 것으로 받아들이고 있는 산업문명체제를 이렇게 근본적으로 물을 수 있다는 것은 아직 꺾이지 않는 인간정신이 살아있다는 증거일 것이다.

어이없이 순식간에 무너질 수 있는 건물속에서 일상생활을 하거나 볼일을 본다는 것은 기막힌 일이다. 그러나 그렇다고 하여 완벽하게 안전한 건물이라면 아무 문제가 없는지, 우리는 좀더 생각해볼 필요가 있다. 물론 이 세상에는 영구히 안전한 인공구조물 같은 것은 있을 수 없다. 실제로 대단히 견고한 건물이라 하더라도 최근의 미국의 오클라호마에서의 경우에서 보듯이 폭발물에 의해서도 쉽게 붕괴될 수 있는 것이다. 게다가 모든 건물은 세월의 풍상을 겪는 동안에 언젠가는 허물어지게 마련이다. 그러므로, 이렇게 허물어질 수밖에 없는 것이 건물이라면, 허물어진 다음의 일까지 고려해야 하는 것이 진정으로 책임있는 인간의 태도라고 할 수 있다.

그러나 지금 산업사회가 자랑하는 온갖 종류의 거대한 인공구조물에는 그 체제의 본질상 그런 대책이 들어갈 수가 없는 것이다. 산업체제의 근본문제는 부분적인 합리성을 넘어서 전체적인 국면에 대한 고려가 없다는 점인데, 이것은 쓰레기에 대한 이렇다 할 아무런 '합리적' 방책도 없이 생산의 증대만이 일방적으로 추구되는 모든 산업적 생산활동의 공통한 문제이다. 요즈음 이야기되고 있는 '다품종 소량생산'이라는 새로운 전략은 쓰레기의 팽창속도를 줄이는 데 기여하는 바가 있을지 모르지만 근본적인 해결과는 너무나 거리가 멀다. 쓰레기문제는 결국 쓰레기가 만들어지지 않는 생활방식 — 자연의 재생순환과정에 우리의 생활을 종속시키는 것밖에는 다른 어떤 해결책이 있을 수가 없는 것이다. 플라스틱 우유병을 적게 만든다고 될 일이 아니라 플라스틱 병 자체의 생산을 중단해야 하는 것이다.

같은 논리는 건축에 대해서도 적용될 수 있다. 책임있는 태도라면 처치불능의 쓰레기가 될 건축재료는 처음부터 거부해야 마땅한 것이다. 오늘날 철근 콘크리트 건물의 잔해는 대체 어디로 가는가? 그것들은 썩어서 흙속에 동화될 수 있는가? 흙과 돌과 나무를 포기하고 시멘트의 대량생산에 의존하기로 작정했을 때 이미 가망없는 선택이 이루어진 것이다. 재생순환이 불가능한 재료만이 아니라 적정한 규모 이상의 큰 건물도 생태계로서는 소화해낼 수 없다. 모든 산업재해에는 거의 반드시 규모의 문제가 수반되어 있다. '인간적 규모'를 유지한다는 것은 생태적으로 건전한, 따라서 인간다운 삶을 영위하는 데 불가결한 조건인 것이다.

거대한 건축물은 — 성당건물을 포함하여 — 자신의 본원적인 한계를 뛰어넘어 불멸의 존재가 되고자 열망하는 인간의 야심의 표현이다. 이것에 비하면 가능한 한 이 지상을 '가벼운 발걸음으로 다니며' 거의 아무런 흔적도 남기지 않는 것을 삶의 제1원칙으로 삼았던 인디언부족들의 경우는 경탄할 만한 대조를 보여준다. 북미대륙에서 몇만년에 걸쳐 인디언들이 살았지만 그 흔적은 '하늘의 구름이 땅을 스쳐가는' 것과 같은 것이었다. 이것은 이들의 문화가 하늘과 별과 땅과의 생생한 교감속에서 성립하고 있었기 때문일 것이다. 인디언을 포함하여 세계의 여러 원초적 사회에서 발견할 수 있는 주요한 특성은 초월적 실재로서의 신의 개념이 존재하지 않는다는 점인데, 이것은 의미심장한 사실이다. 실제로, 신의 개념이 필요하게 되는 것은 자연 또는 우주와의 살아있는 관계가 단절된 이후일 것이다. 그래서 근원적인 소외를 체험하게 된 인간은 바로 그 소외로 인해 자극된 권력에의 욕망 — 불멸에의 욕망을 신에 대한 예배라는 형식을 통하여 표현하기 시작하였고, 그 단적인 상징이 하늘을 찌를

듯한 거대한 인공구조물로 나타난 것이다.

고대 이집트의 피라미드를 당대 절대권력자 파라오의 권력에 대한 무한한 욕망의 표현으로서 해석하는 도중에 루이스 멈포드는 그러한 권력욕망을 위한 대규모의 인력동원 및 조직관리의 일관된 체계를 '거대기계(megamachine)'라는 용어로 묘사한 바 있다. 지금 우리를 지배하는 산업체제는 그 '거대기계'가 어떤 절대권력자의 독점적 욕망이라는 수준을 넘어서 무수히 많은 개인들에게로 확산된 체계라고 할 수 있다. 배타적 개인주의가 배태하는 권력욕은 산업문화를 살찌우는 원천적인 자양분이다. 타자의 존재를 자아의 의지 밑에 굴복시키고자 하는 권력욕망, 또는 더 간단히 말하여, 경쟁의 논리는 자연세계 및 그 자연세계와 개인을 사회적으로 매개하는 공동체에 대한 기억이 희미해지면 질수록 난폭하게 성장한다. 큰 것, 최고의 것, 제일 높은 것에 대한 우리의 열망은 단지 자본주의 논리만으로는 설명되지 않는 차원을 포함하고 있는 것이다. 하여튼 그러한 열망의 끓어오르는 화덕속에서 지금 우리의 삶은 지옥이 되어가고 있다.

정말 무서운 것은 부실공사도 아니고, 사회적 무질서도 아니다. 끝을 모르고 끊임없이 성장하며, 한 순간이라도 성장이 멈추어지면 붕괴될 수밖에 없게 구조화되어 있는 이 거대기계의 '질서' 그 자체가 무엇보다 끔찍한 것이다. 그러나 변경하기란 거의 불가능한 것으로 보이는 이 '질서'가 실은 또 얼마나 취약한 토대에 서있는가 — 이것은 당장이라도 석유공급이 끊어지면 어떻게 될 것인가를 상상해보는 것으로 아마 충분할 것이다. (지금은 세계적으로 농사도 석유 없이는 불가능하다는 현실을 고려해야 한다.) 멀리 갈 것도 없이, 씨프린스호 기름유출사고에서 확연히 드러난 대로, 인간의 실수 하나로 바다 전체가 순식간에 죽어버릴 수 있는 가능성이 언제나 있다는 이 엄연한 실증은 우리를 새삼스럽게 전율하게 한다. 사람은 무엇보다 실수를 범하는 존재이다. 이것은 우리가 어떤 마술로도 기술로도 변경할 수 없는 기본적인 인간조건의 하나이다. 그러므로 사람살이가 '절대로 안전하고, 절대로 실수가 있어서는 안되는' 전제조건을 요구한다면, 그것은 인간으로서는 도저히 감내할 수 없는 생활방식인 것이다. 원자력발전이 거부되어야 할 가장 중요한 이유는 그것이 절대적 안전, 무오류를 전제조건으로 하고 있다는 데 있을 것이다. 그러나 현실은 어떤가? 그리고 우리들 자신은 에너지 낭비구조의 일상생활에 순순히, 또는 적극적으로 가담함으로써 원자력발전의 확대를 요구하고 있는 것이 아닌가?

〈요한계시록〉의 종말론적 상황묘사 가운데, 하늘에서 별이 떨어져 그것이 지상의 온갖 샘과 웅덩이와 강물속으로 쓰디쓴 쑥이 되어 들어간 탓으로 세상의 1/3의 물이 못쓰게 되어 무수한 사람들이 죽게 된다라는 대목이 나온다. 그런데 바로 이 '쓴쑥'의 우크라이나말이 '체르노빌'이라는 것이다!

묵시록적 상황은 결국 사람 자신이 만들어낸다는 얘기이다. 1986년 4월의 체르노빌 핵발전소사고로 인한 방사능오염은 지금도 계속되고 있다. 우크라이나의 비옥한 광대한 땅이 못쓰게 되고, 생물이 서식할 수 없는 지역으로 변해버린 것이다. (실은 피난갔던 많은 사람들이 체르노빌과 그 부근의 고향땅으로 되돌아왔다고 한다. 그러나 이 귀향은 거주조건이 회복되었기 때문이 아니라 타향에서의 삶을 견디지 못한 사람들의 절망적인 선택이다. 고향으로 되돌아왔지만 그들은 지금 극도의 불안과 우울속에서 집안에 틀어박혀 지내고 있다. 오랜 세월 생명의 안식처였던 체르노빌 주변의 숲은 다시 거기에 사람이 들어갈 수 있으려면 몇백년이 더 지나야 할지 모른다는 것이다.)

사회적 혼란이나 무질서에 대하여 비판하면서, 정작 산업체제 그것에 대하여는 기술적 관리와 통제의 관점에서만 바라보는 일이 계속되고 있다. 오로지 더 많은 돈과 과학진흥과 기술과 정책의 문제라는 것이다. 그리하여 '개발과 환경보전의 조화'가 유행처럼 말해지고 있지만, 사람 자신의 공리주의적 욕망과 교만성을 토대로 한 이러한 기술주의적 태도로는 묵시록적 상황의 도래를 막을 수 없다는 것은 의문의 여지가 없다. 사람의 능력으로는 절대로 완벽한 관리와 통제가 가능하지 않은 것이다. 보이지 않는 미생물의 세계로부터 이름없는 무수한 풀과 벌레와 하늘과 별과 구름과 땅과 인간의 마음에 이르기까지 빈틈없는 짜임새속에서 늘 아슬아슬한 균형을 유지하며 한치의 오차 없이 움직이는 자연의 운행에 인간이 어떻게 개입한다는 것인가? '가이아' 가설의 이론가 제임스 러브록은 세계의 난폭한 약탈자로서 살아온 인간이 이제 세계의 '청지기'로서 자처하려 하지만 그럴 만한 자격이 인간에게 없다는 점에 대하여 역설하고 있다.

예로부터 지혜로운 이들이 끊임없이 경고해왔듯이 인간을 망치는 원흉은 자기가 최고라는 의식, 언제나 자기를 중심으로 놓고 보는 습관인지 모른다.

《작은 것이 아름답다》의 결론부분 마지막 문장에서 E. F. 슈마허는 이제 무엇을 해야 할 것인가라고 질문한다. 인간을 구원할 수 있는 것은 과학도 기술도 아니라고 그는 말한다. 녹색사상의 현대적 고전이라 할 수 있는 이 '진실로 인간을 위한 경제학'의 저자의 최종결론은 인류의 활로는 전통적인 지혜로 되돌아가는 데 있다는 것이었다. 지금 우리는 이른바 생명운동에 헌신하는 사람들조차도 자기와 자기 것만이 최고이며, 나머지는 사이비라는 배타적 심리에서 자유롭지 못한 사회에서 살고 있다. 우리의 민족문화야말로 세계에 유례없이 가장 뛰어난 것이고, 우리가 남다른 수난을 겪어온만큼 앞으로는 세계를 지도할 능력을 갖게 될 것이며 한반도는 미래의 문명의 중심이 될 것이다 — 이런 종류의 발언은 그냥 단순한 열등의식의 표현으로만 이해하기에는 너무나 자주 거침없이 이야기되고 있다. 세상을 망쳐온 가장 핵심적인 요인인 그 권력논리를 가지고 손상된 세상을 치유하려는 것이다. 그러나 이러한 태도에서 정말 문제인 것은 이것이 자기도 모르는 무의식적 심리의 발로라는 점이다. 그만큼 우리는 너나 할 것 없이 남들보다 앞서거나, 적어도 남들보다 뒤떨어지지 않겠다는 욕망에 뿌리깊이 오염되어 있는 것이다.

모든 것은 설득력의 문제로 돌아온다. 아무리 현실극복을 말하더라도 우리의 깊은 내면세계가 그것에 동의하지 않는다면 실제로 모든 것은 헛일이다. 사람을 진정으로 변화시키고, 움직이는 것은 그럴듯한 논리가 아니다. 우리의 온몸과 영혼 전체가 반응해야 하는 것이다. 우리가 쉽게 믿고 있듯이 필요한 것은 남들을 설득하는 문제가 아닐 것이다. 무엇보다 필요한 것은 자기자신에 대한 설득, 자기자신과의 싸움일지 모른다. 우리 각자가 정말 이 어둠의 현실에 얼마나 아파하고 있는지, 오히려 이 어둠을 자신도 모르게 즐기고 있는 것은 아닌지 — 물어보지 않으면 안된다.

노자는 자애로움(慈)과 검소함(儉)과 남들 앞에 나서지 않음(不敢爲天下先)을 세가지 보배로 들었다. 삼풍사고에서 변을 당한 한 희생자 가족은 이렇게 말했다. "자식을 잃은 후에는 땅바닥의 벌레도 감히 밟을 수가 없게 되더군요." 아마 이것은 이번 사고를 통해서 우리가 얻을 수 있었던 가장 소중한 소득의 하나일 것이다. '不敢爲天下先'이란 결국 벌레를 죽이지 않으려는 마음이 아닌가. 만물이 형제이며, 천지와 내가 한몸뚱이라는 깨달음에 가 닿기 위해서 우리에게는 온몸으로 감당해야 할 크나큰 충격이 있어야 하는지 모른다. (1995년)

광우병과 폭력의 논리

여러해 전부터 외국잡지에서 자주 광우병(狂牛病)에 관한 얘기를 읽고 이것이 왜 세계적으로 큰 문제가 안되고 있는지, 또는 세계적인 큰 관심사인데도 한국의 언론만이 이 문제에 둔감한 것인지 나는 궁금하게 생각해왔다. 그러다가 최근 드디어 일이 크게 터진 것을 국내의 신문보도를 통하여도 알게 되었다. 그러나 자신에게 직접 가해지는 위협이 아니면 강건너 불 보듯 하는 뿌리깊은 체질 탓인지 광우병에 관한 국내의 관심은 영국산 소도, 쇠고기도 전혀 수입한 바가 없다는 보건복지부의 발표 하나로 곧 시들해지고 말았다.

더욱이 한국의 언론은 이 문제를 경제문제나 건강문제 이외에 좀더 근본적인 각도에서 접근해야 할 사안으로 파악하지 못하였고, 그나마 경제나 건강문제와 관련해서도 극히 불철저하게 다룸으로써 또다시 자신의 무능력과 자질부족을 드러내었다. (그동안 국내시장에서 소비되어온 수입쇠고기는 호주와 캐나다산이었다는 보건복지부의 발표는 사실을 밝히는 것만큼 은폐하고 있는 점도 있다는 것에 주의할 필요가 있다. 고의든 아니든 그 발표는 한국으로 소나 쇠고기를 수출해온 나라 가운데 특히 캐나다는 오랫동안 영국에서 소를 수입해오고 있었다는 사실에 대해서는 말하지 않았다.)

 이번 사건은 광우병과 크로이츠펠트야콥병이라는 인간의 뇌질환 사이에 존재하는 연관관계를 영국정부가 더이상 부인할 수 없는 상황에 직면함으로써 일어났다. 이미 십여년 전부터 제기되어온 논쟁에서 늘 과학적 증거 부족을 이유로 문제가 호도되어왔지만 마침내 양심적인 과학자들의 집요한 노력이 공인받게 된 것이다. 최악의 재난을 각오하면서 무려 1,200만마리의 소를 박멸할 용의를 공식적으로 표명한다는 것은 움직일 수 없는 '과학적' 증거가 없이는 불가능한 일이다.

 그러나 이러한 충격적인 영국정부의 공식 입장표명이 있고 난 뒤에 시간이 감에 따라 광우병과 인간 뇌질환 사이의 관계를 희석화하려는 시도가 여기저기서 진행되고 있는 낌새가 느껴진다. 예를 들어, 쇠고기를 먹어본 일이 없는 일본의 장년층 가운데 더러 야콥병이 발생한 적이 있다는 보도 같은 게 아마 그런 시도로서 전형적인 것인지도 모른다. 또, 소와는 전혀 관계없이 원래 인구 백만명 중에 한명 꼴로 발생하는 것이 야콥병이라고 하는 의사들의 의견도 언론에 소개되고 있다. 물론 우리는 이러한 보도내용 자체의 진실성을 의심할 필요는 없을 것이다. 그러나 실로 엄청난 재앙을 명확히 예견하면서도 광우병과 인간 뇌질환의 관계를 끝내 시인하지 않을 수 없었던 영국정부 사람들은 광우병과 관계없는 야콥병이 있다는 것을 몰랐을까? 오늘날 정부의 본질이 어떤 것이라는 점을 조금이라도 짐작하는 사람이라면 박약한 근거를 가지고 자신에게 불리한 내용을 시인할 수 있는 정부는 없다는 사실에 동의하지 않을 수 없을 것이다.

 그럼에도 불구하고 세계의 주류언론을 통해서 엉뚱한 얘기들이 나오는 것은 이번 일이 실로 중대한 문제를 내포하고 있기 때문이다. 이 일로 말미암아 영국산 축산물에 대한 수입금지나 제한을 요구하는 세계의 들끓는 여론은 지금 전지구적으로 완전히 장벽없는 '자유무역' 질서를 기도하는 세계무역체제에 궁극적으로 타격을 가할 가능성이 크다. 세계무역체제를 주도하는 다국적기업들이 이런 문제를 예민하게 계산하고 있지 않을 리 없다. 현재 세계무역체제의 기본협약에 따르면, 한 국가는 다른 국가의 농산물을 포함하는 생산품을 "명확히 과학적으로 입증되지 아니하는 정서적인 이유로" 수입거부를 할 수 없게 되어있다. 따라서 우리는 농약으로 범벅이 된 미국산 오렌지라 하더라도 그것을 먹지 않으려면 그 오렌지를 먹는 즉시 사망한다든지 하는 일이 발생해야 하는 것이다. 그렇지 않으면 어떻게 명확한 인과관계를 입증할 수 있겠는가? 이번 광우병 파동은 세계무역체제라는 실로 터무니없이 야만적이고 반생태적인 시장논리에 대한 인류사회의 광범위한 반대를 불러일으킬 도화선이 될지 모르는 일이다. 도대체 한국사람이 왜 호주산 쇠고기를 먹어야 하고, 미국에서 왜 중국산 마늘을 소비해야 하며, 스페인사람은 왜 자기네가 만든 치즈는 수출하고 그 대신 덴마크산 치즈를 먹어야 하는가?

그러나 우리가 무엇보다 주목해야 할 것은 오늘날 산업화된 농업에 구조적으로 내재되어 있는 폭력성의 문제이다. 내가 보기에 광우병 문제에 관련하여 제일 중요한 것은 이 병의 발생과정인데, 예전에 보지 못한 광우병이 십년 전부터 발견되기 시작한 것은 어디서 난데없이 튀어나온 바이러스 때문이 아니라 어떤 과학자들이 '프리온'이라고 이름붙인 동물성 단백질의 작용 때문이라는 것이다. 현대 축산업의 가장 큰 문제는 그것이 대단위 집약축산이라는 데 있다. 오늘날 세계의 중산층 인구가 즐겨 먹는 쇠고기는 옛날 농가에서 한두마리씩 풀이나 여물을 먹여서 키운 소에서 얻는 것이 아니다. 수백, 수천의 소가 거대한 축사에서 제대로 움직이지도 못하고 공장에서 나온 사료를 먹고 사육되는 것이다. 그래서 축산업자에게는 막대한 사료를 공급하는 문제와 소들의 배설물을 처리하는 문제도 골치 아프지만, 특히 서양에서는 폐기물로 버려지는 동물의 내장을 처리해야 하는 만만치 않은 문제가 있다. 그리하여 사료문제와 내장 등 쓰레기 처리문제를 한꺼번에 해결하는 방법으로 고안된 것이 도살된 소나 양의 내장 따위를 가공하여 이것을 사료의 일부로 이용하는 것이었다. 이것은 '단백질 보충제' 또는 '농축 영양제'라고 불렸고 농정당국이 수년 전 그것을 금지하기까지 꽤 여러해 동안 이 관행이 계속되었다고 한다. 그러니까 그동안 초식동물인 소가 짐승고기를 먹지 않을 수 없었고, 더러는 카니발리즘을 강요당한 것이다.

영국정부가 '단백질 보충제'의 이용을 금한 것은 말할 것도 없이 이것이 광우병의 진정한 원인일지도 모른다고 의심하는 과학자들의 경고 때문이었다. 실제로 광우병이나 야콥병과 같이 뇌세포가 스폰지처럼 구멍이 숭숭 뚫려 파괴되어버리는 병이 몇십년 전에 동부 뉴기니아 원주민의 하나인 포르브족에서 발견된 적이 있는데, 이 부족은 그때까지 식인풍습(카니발리즘)을 행하고 있던 마지막 인간집단의 하나로 판명되었다.

자연의 엄연한 순리를 간단히 무시하고 초식동물에게 짐승고기를 먹으라고 강요할 때 소들에게 아무런 문제가 안 일어나는 게 이상한 일일 것이다. 그것은 동물학대치고도 너무나 끔찍한 폭력이 아닌가? 생명에 대한 공경은 고사하고 끔찍한 폭력을 폭력으로도 느끼지 못하는 이 병들대로 병든 인간사회를 향하여 소들은 미쳐서 죽어가면서 가르치고 있는지도 모른다. 그러나 광우병을 대하는 '문명사회'의 반응을 보면, 아직도 요원하다는 느낌을 금할 수 없다. 이번 일에서 거의 모든 사람들의 주된 관심사는 자기자신들의 안전문제에 국한되었다. 무고하게 '박멸될' 소들의 운명은 티끌만한 주의도 끌지 못하였다. (1996년)

자동차 없는 세상을 꿈꾸며

뉴욕시내 맨해튼에 바나드 칼리지라는 대학이 있다. 이 대학의 언어학 교수로 조셉 멀로운이라고 하는 이가 있는데, 그는 70개 언어를 자유로이 말할 수 있는 사람이라고 한다. 지금 50대 후반의 이 교수는 자동차를 소유하지도, 운전하지도 않는 사람으로서 알려져 있다. 그의 집은 자동차로도 보통 30분이 더 걸리는 뉴욕 바깥 뉴저지의 한 교외에 있는데, 그는 집에서 학교까지 항상 걸어서 다닌다는 것이다. 이것은 우리처럼 뒤늦은 자동차사회에서도 이제 상상하기 어려운 모습인데 미국과 같은 뿌리깊은 자동차중심 사회에서는 그야말로 진풍경이라고 할 수 있을 것이다. 무엇보다도 이와 같은 기이한 생활방식은 멀로운이라는 한 개인의 일상생활을 평균적인 미국적 생활리듬에 적응할 수 없게 하고, 그 개인으로 하여금 온갖 불편을 감수하도록 강요할 것이라는 것은 짐작하기 어렵지 않다.

그러나 그가 처음부터 자동차를 거부한 것은 아니고, 그 역시 대다수 미국인들처럼 대학생이 되자 자동차를 운전하는 것을 당연하게 받아들였다. 그러한 그가 자동차를 버리기로 작정한 것은 자동차의 사회적·생태적 폐해에 대한 남다른 인식 때문이 아니라 좀더 특이한 이유 때문이었다. 그는 캘리포니아에서 대학생활을 하던 몇해 동안의 자동차 운전경험을 통하여, 자동차가 사람을 '제정신이 아닌' 상태로 만들어놓는다는 것을 늘 실감하였고, 그래서 마침내 자동차를 포기하기로 결정하였다는 것이다. 그후 그는 지금의 아내와 결혼하기 전에도 늘 함께 걷기를 고집하였고, 지금까지 수십년 동안 변함없이 걸어다닌다는 것이다. 개인자동차 없는 생활을 거의 허용하지 않는 오늘날 미국사회의 일상생활의 구조속에서 멀로운 교수의 존재는 지극히 이채로운 느낌을 주기에 충분하다.

주목할 것은 자동차 운전 때문에 사람의 정신이 온전함을 유지하기가 어렵다고 느끼는 감수성이다. 우리는 멀로운 교수가 평균 이상으로 민감한 사람이라는 것은 분명하지만, 그렇다고 하여 그가 전혀 이질적인 지각체계를 갖고 있는 사람이라고 생각해서는 안된다. 실제로 그가 경험한 것과 근본적으로 비슷한 느낌은 많은 사람들의 공통한 체험이라고 하는 것이 진실일 것이다. 조셉 멀로운이라는 개인에게 특이한 점이 있다면, 그러한 체험을 정직하게 받아들이고, 갖가지 불편과 불이익을 무릅쓰면서 주류문화의 관행에 순응하기를 거부하기로 결단을 내린 도덕적 능력의 크기일 듯하다.

자동차는 한때 사람을 자유롭게 하고, 행복을 증진시키는 유력한 기술이라고 믿어졌다. 그러나 지금도 단순히 그렇게만 생각하고 있는 사람이 있다면 우리는 그의 인간적 감수성과 이성적 능력에 대하여 의심해보아야 할 것이다. 아무리 둔감한 사람이라 할지라도 예컨대 교통혼잡과 교통체증이라는 대다수 도시인들이 일상적으로 경험하는 한가지 사실만으로도 자동차가 단순히 '축복'만은 아니라는 것을 느끼지 않을 수 없을 것이다.

교통혼잡과 체증현상은 간단히 말하여 개인수송수단의 보편화에 따르는 당연한 결과이다. 몇몇 사람들의 자동차에 의해서 도로가 독점적으로 이용될 때 자동차는 확실히 편의와 쾌적함을 보증하는 수송수단이었다. 그러나 많은 사람들이 자동차를 가지고 거리로 나올 때 자동차는 한없는 고통과 불편을 초래하는 원흉이 된다. 그러나 그렇다고 하여 자동차의 소유와 운전을 제한하는 어떤 강제적인 방법을 생각할 수도 없는 일이다. 왜냐하면 자동차가 번성하는 사회는 이미 '개인적 자유'에 대한 욕구가 팽배한 사회인만큼 이것을 강제적으로 억누르는 데 필요한 사회적 합의를 얻는다는 것은 사실상 불가능하기 때문이다. (정당성이 모자란 독재권력일수록 이른바 인기없는 정책을 택할 용기를 갖지 못한다.) 그리고 무엇보다도 자동차를 소수의 특권적인 향유물로 한다는 것은 평등의 원칙에 반한다. 따라서 개인수송수단을 주요체계로 하는 '자동차 사회' 자체를 뒷받침하고 있는 성장위주의 산업경제가 존속하는 한, 자동차의 확대보급은 필연적이다. 도로의 확장이나 신호체계의 개선 등 사회간접자본의 더 많은 투입과 정책 및 기술개발에 의하여 교통의 흐름이 일시적으로 원활해진다 하더라도 그것은 어디까지나 일시적이며, 또다시 곧 극심한 혼잡과 정체현상에 직면할 것이라는 것은 '선진 공업사회들'에서의 지난 수십년의 경험이 가르쳐주고 있는 것이다.

  프랑스의 사회이론가 앙드레 고르쓰는 개인자동차의 급속한 보급에 관련하여 흥미로운 비유를 든 바 있다. 즉, 자동차를 개인적으로 소유하려는 것은 본질적으로 전망좋은 해변에 저마다 별장을 소유하고자 하는 욕망과 같다. 그런데 바닷가라고 하는 한정된 공간에 수많은 사람들의 사유별장이 들어설 때 그러한 별장은 이미 별장으로서의 아무런 기능도 할 수 없게 되는 것이다! 그와 마찬가지로 자동차라는 '편리하고 쾌적한' 수송수단은 그것이 모든 사람들의 사적 수송수단이 될 때 그것의 수송수단으로서의 기능 또는 적어도 그 '편리와 쾌적함'은 소멸될 수밖에 없는 것이다. 이렇게 되는 것은 지극히 간단한 원리 때문이다. 즉, 자동차가 불어나는 것에 비례하여 지리적 공간이 한없이 넓어질 수가 없기 때문이다. 인간의 욕망은 한없이 증대될 수 있는 것인지 모르지만 인간생존의 근본적 토대인 지구는 어디까지나 유한체계인 것이다.

자동차의 근본문제는 그것이 인간생존의 근원적인 조건을 무시하고, 오직 인간의 왜곡된 욕망을 일방적으로 추구하는 기술 — 그런 의미에서 대표적인 폭력의 기술이라는 점에 있다. 오늘날 산업주의 체제를 떠받치는 주요 기술체계로서 우리는 원자력발전, 텔레비전, 컴퓨터 등등을 들 수 있지만, 그중에서도 가장 관건적인 것은 자동차라고 할 수 있다. 산업주의 체제속에서 차지하는 경제적 비중에 있어서나 산업체제를 문화적으로나 심리적으로 유지·강화하는 데 있어서의 공헌을 볼 때 자동차는 핵심적인 요소라고 해야 할 것이다. 자동차는 모든 산업기술이 본질적으로 그러하듯이 부분적인 합리성과 전체적인 비이성의 결합을 보여주는 전형적인 기술이다. 지금 인류 대다수를 지배하고 있는 산업문명체제의 가장 근본적인 문제는 이것이 장기적인 관점에서 볼 때 지속불가능한 생활방식을 강요하는 체제라는 것이다. 산업체제는 재생불가능한 자원을 대량으로 소모하고, 처치불가능한 쓰레기를 끊임없이 쏟아낼 뿐 아니라 인간생존의 자연적 토대인 생태계를 돌이킬 수 없는 수준으로 파괴함으로써만 가능한 성장경제의 논리에 붙들려 있는 체제인 것이다. 그러므로 이것은 한마디로 이성을 잃은 문명이며, 뻔히 파국을 보면서도 자신의 파멸적인 행동양식을 통제할 수 없는 아편중독자의 문명이라고밖에 할 수 없는 것이다.

오늘날 자동차의 해독을 알기 위하여 우리 각자가 환경전문가가 될 필요는 없다. 자동차가 비단 인명을 손상하는 흉기일 뿐만 아니라 공기와 물과 숲과 땅을 파괴하거나 병들게 하고, 그렇게 함으로써 생태계의 조화와 균형을 깨뜨리고 많은 생물들이 지구상에서 사라지게 하는 데 그 어떤 것보다도 더 큰 기여를 한다는 것은 조금이라도 생각이 있는 사람의 눈에는 거의 자명한 사실이다. 생태계의 균형이 깨어지면 결국 인간 자신의 생존도 위태로운 것은 말할 필요가 없다.

생명이나 생태계에 대한 위험이라는 점에서 볼 때, 자동차는 본질적으로 핵무기나 원자력발전과 하등 다를 것이 없는 폭력의 기술이라고 할 수 있다. 그러나 일반적으로 환경운동가들 사이에서도 자동차의 위해성은 그렇게 심각하게 받아들여지지 않고 있다. 더 정확히 말하면 환경운동가들을 포함하여 많은 사람들은 자동차의 생태적 폐해작용은 기술혁신과 기술개발에 의하여 제거할 수 있거나 적어도 크게 줄일 수 있다고 생각하는지도 모른다. 예를 들어, 배기가스문제는 촉매변환장치를 통하여, 석유라는 재생불가능한 자원의 문제는 전기자동차의 개발을 통하여 극복될 수 있으리라는 믿음이 널리 퍼져있는 현실인 것이다.

그러나 전기자동차의 보급으로 배기가스문제가 해결된다 하더라도 여전히 남는 문제 — 오히려 더 큰 문제가 있을 수 있다는 것을 생각할 필요가 있다. 즉, 전기는 어디서 나오느냐 하는 것이다. 물론 여기에 대한 답변은 원자력발전에서 구하려고 할 것이 틀림없다. 그리하여 종래의 핵분열방식의 원자력발전이 위험한 에너지라면 앞으로 기대되는 핵융합발전이 그 대답이 될 것이라고 안이하게 생각하는 것이다. 여기서 '안이하게'라고 하는 것은, 비단 자동차문제뿐만 아니라 산업주의 체제의 '지속불가능성'이라고 하는 핵심적인 딜레마에 관련하여 거의 모든 산업체제 옹호론자들이 기대를 걸고 있는 '핵융합발전'은 그것이 때늦지 않게 실지로 성공할 것이라는 아무런 과학적 전망도 현재 없기 때문이다. 그리고 설사 핵융합발전이 성공한다 하더라도 그것은 또다른 엄청난 재난 — 즉, 열오염의 문제를 발생시킬 가능성이 크다는 점에 대하여 경고하는 목소리도 있음을 우리는 생각해야 한다. 《작은 것이 아름답다》의 저자 E. F. 슈마허의 결론처럼, 인간을 구원할 수 있는 것은 과학도 기술도 아니고, 오랜 세월에 걸쳐 전승되어온 인문적·정신적 지혜로 돌아가는 데 있음이 틀림없다. 그것은 인간은 자기자신보다 더 큰 자연의 일부이며, 인간의 온전한 삶은 자연과의 조화로운 관계속에서만 유지될 수 있다는 진리를 겸허하게 받아들이는 것을 의미한다.

기술개발을 통하여 자동차를 생태적으로 받아들일 수 있는 이기(利器)로 전환시키려는 것은 결국 가망없는 욕망이다. 중요한 것은 개인수송수단이라는 개념 그 자체를 비판적으로 극복함으로써 궁극적으로 우리 각자가 개인적으로 자동차를 소유·운전하지 않고 사는 방식으로 발전시켜 나가는 일이다. 그리고 그러한 방식을 기꺼이 받아들임으로써만 우리가 진정으로 자유롭고 행복해질 수 있다는 깨달음에 도달하기 위해서는, 자동차의 반생태성뿐만 아니라 반사회성 또는 반공생성(反共生性)에 대하여 깊이 생각해볼 필요가 있다.

개인수송수단으로서의 자동차가 편리하고 쾌적한 수단이 될 수 있는 것은 말할 것도 없이 그것이 탁트인 도로에서, 운전자 한사람이나 그의 가족 또는 그의 가까운 우인(友人)들을 태우고 거침없이 달려갈 수 있을 때이다. 그러니까 이것은 어디까지나 배타성을 그 본질로 하고 있는 수송체계라고 할 수 있다. 내가 자동차를 몰고 나가면 다른 사람의 자유와 행복에 제약을 가하는 것이다. 자동차가 급속히 증가하는 추세속에서, 크고 작은 모든 거리와 골목이 모조리 자동차들로 채워지고 있는 오늘날, 자동차의 운행과 정차와 주차에 관련하여 사람들 사이에 일어나는 갈등과 적의는 나날이 증폭되어가는 것이다. 자동차로 인하여 사회의 공동체적 기반은 붕괴되었으면 되었지 강화될 리는 만무하다. 시인 엘리어트의 표현을 빌어 말하면, 지금 우리는 "우리들을 갈라놓는 싸움속에 결속되어" 있는 것이다. 물론 여러 다른 요인이 작용하고 있겠지만 자동차가 여기에 크게 기여하고 있는 점은 아무도 부인하지 못할 것이다.

그러나 자동차에 내재된 이러한 반공생성은 물리적으로도 공동체를 파괴하는 무엇보다 큰 파괴력으로 작용한다. 사람들이 걸어다니는 생활로부터 멀어지고 자동차에 중독이 됨에 따라, 전통적인 '동네'라는 개념이 사라질 경향이 커지는 것이다. 원래 동네길은 보행자들과 동네사람들의 공유의 생활과 사람사귐과 놀이의 터전이었다. 사람들만이 아니라 가축과 동물들에게도 주어지던 공간이었다. 이렇게 동네길이 전통적으로 맡았던 기능은 어떠한 콘크리트 건물로도, 슈퍼마켓이나 마을회관으로도 대체할 수 없는 차원을 갖고 있었던 것이다.

동네길의 파괴와 함께 자동차는 동네마다의 생활지원체계를 이루고 있었던 소규모의 각종 가게와 공방과 편익시설들을 사라지게 하는 데 크게 기여하고 있다. 사람들은 자동차를 집에 두고 보기 위하여 소유하지 않는다. 그들은 기회있을 때마다 자동차를 몰고 다니기를 원하고, 걸어서 쉽게 닿을 수 있는 거리보다는 먼 거리가 자동차 운전에는 적합한 것이다. 그렇게 하여 동네로부터 멀리 벗어난 곳에 집중되어 있는 백화점, 슈퍼마켓, 나아가서 몰(mall) 같은 곳이 선호의 대상이 된다. 이런 경향이 심화되면 자연히 동네가게들은 사라지고, 그러면 자동차 없는 사람들은 실제로 불편을 느끼니까 자동차를 갖지 않을 수 없는 사태가 벌어지는 것이다.

자동차는 사람으로 하여금 세계에 대하여 친밀한 관계를 갖도록 허용하지 않는다. 자동차의 속도 자체가 작고 세밀한 것에 대한 관심을 불가능하게 하지만, 바로 그 속도는 또 자동차 운전자의 심리를 자기도 모르게 공격적인 것으로 만드는 데 기여한다. 자동차의 속도는 이미 '인간적인 속도'가 아니다. 우리가 자연속에서 평화롭게 존재하기 위해서는 반드시 지키지 않으면 안될 '규모'의 문제가 있다고 할 때, 자동차의 속도는 인간적으로 소화하거나 받아들일 수 있는 수준을 훨씬 넘어서 있다는 것은 두말할 필요가 없다. 대체기술의 개발 등으로 자동차의 폐해를 해결하려는 태도야말로 인간에 대한 근본적인 무지를 드러내는 것이다. 인간은 진화론적 존재이며, 오랜 진화의 과정을 통하여 세계에 존재하는 방식이 결정되어왔다. 그 오랜 진화과정에서 인간은 언제나 자기 발로 움직여왔던 한에서, 인간이 감당할 수 없는 생리적·심리적 적응을 요구하는 자동차 운전이 인간본성에 대하여도 얼마나 큰 폭력을 행사하는 것인지, 우리는 어렵지 않게 생각해볼 수 있는 것이다. 그러므로 자동차가 사고를 내는 것은 불가피한 일이라고 할 수 있다. 인간은 본래 실수를 범하는 존재이기도 하지만, 무엇보다 자동차의 속도 자체가 보통인간의 신체적·심리적 조건으로서는 감내하기 어려운 수준의 감각작용과 그 적응을 요구하기 때문이다.

생태적으로 사회적으로 그리고 인간본성으로도 결코 수용할 수 없는 폭력의 기술이 끝없이 창궐하는 이유는 대체 무엇인가? 오늘날 전세계적으로 6억대가 넘는 자동차가 있고, 매년 6천만대의 새로운 자동차가 거리로 쏟아지고 있다. 우리나라는 지난 여름이 시작될 때 자동차 수가 8백만대에 달했다는 보도가 있었다. 이런 추세라면 천만대가 되는 것은 시간문제일 뿐이다.

그러나 자동차문제가 아무리 심각한 것이라 하더라도, 대부분의 사람은 그것을 정말 속깊이 실감하지 못하기 쉽다. 사람은 아무리 중요한 문제일지라도 직접 실감하지 못하는 문제에는 관심을 갖지 않는 것이 일반적이다. 이것은 아마 인간의 실존적 한계인지 모른다. 오늘날 사회여론의 형성에 결정적 영향력을 행사하는 언론이 자동차문제에 접근하는 방식은 바로 그러한 인간의 철저히 자기중심적이며 단견적인 지각체계를 반영하고 있을 뿐만 아니라 그 지각체계를 강화하기도 한다. 우리가 신문이나 방송을 통해 항상 듣는 것은 교통체증이나 혼잡의 문제뿐이다. 이것말고는 아무 문제가 없다는 식인 것이다. 그러면서 언론은 새로운 자동차모델에 끊임없는 관심을 쏟고, 국내외 자동차시장의 동향에 대하여 자동차 생산·판매업자들과 똑같은 시각으로 마음을 쓴다. 요컨대 자동차의 보급과 판매의 확대야말로 곧 사회발전의 지표가 된다는 시각을 확고하게 견지하고 있는 것이다.
 적어도 오늘의 언론에 의하면 자동차의 증가는 의심할 수 없는 사회적 진보의 척도이다. 따라서 도로망의 확충, 교통체계의 합리화 등이 시급할 뿐이라는 인식이 만연하는 것이다. 이러한 사고방식은 어느덧 뿌리깊은 습성이 되어서, 대부분의 사람들이 교통체증에 대한 처방으로서 한결같이 도로확충을 말하는 것이다. 따져보면, 교통혼잡이나 체증을 해결하는 방법은 자동차를 줄이는 방법으로써도 가능하고, 오히려 이것이 훨씬 더 근본적이고 책임있는 방법이라고 할 수 있다. 그러나 이런 생각은 오늘날 대세를 이루는 '여론의 풍토' 속에서는 거의 허용되지 않는다.
 언론이 자동차숭배사상에 깊이 빠져있는 것은 자동차기업이 오늘날 언론을 먹여살리는 최대의 광고주에 속해 있다는 점에 관계가 있을 것이다. 더 정확하게 보면, 언론 그 자신이야말로 자동차산업과 운명을 같이 할 수밖에 없는 '산업주의 경제'의 주요 구성부분이기 때문일 것이다. 그리하여 자동차의 확대보급에 어떤 식으로든 부정적인 영향을 미칠 수 있는 모든 비판적인 시각이 처음부터 언론에 의해 배제되는 것은 지극히 당연한 일일지 모른다.
 그러나 언론만이 그렇다고 보는 것은 지나치게 순진한 태도이다. 오늘날 선진 공업사회를 포함하여 이미 자동차 본위의 사회로 깊이 들어가고 있는 모든 사회에서 자동차의 해독이 널리 이야기되고 있으면서도, 자동차를 극복하기 어려운 결정적인 이유는, 첫째 산업경제속에서 자동차가 차지하는 엄청난 비중 때문이며, 둘째 자동차로 대표되는 산업문화에 중독된 사람들 자신의 심리적 문제 때문이라고 할 수 있다.
 산업화의 진척은 자동차관련 산업이 확대되는 것을 의미해왔고, 그렇기 때문에 자동차에 관련된 일자리와 경제인구가 크게 늘어나는 것은 당연한 일일 것이다. 자동차관련 산업이라고 하면, 제철, 석유, 유리를 포함하여 자동차의 생산과 판매에 직접 연관된 업종뿐만 아니라 주유소,

경찰, 병원, 보험회사, 은행, 법원을 비롯하여 실제로 방대한 영역을 포괄하는 것이다. 사람들은 고용과 돈이 걸려있는 문제에서 객관적인 시각을 갖기 어렵다. 그렇기는커녕 자신의 일거리와 생계와 어쩌면 보람있는 삶이 걸려있다고 생각하는 문제에 대해서 근본적으로 묻는 행위에 적개심을 느끼기가 쉬운 것이다. 오늘날 환경파괴에 대한 대처방식은 기껏 환경투자나 기술개발과 같은 순전히 기술주의적 논의로만 집중될 뿐, 근본적으로 자꾸만 겉돌고 있다. 그렇게 되는 핵심적인 이유의 하나가 아마도 많은 사람들이 이 문제를 자기자신의 문제, 즉 자기자신의 생활방식과 가치에 있어서 근본적인 변화가 필요한 문제로서 보지 못하기 때문일 것이다.

경제적인 이유 못지않게 또는 그보다도 더욱 근원적으로 자동차를 극복하기 어려운 까닭은 오늘날 많은 사람들이 내면적으로 자유롭지 못한 삶을 살고 있다는 점에 있다. 내면적으로 자유롭고 성숙한 인간의 중요한 특성은 물건과 권력에 대한 집착이 적다는 점일 것이다. 오늘날 자동차는 대다수 사람들에게 있어서 단순한 수송수단이 아니다. 그것은 무엇보다도 자신의 사회적 체면이나 위신을 드러내어주는 주요한 상징으로 간주되고 있다. 자동차를 소유하지 못하면, 불편하기도 하지만, 그보다 더 중요한 것은 체면이 서지 않는다고 느끼는 사람이 많은 사회, 다시 말하여 권위주의 문화속에서 자동차산업이 번창하고 있다는 사실을 생각해보아야 하는 것이다.

게다가 자동차라는 폐쇄된 철제구조물은 개인주의적 심리에 잘 어울리는 밀실의 공간체험을 가능하게 한다는 점도 간과할 수 없다. 경쟁의 논리가 갈수록 혹독하게 지배하는 현실에서 점점더 소외를 느끼는 사람들에게 자동차는 안식의 공간을 제공하는 것으로 느껴지지만, 이 공간에 중독이 되면 될수록 그 자신의 소외심리도 점점더 강화되는 악순환이 계속된다는 것은 말할 필요가 없다.

자동차를 지혜롭게 극복할 수 있느냐 없느냐 하는 것은 지구상에서의 인류존속 가능성의 문제이기도 하지만, 무엇보다 '지금 이곳에서'의 인간의 삶의 온전성을 회복하는 문제이기도 하다. 자동차문제의 궁극적 해결은 하나밖에 있을 수 없다. 그것은 자동차를 버리는 것이다. 자동차를 버리는 것으로써만 우리는 진정으로 인간다운 수준으로 성숙하는 것이 가능할 것이다. (1995년)

컴퓨터기술 — 구원인가 저주인가

　화가 천경자 씨는 언젠가 어느 수필에서, 60년대 초 서울의 부유한 동네를 중심으로 냉장고가 보급되기 시작하는 것을 보면서 앞으로 무서운 세상이 다가오리라는 예감을 느꼈었다고 술회한 바 있다. 그 무렵 한국의 예술가가 에콜로지에 관하여 아는 게 있었을 리는 없다. 냉장고의 냉매로 쓰이는 합성물질인 염화불화탄소가 오존층고갈의 주범으로 판명된 것도 한참 뒤의 일이었다. '무서운' 세상에 대한 천경자 씨의 예감이 냉장고와 같은 현대기술의 환경파괴적 성격에 대한 구체적인 이해나 지식에 근거한 것이 아니라는 것은 길게 말할 필요가 없을 것이다. 그 예감은 한 민감한 예술가의 직관에 의한 것이었다.
　지금 돌이켜 볼 때, 우리는 그러한 직관에 놀라운 선견지명이 있었음을 느끼지 않을 수 없다. 무엇보다 실감나는 것은 '무서운' 세상이라는 언급이다. 냉장고가 처음 선뵈던 시절에는 상상도 하지 못했을 만큼 기술화가 깊이 진전된 지금의 상황에서 무섭다는 것은 특별히 예민한 사람이 아니라도 공감할 수 있는 느낌일 것이다. 그러나 문제는 자신의 느낌을 솔직하게 드러내는 사람이 드물고, 우리의 오늘의 사회적 분위기는 그러한 솔직한 느낌의 자유로운 개진을 거의 허용하지 않는다는 데 있다.

　냉장고와 같은 현대적 기술에 접하여 한 민감한 예술가가 불길한 예감을 느꼈다면, 그것은 원리적으로 자연의 순리를 거스르는 현대기술의 본질을 직감으로 대뜸 알아차릴 수 있었기 때문이었을 것이다. 그래서 예술가의 예민한 마음은 그러한 기술에 내재한 역천(逆天)의 논리에 깊이 두려움을 느꼈는지 모른다. 그러나 이러한 두려움은 생산성과 능률과 진보의 이데올로기에 철저히 사로잡힌 사회분위기에서 무시당할 수밖에 없는 것이었다. 비록 소수이지만 예민한 사람들이 품었음직한 꺼림칙한 느낌에도 불구하고 부유한 자들의 교만과 가난한 자들의 선망속에 냉장고는 어느새 이 사회의 가장 흔한 일상용품의 하나가 되었다. 거의 비슷한 시기에 세탁기와 텔레비전이 급속도로 확산되었고, 뒤따라 개인자동차가 들이닥쳤고, 이제 컴퓨터와 정보기술이 우리의 삶의 뿌리를 흔들어놓으려 하고 있다.

　냉장고가 출현한 이후 수십년이 지난 지금 갈수록 제어하기 어려운 기술환경속에서 막연하게나마 불안과 위구(危懼)를 느끼지 않는 사람은 아마 드물 것이다. 그럼에도 불구하고 시대에 뒤처져서는 안된다는 외부로부터의 끊임없는 압력과 자기 내부로부터의 다그침속에서 우리들 대부분은 자신의 정직한 느낌을 외면해버린다. 어떻든 빨리 적응하여 살아남아야 한다는 지상명령 밑에서 각자가 깊이 느끼는 감정의 진실에 귀기울일 용기와 능력은 점점 쇠퇴하는지 모른다. 물론 이것은 새삼스러운 경험이 아니다. 새로운 기술을 받아들이는 과정에서 우리가 취해온 태도는 언제나 순응주의였다.

　컴퓨터와 정보기술에 대하여 아무리 저항해보았자 이제 소용없는 일이라는 것을 느끼지 못할 사람은 없을 것이다. '환경의 적 제1호'인 자동차라는 괴물도 버리지 못하는 인류사회가 여러 면에서 자동차와 비교할 수 없을 정도로 우수한 기술이라고 인정받는 컴퓨터를 거부할 수 없으리라는 것은 거의 자명한 일이다. 싫든 좋든 컴퓨터기술의 개입없는 문명생활은 실제로 생각할 수 없는 것이 되었다. 특히 노동조건의 개선에 대하여 컴퓨터가 끼친 공헌을 무시한다면 그것은 불공정한 일이다. 엄밀하게 따져보면, 컴퓨터기술에 대하여 냉정한 거리를 취할 수 있는 사람은 이제 있을 수 없다고 해도 좋을 것이다. 자신이 직접 컴퓨터를 만지지 않는다고 해서 이 기술에 무관하다는 주장이 통할 수 있는 상황이 이미 아니기 때문이다.

그러나 컴퓨터와 정보기술이 우리의 삶의 복판으로 침범해 들어오는 것에 대하여 우리가 속수무책일 수밖에 없다고 느끼는 좀더 큰 까닭은 이것이 우리의 개인적인 선택에 관계없이 자본의 논리와 다국적기업의 이해에 의해서 확대되고 있는 기술임이 분명하기 때문이다. 이러한 사실은 정보화사회, 인터넷, 정보고속도로에 대한 사회적 관심이 '자유무역체제'를 근간으로 하는 이른바 세계화의 논리와 더불어 급속히 고조되어 온 것에 분명하게 드러난다. 컴퓨터와 정보기술은 다국적기업들의 세계지배 — 전세계의 사회적 약자와 자연에 대한 구조적 침탈에 기초하는 — 를 강화하고 지속시키는 데 극히 효과적인 무기로서 기능하는 것이다. 이렇게 볼 때, 그 다양한 쓰임새에도 불구하고 컴퓨터기술은 명백히 또하나의 폭력의 기술이라고 할 수 있다.

그러나, 말할 것도 없이, 이 세계의 현실은 폭력에 맞서기 위해서도 폭력을 필요로 하게 한다. 압제에 대한 투쟁을 좀더 효과적으로 하기 위해서도 투쟁의 무기를 세련화해야 할 필요가 있다고 생각할 수도 있는 것이다. 멕시코의 '사빠띠스따' 농민게릴라 전사들이 그들의 지휘부와 인터넷을 통해서 교신하고 있다는 얘기는 널리 알려져 있고, 오늘날 세계 대부분의 비정부조직이나 환경운동단체들이 컴퓨터 통신망에 크게 의존하고 있다는 것도 주목할 만한 일이다. 그러나 여기서 부딪치는 딜레마는 사회정의와 에콜로지를 위한 투쟁의 방법이 사회적 약자와 자연을 유린하고 파괴해온 바로 그 폭력의 구조와 논리를 강화하는 데 다소라도 기여한다면 어떻게 되는가 하는 것이다. (조금 다른 얘기인지 모르지만, 한때 미국의 최대 환경보호단체인 씨에라클럽은 회원들이 낸 막대한 회비를 관리하는 방법으로서 주식투자를 계속하였다. 주식투자가 자금의 '효과적'인 관리로서는 타당한 방법일지는 모르지만, 그것이 환경파괴에 가장 큰 책임이 있는 대기업들을 돕는 행위라는 엄연한 사실을 생각하면 그 단체 자체의 존재이유는 스스로 부정되는 것이다. 씨에라클럽의 경우는 극적인 것이겠지만, 이것은 작든 크든 자본의 틀 안에서 움직이는 모든 혁신적인 운동이 부딪칠 수 있는 딜레마인지 모른다. 그러나 중요한 것은 그러한 딜레마를 예민하게 의식하는 정직한 태도일 것이다. 자본의 논리에 순응함으로써 자본의 지배를 슬기롭게 극복해야 한다는 의견도 있지만, 그것이 단지 말놀음이나 자기변명으로 떨어지지 않으려면 구체적인 실천으로 그 슬기를 증명할 수 있어야 할 것이다.)

하여튼 우리가 고립을 택하지 않는 한 현대적 기술을 거부한다는 것은 불가능한 일이다. 이미 우리는 너무나 깊이 기술의 세계로 들어와버린 것이다. 더욱이 컴퓨터나 전자통신망은 사회적 약자를 위하여 무시하지 못할 혜택을 베풀어주고 있다. 지금까지 있어온 컴퓨터 옹호론 중에서 가장 설득력있는 것은 이 기술 덕분으로 신체결함자들에게 좀더 자유로운 삶의 기회가 주어질 수 있게 되었다는 얘기이다. 그리고 마약이나 진정제나 알콜의 도움으로 겨우 하루하루를 버텨나가고 있는 오늘날 산업사회의 무수한 외롭고 소외된 사람들에게 컴퓨터통신이 비록 비실재적이긴 하나 그래도 어느 정도는 인간적 욕구를 만족시키는 '가상공동체'를 제공한다는 얘기도 매우 그럴듯하게 들린다. 자신의 바로 이웃에게는 철저히 무관심하면서 수천, 수만리 떨어진 먼 곳의 미지의 인물들과의 통신에 열중하는 태도는 분명히 병리적인 현상이라고 해야 하겠지만, 그런 방식으로나마 인간적인 소통을 시도한다는 것은 어떻든 긍정적으로 평가해야 할 노력임에 틀림없을 것이다.

그러나 생각해보면, 바로 여기에 함정이 있는 게 아닐까? 이것은 우리가 우리의 육신과 마음 전부를 가지고 다른 사람이나 생명체와 사귀면서 살아가는 능력이 심각하게 퇴화해버렸다는 얘기가 된다. 그 퇴화의 결과 마약에 의존하지 않으려면 전자통신망을 통한 교제를 시도할 수밖에 없게 되고, 또 이런 경험의 누적을 통해서 점점 실지로 살아있는 사람을 대하는 일은 더욱 힘들어진다는 악순환이 반복될 수 있는 것이다. 인터넷은 또하나의 마약인지도 모른다.

사회적 약자에게 주어지는 혜택을 강조함으로써 기술을 옹호하는 태도에도 실은 문제가 없지 않다. 거의 예외없이 모든 현대적 기술은 인도주의적이거나 윤리적인 동기를 앞세우면서 선전되고 옹호되어왔다는 것을 우리는 주목할 필요가 있다. 근대과학과 기술의 불경(不敬)의 노골적이고 극단적인 형태는 아마 인공수정이나 유전자 조작기술과 생명공학일 것인데, 이러한 기술은 실제로 불임부부와 난치병환자와 식량문제를 해결하기 위한 것이라는 명분으로 개발, 확산되어왔다. 물론 이런 기술의 발전의 밑바탕에 있는 것은 주로 권력과 명성과 돈에 대한 탐욕, 과학적 호기심 같은 것일 것이다. 만일 거기에 정말 인도주의적 관심이 있었다고 한다면, 과학자는 자신이 그렇게 작은 데 관심을 집중함으로써 자기도 모르게 인간의 보다 큰 운명을 극히 위태롭게 만들어놓는다는 사실을 몰각(沒覺)하고 있었던 셈이다. 아닌게 아니라 이 시대의 근본적 재앙은 지극히 위험스러운 잠재력을 가진 현대기술이 극히 협소한 시야밖에 갖고 있지 못한 전문가들에게 맡겨져 있다는 점에 크게 관계되어 있다. 난치병환자를 살려내고, 사람의 수명을 연장하는 데 생명기술을 적용하는 것이 좋은 일이라고 쉽게 생각하기 전에, 이런 기술이 인간의 궁극적인 한계에 대한 인식을 망가뜨리는 것이 아닌지 숙고하는 것이 책임있는 인간의 태도일 것이다. 그러나 어떤 사회이론가가 말하듯이, 지금은 '조직화된 무책임'이 군림하는 시대이다.

두려운 생명공학의 발전도 실제로 컴퓨터가 없으면 불가능하다. 컴퓨터는 기술 중의 기술, 모든 현대기술의 기초적 기술이라고 할 수 있다. 컴퓨터가 없으면 인공위성을 쏘아올릴 수 없는 정도가 아니라 아예 일상생활 자체가 불가능하게 되었다. 이런 상황에서 컴퓨터에 대한 열광이 갈수록 기승을 부리는 것은 당연한 일일 것이다. 그러나 아무리 그렇다고 해서 지금과 같이 어린 아이들에게까지 컴퓨터나 정보기술을 익히도록 강요한다는 것은 너무나 기막힌 넌센스가 아닌가? 도대체 아이들에게 인터넷이 왜 필요하며, 정보가 무슨 의미를 가지는가? 나중을 위해서 미리 익혀두어야 한다는 주장이 있을 수 있겠지만 오늘날 컴퓨터 전문가들이 아이 때부터 컴퓨터교육을 받은 사람이 아니라는 것은 분명하다. 아이들에게 필요한 것은 정보가 아니라 이야기의 세계이다. 정보란 것은 뿌리없는 지식의 파편으로 그것 자체로는 사람의 주의력을 끊임없이 흩어지게 하고, 사람의 마음을 들뜨게 할 뿐이다. (아마 이것이 오늘의 산업체제가 노리는 것인지 모른다. 소비주의 사회란 끊임없는 잡담과 수다 속에서 대중의 주의력이 한없이 분산되어 있어야 한다는 전제조건이 필요한 것이다.) 정보를 의미있는 것으로 만드는 데 필수적인 것은 인간적인 맥락이다. 그리고 그러한 맥락은 아이들에게 있어서는 원천적으로 이야기의 세계로 들어가는 경험을 통해서 주어진다고 할 수 있다. 게다가 아이들에게는 자라는 도중에 반드시 몸으로, 감각으로 익혀야 할 경험이 있다는 것도 틀림없는 사실이다. 흙장난을 해보지 않은 아이가 자연에 대해 어떤 근원적인 이해를 가지고 자랄 것인가? 텔레비전과 컴퓨터 앞에 매달려 아동기의 대부분을 '가상현실'의 체험으로 보낸 아이들이 과연 다른 사람, 다른 생명의 슬픔과 기쁨을 이해하고, 보살피고 돌보는 능력을 가진 어른으로 성장하리라고 기대하기는 어려운 일이다. '가상현실'의 경험은 거기서 사람이 싫증나거나 고통을 느낄 때는 언제라도 플러그를 뽑아버리면 순식간에 그 상황에서 벗어날 수 있는 '뿌리없는' 경험이다. 그러니까 그것은 시련이나 고통이나 기다림을 통한 도덕적 연마와 정신적 성숙을 기대할 수 있는 공간이 아니다. 오늘날 많은 부모들과 교사들이 일상적으로 증언할 수 있는 현상 — 무책임하고, 참을성 없고, 너무나 쉽게 지루함을 느끼는 아이들이 갈수록 늘어나는 현상은 우리가 실제로 가장 두려워해야 할 문제인지 모른다.

컴퓨터통신 덕분으로 세계적인 과학자와 열살도 안되는 꼬마가 대등한 자격으로 '대화'할 수 있게 되었다고 전자통신의 민주적 가능성을 얘기하는 사람들도 있다. 아이와 어른이 거리낌없이 평등하게 대화한다는 것은 매우 그럴듯한 얘기로 들릴 수 있다. 그러나 다시 생각해볼 때, 어른이 아이를 통해 무엇인가를 배우는 일이 실제로 드물지 않다고 하더라도, 그러나 그 둘 사이는 본래 가르치고 가르침을 받는 관계이지, 대등한 관계일 수는 없는 것이다. 이 세상에 가르칠 자격이 있다고 할 만한 어른이 드물다고 해도, 아이를 어른이 가르치지 않으면 누가 가르치는가? 마찬가지로, 이 세상의 모든 의견이 다 동등한 가치를 갖는 것이 아니라는 것을 생각할 때, 인터넷이 약속한다고 하는 커뮤니케이션의 민주화 역시 글자 그대로 긍정하기는 어렵다는 것을 느끼지 않을 수 없다. 컴퓨터통신이 권력의 비집중화에 크게 기여할 수 있다는 통설도 극히 부분적으로만 타당한 얘기이기 쉽다.

컴퓨터나 정보기술에 대한 맹목적인 신앙의 가장 희극적이고 동시에 가장 위험스러운 결과는 지금 이 나라의 교육문제가 정보화기술의 보급 문제로 지극히 단순화되어 처리되고 있는 것에서 볼 수 있다. 오늘날 우리의 교육이 거의 구제불능이라는 것은 우리가 다 아는 일이다. 그리고 이것은 비인간적 경쟁의 논리에 교육이 속절없이 굴복해버린 결과라는 것도 분명한 일이다. 그러나 아동교육에서 대학교육에 이르기까지 모든 교육과정과 학문의 성패가 지금은 컴퓨터 정보망의 문제에 달려있는 것처럼 요란하게 운위되고, 그러한 분위기에서 교육과 학문의 진정한 실패의 원인은 은폐되고 있는 형편이다. 한때는 비록 위선적으로나마 협동과 우애를 말하고, 약자에 대한 관심도 때때로 이야기될 수 있었던 학교에서 이제는 그러한 관심의 표명은 노골적으로 경멸을 받는 것이 되었다. 오로지 이겨야 하고, 이기려면 전산망에 들어가야 한다는 야만적인 단순 논리가 활개를 치고 있는 것이다.

확실히 컴퓨터라는 기술은 효율성이 높은 기술임이 틀림없다. 여러 긍정적인 공헌에도 불구하고 컴퓨터의 세계에 대한 우리의 불안이 끝내 가셔지지 않는 것은 바로 그 지나친 능률과 생산성 때문이다. 다시 말하여, 컴퓨터의 지나치게 '창조적'이고, 너무나 놀랄 만한 재간은 우리로 하여금 우리가 인간이지 결코 하느님이 아니라는 사실을 쉽사리 망각하게 하는 것인지도 모른다. 최근에 우리말로도 번역본이 나온 제레미 리프킨의 《노동의 종말》은 컴퓨터에 의한 자동화 시스템의 급속한 확산으로 말미암아 대부분의 인구가 일자리를 더이상 가질 수 없게 될 가까운 장래에 대한 불길한 분석을 보여주고 있는 책이다. 사람에게 일이 없으면 어떻게 되는가. 지금 갈수록 심화되고 있는 선진 산업국가들의 실업문제는 리프킨이 예견하는 사태의 단지 서곡에 불과한 것일 가능성이 높다. 그러나 이러한 실업문제보다도 더 불길한 것은 머지않아 우리의 인간개념에 근본적인 변화가 일어날지 모른다는 점이다. 이른바 인공생명에 대한 연구를 진행하고 있는 과학자들은 그들의 연구목적이 '완전한 인간'의 창조에 있다고 공공연히 말하고 있다. 왜 인간이 '완전한 인간'을 만들어내야 하는지에 대해서는 그들은 말이 없다. 다만 지금까지 인간사회는 늘 좀더 완전한 상태를 지향해왔으니까 그 논리적 관성의 연장에서 '완전한 인간'의 이미지는 당연한 것이지 않느냐 하는 것이다.

과학자들 중에서는 이른바 인공생명이 초래할 가공할 가능성에 대하여 우려하는 사람들도 있지만, 이들도 '과학적 호기심'을 억누를 수 없다고 고백한다고 한다. 그러니까 인류의 운명보다도 과학자 자신의 호기심이 앞선다는 것이다. 개인주의적 문화의 궁극적인 귀결이 이렇게 되는 것일까?

어떻든 이러한 인공생명과 같은 것에 대한 연구가 다국적기업의 지원 밑에서 이루어지는 한, 이것을 막을 도리는 아마 없을 것이다. 인권이니 영혼의 문제니 인간존엄성이니 하는 것들이 무슨 허깨비 같은 소리가 될 날이 곧 닥칠지 모른다. 그러나 이것은 미래의 문제가 아니다. 컴퓨터통신망을 통해서 단순한 포르노감상이 아니라 섹스행위도 가능하다는 것이 오늘의 현실이다. 우리들 가운데 일부라도 이런 얘기에 접하여 오장육부가 뒤틀리는 느낌을 받는다면 그래도 아직 우리에게 희망이 있다고 할 수 있을지 모른다.

영국작가 존 버저는 서로 다른 시대에 속한 사람에게는 복수(復讐)도 불가능한 법이라고 말한 바 있다. 그러니까 기억과 언어와 체험의 공동체가 없으면 의사소통 자체가 성립할 수 없다는 말이다. 지금 우리에게 닥친 문제는 오랜 세월 되풀이되어온 단순한 세대간의 의사소통문제가 아니다. 우리의 문제는 생명과 인간성에 관한 오래된 정의(定義)를 보존할 수 있느냐 없느냐의 문제이다. '완전한 인간'의 창조를 시도한다는 것이 어째서 가공할 일이며, '가상섹스'가 왜 심히 불경스러운 짓인가를 굳이 설명해야 한다면 이미 사태는 돌이킬 수 없는 게 아닐까?

컴퓨터기술의 발달로 인하여 우리는 인간이란 존재가 과연 무엇인지 다시 근원적으로 묻지 않을 수 없게 되었다. 아마 이것이 컴퓨터라는 탁월한 기술이 우리에게 줄 수 있는 최대의 선물인지 모른다. 능률과 속도와 생산성에 매혹되어 우리가 이 길을 계속 따라갈 때 그 궁극적인 결과가 어떤 것이 될지 컴퓨터는 역설적으로 우리에게 깨우쳐주는 것인지 모르는 것이다. 컴퓨터는 권력의 확대를 돕고 조장하는 기술이라는 점에서 폭력을 본질로 하는 현대기술의 하나일 수밖에 없지만, 방대하게 확대된 권력의 궁극적인 모습을 우리가 예견할 수 있게 한다는 점에서 특이한 기술이며, 심지어 '구원의 기술'이 될 수 있을지 모른다.

물론 지금으로서는 그 가능성은 지극히 희박하지만, 그것을 구원의 기술로 전환하기 위해서는, 진부한 말이지만, 인간의 창조적인 개입이 필요하다고 할 수밖에 없다. 그러나 그 개입이 끊임없이 인터넷에 대한 환상을 불러일으키고, 정보기술에의 접근을 사람들에게 무차별로 강요하며, 사회적 이성을 혼란시키는 최근의 한국의 주요언론들의 경박하고 무지스러운 방식과는 전혀 다른 종류의 것이라는 것은 분명한 일이다. 그리고 또하나 분명한 것은 컴퓨터나 정보기술의 창조적 수용의 전제조건은 맹목적인 기술숭배로부터 해방되어 사람들이 진심을 털어놓고 이야기할 수 있는 공론(公論)의 장이 열려야 한다는 것이다. (1996년)

Y2K 위기 앞에서

금년 한해가 지나면 이른바 새로운 천년이 시작된다. 한해가 저물면 새로운 해가 시작되는 것은 너무나 당연한 일이지만, 다가오는 새해는 단순히 되풀이되는 시간전개 이상의 무거운 느낌으로 — 또는 들뜬 기대감으로 — 받아들여지고 있다. 실제로, 인류사 전체를 보더라도 지금과 같이 지구 전체에 걸쳐 파국이 임박해 있다는 느낌이 지배하고 있던 때가 없었다. 이런 사실을 고려하면, 새로운 천년을 맞이하면서 우리가 갖는 이 이상스러운 기대감은 실상 우리의 마음속 밑바닥에 자리잡고 있는 어떤 공포심 또는 무력감의 발로인지도 모른다. 갈수록 종말론적 정서에 기대는 사람들이 증가하는 것도 단순히 세기전환기에 흔히 나타난다는 낯익은 증상만은 아닐 것이다. 사람들은 매일매일 되풀이되는 일상생활의 비근한 체험을 통해서도 지금이 심상치 않은 위기의 상황이며, 적어도 기성의 논리와 체제로서는 이 위기에서 빠져나갈 방책이 없다는 것을 직관적으로 느끼고, 그러면서도 이 위기상황을 근본적으로 타개하는 데 자신들이 무엇을 어떻게 해야 할 것인지를 몰라 방황하는 것인지도 모른다.

이러한 상황에서, 아마도 Y2K(컴퓨터 2000년도 식별문제)는 어처구니없이 당혹스런 재난이다. 물론 아직 실제로 재난이 닥친 것은 아니지만, 거의 어김없는 재난을 예비하고 있다는 점에서는 이것이 단순한 가상의 시나리오에 그친다고 할 수는 없다. 지금까지 국내에서는 이 문제의 심각성과 절박성에 대한 인식이 그다지 높다고 할 수 없지만, 미국을 비롯한 이른바 선진 산업국가들에서는 이 문제가 날이 갈수록 급박한 어조로 논의되고 있는 것으로 보인다. 주요 산업체와 공공기관만이 컴퓨터와 관련되어 있는 것은 아니기 때문에 지금과 같은 구미에서의 분위기는 머지않아 우리사회 전반에도 밀어닥칠 가능성이 크다.

말할 것도 없는 일이지만, 문제의 발단은 지금부터 수십년 전 컴퓨터 기술 초창기에 컴퓨터의 한정된 기억용량을 고려하고, 비용을 절약하기 위해서 연도표시를 두자리로 줄여서 표기하기 시작하고 그것이 관행으로 굳어져온 데 있다. 그때 컴퓨터 프로그래머들은 그러한 비용절감 노력의 결과로 2000년이 시작되면서 컴퓨터들이 이것을 1900년으로도 읽을 가능성에 대해 깊이 고려하지 못한 것이다. 아마도 그들은 좀더 기술이 발전하면 모든 문제가 저절로 해결될 것이라고 막연히 생각하였는지도 모른다.

따져보면, Y2K가 커다란 위기로 대두된 현재의 상황에서도 대다수 사람들은 이 문제를 어디까지나 또하나의 기술문제로 보기 쉽고, 따라서 과학기술자들의 손으로 어떻게든 무난히 결말지어질 것이라고 생각하는지도 모른다. 그러나 기술문제에서 출발은 하였으나 이것이 기술의 힘만으로는 결코 해결될 성질이 아니라는 데 문제의 어려움과 심각성이 있다고 할 수 있다.

인공지능 분야의 개척자의 한사람이지만, 컴퓨터에 대한 신앙이 열화같이 번지는 현실을 심히 우려해온 MIT의 과학자 조셉 바이첸바움은 일찍이 오늘날 전세계적으로 연결된 컴퓨터 그물망이 초래할 수 있는 엄청난 잠재적 위험성을 지적하면서, 수많은 정보의 극단적인 얼크러짐 때문에 언제 어디서든 있을 수 있는 컴퓨터의 정보오독과 그로 인한 걷잡을 수 없는 혼돈과 재앙에 대해 경고한 바 있다. Y2K는 다른 것은 몰라도 재앙이 들이닥칠 2000년 1월 1일이라는 확실한 때를 예고하고 있는 점에서는 특이한 문제라고 할 수 있다. 그러나 재앙의 날이 확실한 점을 빼고는 Y2K 문제 역시 본질적으로는 바이첸바움이 말하는 바 이미 돌이킬 수 없을 정도로 복잡화한 정보의 극단적인 기술의존에 말미암은 것임은 두말할 필요가 없다. 사람의 손으로 정보가 통제된다면 Y2K는 존재할 수 없는 문제이다. 사람이라면 99년에 잇따른 00년이 2000년을 가리킨다는 것을 이해하지 못할 리가 없는 것이다. 그러나 컴퓨터는 제아무리 비상하게 뛰어난 기계라고는 하나 그것이 기계인 한 사물의 전후맥락의 생략을 이해하고 상황 전체의 의미를 읽을 능력이 있을 수 없다. 그러니까, Y2K 위기는 무엇보다 기계 또는 기술에 대한 이른바 근대적 인간의 지나치게 맹목적인 신뢰와 의존의 필연적인 결과라고 할 수 있는 것이다.

실제로, 2000년이라는 연도를 식별하는 데 컴퓨터가 혼란을 일으킬 경우 예견되는 크고 작은 재앙을 일일이 열거한다는 것은 거의 불가능한 일이다. 그동안 이 문제와 관련하여 한국의 언론이 표명해온 관심은 주로 정부 및 주요 공공기관, 국방체계, 대기업, 금융기관, 발전소 등 거대한 컴퓨터 시스템 없이는 단 한순간도 유지될 수 없는 큰 기관들에서의 준비태세가 얼마나 잘 진행되고 있느냐 하는 것이었다. 이것은 물론 극히 당연한 관심의 표명이지만, 그러나 주요 기관들에서의 준비작업이 아무리 철저하다 하더라도 그것이 결코 완벽한 것이 될 수 없다는 것은 조금만 깊이 생각해보아도 알 수 있는 일이다.

오늘날 혼자서 고립된 컴퓨터는 있을 수 없고, 모든 컴퓨터 시스템상의 정보는 다른 정보들과 끊임없이 상호작용하는 그물속에서 교류되고 있을 뿐만 아니라, 외부정보와 연결되어 있지 않은 마이크로칩들 — 전세계적으로 200억 내지 500억개에 달한다 — 이라 하더라도 그 가운데는

2000년 인식오류를 범할 가능성을 가진 프로그램이 내장된 것이 적지않게 존재하고 있다. 문제되는 마이크로칩이 비록 몇퍼센트에 지나지 않는다 하더라도 그러한 것을 다 적발해내자면 200억 내지 500억개의 마이크로칩을 일일이 뒤져보아야 할 게 아닌가. 다시 말해서, 완벽한 검증작업은 처음부터 불가능하다는 얘기가 되는 것이다. 따라서 2000년 식별착오로 인한 파장은 크든 작든 피할 수 없는 것임이 명백하다고 하지 않을 수 없다.

최근 한 외신보도에 의하면, 미국의 이른바 첨단 산업기지라고 하는 실리콘 밸리의 과학자 및 기술자들에 대한 어떤 여론조사의 결과 이들 중 금년 말이 되기 전에 은행예금을 일찌감치 찾아놓고, 2000년 새해들어 얼마 동안은 비행기 탑승을 하지 않겠다고 응답한 사람들이 거의 60퍼센트에 달하고 있음이 발견되었다고 한다. 독일의 주요 항공회사인 루프트한자는 2000년 정초에 비행 스케줄을 모두 취소할 계획을 갖고 있다는 얘기도 들린다. 이런 소식이 모두 사실인지, 아니면 조금 과장 전달되고 있는지 잘 알 수 없지만, 날이 갈수록 사태의 심각성을 느끼는 사람들이 세계적으로 크게 증가하고 있는 것은 틀림없어 보인다.

하기는 이렇다 할 은행잔고도 없고, 비행기 탈 일도 없는 대부분의 보통사람들에게는 컴퓨터의 오작동이나 작동정지 따위가 별로 큰 의미가 없을지도 모른다. 그러나 오늘날 우리가 개인적으로 원하든 원하지 않든 크고 작은 거의 모든 생활영역에 걸쳐 컴퓨터에 기초한 정보 시스템의 지배를 벗어날 수 없는 상황에 처해 있다는 사실을 고려할 때, 특정지역이나 특정부문에서의 정보착오는 곧바로 우리의 일상생활에 심각한 타격을 가할 수 있다는 것을 간과해서는 안된다.

Y2K 문제로 만의 하나라도 군대의 무기체계나 원자력발전에서 사고가 일어난다면 그 결과는 핵무기의 폭발이나 대규모의 핵사고로 이어지는 상상을 초월한 대재앙이 될 것이고 — 실제로 지금 유엔이나 미국상원의

보고서에서 지적하고 있는 가장 가공할 시나리오가 바로 구소련 및 동구의 미사일체계와 원자력발전소에서의 Y2K 대책 미비에 관계되어 있다 — 그 결과 지구는 곤충들의 세상이 될지 모른다. 설사 그러한 끔찍한 일은 일어나지 않는다 하더라도 금융질서의 혼란을 비롯하여 물과 식량과 전력 등을 생산, 운반, 공급하는 데 필요한 시스템이 정지되거나 난조를 부림으로써 대부분의 사람들의 생존의 기초 자체가 크게 흔들리게 될 가능성은 작지 않다고 할 수 있다. 뿐만 아니라, 어떤 경제학자들의 예견에 의하면, Y2K로 인한 혼란이 비록 일시적·부분적인 재난에 그친다 하더라도 그 파장은 마치 1970년대 초의 석유쇼크가 그랬듯이 다각도로 경제시스템 전체로 미칠 것이며, 그 결과 세계경제는 장기간에 걸쳐 심각한 경기후퇴를 경험할지 모른다.

만일 위와 같은 예측들이 부분적으로라도 맞아떨어진다면, 많은 도시인들은 설사 돈이 있다고 하더라도 다가오는 2000년 새해에 난방도 되지 않고, 물도 나오지 않고, 승강기도 움직이지 않는 한겨울의 차디찬 아파트에서 추위에 떨며, 굶주림의 고통을 견뎌내야 할지 모른다. 물론 이것이 쓸데없는 기우일 수도 있고, Y2K 문제는 어쩌면 한바탕의 소극(笑劇)으로 끝날지도 모른다. 그러나 대외의존도가 극심할 뿐만 아니라, 무엇보다도 에너지 자립도와 식량자급률이 딱할 정도로 낮은 한국경제의 구조와 우리의 살림살이를 고려할 때, Y2K가 내포하고 있는 잠재적 위험성 앞에 우리의 마음이 마냥 태평스러울 수는 없을 것이다. 희박한 가능성이기는 하지만, 설사 국내의 컴퓨터가 착오 없이 기능해준다고 하더라도 세계의 어디선가 정보해독이 잘못되어 기름, 원자재, 식량 수급·운송체계 또는 금융거래상의 위기가 발생한다면 그 파장으로 우리의 경제와 살림살이도 도리없이 곤두박질 칠 수밖에 없을 것이 아닌가.

이러한 끔찍한 사태에 대한 예견들이 전혀 터무니없는 근거에서 나오는 것이 아니기 때문에 지금 미국을 비롯한 여러 나라 정부들과 유엔을 중심으로 Y2K 문제를 극복해야 할 필요성이 절박하게 논의되고 있고, 그것은 당연한 일이라고 할 수 있다. 그러나 그런 노력이 과연 얼마나 충분히 이루어지고 있는가 하는 점도 중요하지만, 그보다 더 중요한 것은 위에서 말한 대로 아무리 노력한다 하더라도 그런 노력이 기술적 봉합을 의미하는 것일 뿐이라면 그 성과는 제한적일 수밖에 없음을 이해하는 일이다.

우리는 Y2K라는 문제의 본질이 어디에 있는가를 좀더 깊이 생각해볼 필요가 있다. 물론 이 문제의 발단은 컴퓨터 기억공간을 절약하기 위한 기술적 편의주의에서 시작되었고, 따라서 문제의 파장을 최소화하기 위해서 가능한 한 모든 기술적 조치를 강구하는 것은 필요하고도 당연한 일이다. 그러나 되풀이되는 말이지만, 이 문제를 기술적으로 풀려는 노력에는 엄연히 한계가 있다는 것을 분명히 인식하지 않으면 안된다. 그리고 한걸음 더 나아가 궁극적으로 이것이 과연 단순히 기술적 문제인가 하고 우리는 물어보아야 한다.

Y2K는 엄청난 수준으로 발달해온 기술문명을 떠나서는 성립할 수 없는 문제이다. 그러면서 그것은 기술문명의 근본적인 취약성을 단적으로 드러내주는 극적인 예라고 할 수 있다. Y2K 위기는 결코 단순한 우연의 산물이 아니다. 컴퓨터기술의 초기단계에서 연도표시를 두자리로 하기로 한 것은 그 당시로는 아마도 최선의 합리적인 선택이었는지 모른다. 그 무렵의 프로그래머들의 단기적인 안목을 나무라고 싶은 사람이 있을지 모르지만, 우리는 인간이 완전한 존재가 아니고, 운명적으로 끊임없이 실수하게 마련인 존재라는 사실을 기억해야 한다. 그러니까, 문제는 이렇게 언제나 실수를 저지를 수밖에 없는 인간이 자신의 근본적인 한계를 망각하고 어떠한 착오도 실수도 허용하지 않는 기술체제에 자신의 삶의 기초를 맡기려고 해온 터무니없는 어리석음에 있다고 할 수 있다.

더 나아가서, 우리는 현대적 기술문명이 본질적으로 '전체적 비이성과

부분적 합리성'에 의해 지배되고 있는 체제라는 것을 똑바로 보지 않으면 안된다. Y2K 문제는 컴퓨터 프로그래머들의 개인적인 단견도 단견이지만, 보다 근본적으로는 그들 자신속에 내면화되어 있는 기술주의적 가치와 논리의 산물이라고 할 수 있는 것이다. 이렇게 볼 때, Y2K 문제는 기술주의 문화의 본질적인 허점을 폭로하는 하나의 전형에 불과하다고 말할 수 있다. 요컨대, 우리는 단기적인 이익을 위해 인간의 영속적인 생존의 토대를 파괴하는 것을 능사로 해온 산업기술문명 체제 그 자체를 떠나서 이 문제를 볼 수는 없는 것이다.

그러니까, 역설적인 말이지만, 컴퓨터 2000년 인식문제는 생각하기에 따라서 인류사회에 내려진 행운의 선물이라고 할 수 있을지 모른다. 왜냐하면 그것은 지금 거의 치유불능의 상태가 된 전지구적인 생태적·사회적 위기의 상황에서 보다 많은 돈과 보다 많은 기술을 통해서 이 위기를 벗어날 수 있을 것이라는 미혹에 빠진 사람들을 광범위하게 각성시키는 교육의 계기가 될 수도 있을 것이기 때문이다.

무엇보다 Y2K의 위기는 땅과 농사를 비하하고, 그럼으로써 공동체가 붕괴되고, 자립성을 상실하고, 뿌리가 뽑혀버린 삶의 위기라는 사실을 우리는 명심해야 한다. 오늘날 세계화의 시대에 자본주의 산업경제 바깥의 삶은 불가능하다고들 하지만, 그래도 아직 좀더 토착적인 공동체문화를 토대로 기본적인 농경과 상부상조의 삶을 영위하고 있는 사람들은 Y2K 문제로부터 상대적으로 자유로울 것이라는 것은 말할 필요가 없다. 따져보면, 땅에 뿌리박고 사는 삶을 떠나서 영속적인 인간생존과 행복한 삶의 토대가 보장되는 것은 불가능한 일이다. 지금 다가오는 Y2K 위기를 내다보며 갈수록 불안스러운 분위기가 고조되고 있는 미국사회에서 예외적인 평안을 누리고 있는 사람들이 있는데, 그들은 바로 오늘날에도 여전히 그들 자신의 전통적인 신념에 따라 마을생활을 유지하고, 자동차가 아니라 마차를 타고 다니며, 전화와 텔레비전과 컴퓨터와는 아무 인연을 맺지 않고, 또 기계와 화학물질을 쓰지 않는 전통농법을 고수하면서 북미의 몇몇 지역에서 살아가고 있는 '애미쉬' 사람들이다.

생각해보면, 오늘날 '세계화'가 강요하는 삶의 방식보다 더 터무니없는 일은 없을 것이다. 우리의 날마다의 먹을거리조차도 우리 자신이나 이웃의 텃밭 또는 인근 농가가 아니라 머나먼 낯선 나라로부터 원거리 수송을 거쳐온 수입농산물에 의존하게끔 강제하고 있는 것이 이른바 자유무역의 논리이고, 세계화 체제가 아닌가. 이런 체제를 가지고 인류사회가 당면한 생태적·사회적 위기를 넘어 인간다운 인간문화의 토대를 만들어낼 수 있다는 것은 명백히 불가능한 환상일 것이다. Y2K라는 예견되는 위기가 우리에게 주는 교훈 중에서 아마도 가장 중요한 것은 자립적인 지역경제와 그것에 기초한 지역문화를 준비하려는 노력을 떠난 기술중심 미래에 대한 유토피아적 약속은 모두 어리석은 환상일 뿐이라는 것일 것이다.

2000년 문제에 대한 외신보도는 날이 갈수록 다양한 원천에서 나오고 있지만, 그러한 보도 중에 가장 마음아프고 한심스러운 것은, 가령 Y2K로 인해 생활필수품의 공급이 끊기는 등 위기상황이 닥칠 때 살아남을 수 있는 준비물 ― 나무를 연료로 하는 화로, 저장식품, 물탱크 등등으로 구성된 ― 을 패키지로 판매하는 장사가 갑자기 요즘 미국에서 성업을 누리기 시작하였다는 뉴스이다. 배타적인 경쟁사회에서 살아남기 위해서 경마장의 말처럼 달리기를 강요당해온 사람들이 개인적 도생(圖生)을 먼저 꾀하는 것은 피할 수 없는 습관인지 모른다. 그러나 이런 종류의 사재기로써 위기에 맞서려고 하는 사람들이 증가한다면, 2000년 새해가 되기 이전에 이미 걷잡을 수 없는 파국에 직면할 것이 분명하다.

Y2K는 단순한 기술의 문제가 아니다. 그것은 모처럼 인간사회가 경쟁사회의 낡은 틀을 깨고, 참으로 인간다운 가치를 구현하며 살아갈 수 있는 새로운 삶의 공간을 구상할 능력이 있느냐 없느냐를 시험하는 중대한

시금석의 하나가 된다고 할 수 있다. 땅에 뿌리박은 상부상조와 자립성을 토대로 하는 삶의 패턴을 근원적으로 회복하려는 투쟁보다 지금 더 절실하게 우리에게 필요한 일은 없을 것이다. (1999년)

3부

나락 한알 속의 우주

5월은 우리에게 숱한 역사적 기억들이 얽혀있는 달이다. 그러나, 다섯 해 전 이 신록의 계절에 고(故) 무위당 장일순 선생이 별세한 사실을 떠올리는 사람은 많지 않을 것 같다. 고인의 5주기에 즈음하여 어떤 추모 행사가 준비되고 있는지 모르지만, 나는 이런 지면을 통해서나마 그분의 생애와 말씀을 오늘의 우리들이 왜 기억해야 할 필요가 있는지에 관해 간단히 생각해보고 싶다.

장일순 선생은 1928년 강원도 원주에서 태어나 1994년 원주시 봉산동 자택에서 67세를 일기로 영면하기까지 서울에서의 유학기간과 5·16 직후 사상범으로 춘천형무소에서 3년간 옥고를 치른 기간을 제외하고는 평생을 고향땅 원주를 떠난 적이 없었다. 선생은 6·25동란 직후 원주에서 '대성학원'을 설립하는 등 교육운동에 헌신하면서, 이승만의 북진통일론 이외에는 어떠한 사상적 개진(開陳)도 허용되지 않던 엄혹한 상황에서 중립화 평화통일론을 제창하였고, 그것이 빌미가 되어 옥고를 치렀다. 출옥 후에는 다시 오랫동안 군사독재에 반대하는 치열한 운동을 전개하였으며, 그로 말미암아 원주땅이 한때 반독재 투쟁의 핵심적 거점이 되었던 것은 널리 알려진 일이다. 그러니까 생애의 거의 대부분을 원주라는 작은 지방도시의 경계를 조금도 벗어나지 않으면서도 장일순 선생은 언제나 시대의 정치적·사회적 맥박의 중심에 서있었고, 그 자리에서 실로 많은 젊은이들에게 직접 간접으로 희망과 용기와 영감을 불어넣어주던 스승이었다.

그러면서도 선생에게 붙여진 공식적 명칭은 늘 서예가였고, 때로는 그저 막연히 사회운동가였다. 생애를 통해서 선생의 일은 언제나 그 자신이나 가족의 이익을 위한 일에 골몰하는 것과는 거리가 먼 사회적 행동으로 일관해 있었지만, 그러한 행동에서 주목할 만한 특징은 어떤 형태의 일이든 자신의 존재를 앞세우거나 눈에 뜨이게 하는 방식으로는 하지 않았다는 점이다. 선생은 치열한 반독재 투쟁을 실질적으로 이끄는 와중에서도 늘 배후인물일 뿐이었고, 생애의 후반기에 계급적 대립구도를 넘어 산업문명 자체의 극복을 겨냥하는 생명운동을 제창할 때에도 그냥 '사상적 선배'일 뿐이었다. 항간에서 흔히 "하는 일 없이 온갖 일을 하는 사람"으로 선생을 지칭했던 것도 이런 사정을 배경으로 하고 있었다. 선생 자신도 스스로를 '건달'로 자처하기를 마다하지 않았다.

장일순 선생의 이렇듯 드러나지 않게 일하는 방식이 정확히 어디에서 연유한 것인지 우리가 알 수는 없다. 그러나, 한가지 분명한 것은 그러한 행동방식 자체는 선생이 되풀이하여 얘기하였던 '생명의 사상'에 완전히 부합하는 것이었다는 사실이다. 선생은 "나락 한알 속에 우주가 들어있는" 이치를 늘 얘기하였고, 모든 생명의 거룩함과 평등성에 대하여 끊임없이 주의를 환기하였다. 그리하여, 선생 자신은 한밤에 풀섶에서 들려오는 벌레소리에도 크게 놀라는 때가 있다고 고백하고, 그것은 그 작은 벌레의 거짓없는 소리가 "내 일상의 생활은 생활이 아니고 경쟁과 투쟁을 도구로 하는 허영의 삶이었음"을 깨닫게 해주기 때문이라는 것이었다.

생명의 근원적인 신성(神性)을 깨닫는다면, 우리의 행동은 구체적으로 어떻게 되어야 마땅한가? 장일순 선생은 노자가 말하는 세가지 덕목 중의 하나인 "세상 사람들 앞에 감히 나서지 않는다(不敢爲天下先)"라는 구절을 즐겨 인용하였다. 이것은 물론 처세술에 관한 언급이 아니라 비폭력주의 행동의 원칙을 말한 것으로 해석할 수 있다. 다시 말해서, 이 세상의 모든 목숨붙이들이 평화롭게 공존하고 저마다의 타고난 자유를 누릴 수 있게 하려면, 무엇보다 우리 각자가 자기중심적·배타적 권력욕망에서 벗어나서 스스로 가난해지기를 자발적으로 선택해야 한다는 얘기인 것이다. 우리가 장일순 선생을 우리 시대의 큰 스승으로 기억해야 할 이유가 바로 이런 대목에서 분명해진다고 할 수 있다.

실제로, 선생이 살다가 떠난 자리에서 우리가 이렇다 할 큰 흔적을 발견한다는 것은 어려울지 모른다. 선생은 자신이 그린 많은 서화를 사람들에게 선물로 나누어주기를 즐겨했으나 글은 거의 쓰지 않았고, 따라서 근대적 지식인 스승들에게서 흔히 보는 기념비적인 저술을 남기지 않았다. 그리고 선생의 생애는 물론 많은 굴곡이 있었지만, 늘 양(陽)의 방식보다는 음(陰)의 방식으로 일하는 행동 패턴으로 말미암아 이른바 윤곽이 굵은 영웅의 삶이었다고 할 수도 없다. 선생의 생전의 진실한 모습은 오히려 선생의 제자나 후배들이 기억하는 작은 일화들 속에서 잘 드러나는 것이었다고 할 수 있다. 예를 들어, 오랫동안 선생과 함께 지냈던 한 제자의 다음과 같은 증언을 들어보자.

이십여년 전 어느 초겨울 저녁이었습니다. 술 한잔을 걸쳐 약간 취기에 찬 선생님과 나는 좀 쌀쌀한 거리를 걷고 있었습니다. 선생님이 갑자기 한곳에 시선을 집중하시는 것이었습니다. 무엇을 보시는가 했더니 군고구마를 파는 포장마차였습니다. 이 양반이 고구마를 자시려는가 해서 "군고구마 자시겠어요?" 하고 여쭈었더니 "아니, 그게 아니고…" 하시더니 잠시 후 걸음을 멈추고 보고 계신 것에 대해 말씀하셨습니다. "저기 군고구마라고 쓰인 글을 보게. 초롱불에 쓰여진 저 글씨를 보게. 저 글씨를 보면 고구마가 머리에 떠오르고, 손에는 따신 고구마를 쥐고 싶어지고, 가슴에는 따뜻한 사람의 정감이 느껴지지 않나. 결국 저 글씨는 어설프게 보이지만 저게 진짜고 내가 쓴 것은 죽어있는 글씨야. 즉 가짜란 말이야. 그러니까 내 글씨는 장난친 것밖에 아무것도 아니란 말이야."

— 김영주(무위당을 기리는 모임 회장)

실제로, 우리들에게는 역사적으로 적지않은 스승들이 존재해왔다고 할 수 있다. 무엇보다 한국의 근현대사 자체가 고난의 연속이었고, 고난속에서 인간정신은 보다 날카로워지는 법이기 때문에, 사상이나 실천을 통해서 비범한 업적을 남긴 겨레의 스승이 적지않다는 것은 당연한 일인지 모른다. 그리고, 강자의 지배밑에서 오랜 세월 곤욕을 치르면서 살지 않을 수 없었던 처지였으므로 그러한 스승들의 사색과 실천이 무엇보다 민족적으로나 개인적으로 부강해지고, 경쟁력을 높여야 할 필요에 부응하는 것이었음은 당연하다고 할 수 있을 것이다. 조선후기 실학자들의 시대 이래 우리의 근현대의 정신사에서 존경받아온 사상들은 거의 예외없이 부국강병론의 기틀속에서 전개되어온 것이 사실이고, 이것은 시대적 맥락속에서 필연적인 결과였다고 할 수 있다.

그러나, 그러한 사상이 역사적인 필연성을 가진 것이었다고 해서 지금도 유효성을 가진 것인지 우리는 깊이 숙고해볼 필요가 있다. 오늘날 우리는 일찍이 선례가 없었던 엄청난 사회적·생태적 위기의 상황에 직면해 있고, 이것은 비록 외면하고 싶다 하더라도 결코 회피할 수 없는 엄연한 현실이 되었다. 지금은 한 세기가 가고 다른 세기가 온다든가, 구세대가 물러나고 새세대가 출현한다든가 하는, 역사에서 늘 보아왔던 단순한 이행기가 아니라는 것은 구구히 더 설명할 필요가 없을 것이다. 모든 징후로 볼 때, 지금은 인간다운 삶의 존엄성은커녕, 단순한 생존의 지속가능성조차 갈수록 불투명해져가는 파국 직전의 상황임이 분명하다. 이러한 상황에서 지금까지 인류문명, 특히 서구적 산업문명의 주류를 떠받쳐온 자기중심적 힘의 논리가 더이상 구원의 사상이 될 수 있는지 우리는 묻지 않을 수 없는 것이다.

오늘날 인류사회에 한가닥 희망과 구원의 가능성이 있다면, 그것은 세계전역에 걸쳐 생명중심의 새로운 생태적 세계관이 느린 속도로나마 확산되고 있다는 데 있다고 할 수 있을 것이다. 생태적 세계관은 단순히 환경위기를 해소하는 데 필요한 보완적인 사상이라고 할 수 없다. 그것은 이 파국적인 생태적·사회적 위기를 초래해온 좁게는 산업문명, 넓게는 인류문명사 전체의 기본논리를 가장 근원적으로 물어볼 것을 요구하는 사상이라고 할 수 있다. 다시 말해서, 지금까지 이른바 문명사회를 움직여온 근본동력이었던 지배와 피지배의 관계, 경쟁과 대결의 논리, 나와 나 아닌 것 사이의 이원론적 구분과 그것을 기초로 한 권력지향적 생존양식 자체에 대한 근원적인 비판 없이는 활로가 열리지 않을 것이라는 기본인식이 오늘의 생태적 세계관의 핵심을 이루고 있는 것이다.

그러니까, 이제 우리는 우리 자신이나 다음 세대들의 삶을 지키기 위해서라도 지금까지 우리 자신을 지배해왔던 보다 크고, 보다 빠르고, 보다 힘있고, 보다 많은 것을 무조건적으로 탐하는 욕망의 구조에서 해방되지 않으면 안되게 된 것이다. 장일순 선생의 생애를 통해서 우리가 얻을 수 있는 가르침은 요컨대 바로 이러한 의미의 해방에 관한 것이라고 할 수 있다. 실제로, 선생이 특히 80년대 초부터 '한살림'의 사상을 이끌어내고, 제자들과 함께 풀뿌리 민중속에 호혜적 경제생활조직을 확산시키기 위해 진력한 것은 투쟁과 경쟁이 아니라 협동과 연대가 새로운 삶과 문화의 기본원칙이라는 확고한 믿음 때문이었다. 그러한 믿음 위에서 선생은 우리에게 개인주의적 자아개념에 갇혀 세상으로부터, 타자로부터, 그리고 자기자신으로부터 분열, 고립되는 어리석음에서 벗어나야 할 필요성을 끊임없이 강조하였던 것이다.

선생의 가르침에는 현학적인 데가 전혀 없다. 이것은 선생의 가르침이 관행의 지식과 학문이 아니라 어디까지나 도(道)와 영성에 관계된 것이기 때문일 것이다. 선생 자신에게 있어서도 가장 큰 스승은 길가의 이름없는 풀 한포기였다. 선생은 자주 "지식을 위하는 사람은 이익에 대해 생각하지만, 도를 위하는 사람은 손해를 즐겁게 받아들인다"는 노자의 말을 인용하곤 하였다. 그러기에 선생의 시선은 언제나 밑바닥 풀뿌리 민중의 삶에 가 닿아 있었고, 그 마음은 보이지 않는 우주자연의 섭리에 늘 떨리는 감동을 느꼈던 것이다. 그러한 철저한 소박성, 근원적인 겸허함 탓에 오랫동안 우리의 현대사에서 잊혀져왔던 해월(海月) 선생의 행적과 사상이 장일순 선생에 의해 새롭게 조명될 수 있었는지 모른다.

사실, 우리는 이천식천(以天食天)의 사상가로서 해월 선생을 우리들에게 소개한 것만으로도 장일순 선생의 업적은 엄청난 것이라고 생각해볼 수 있다. 세상만물이 먹고 먹히는 순환적인 상호의존의 관계속에서 존재하고 있는 이치를 "하늘이 하늘을 먹고 산다"라는 지극히 시적인 표현으로 드러낸 해월 선생의 '이천식천'이라는 개념에서 우리가 느끼는 것은 비할 수 없이 심오한 종교적 감수성이다. 그리고 그것은 아마도 경제성장과 개발의 이름으로 사회적 약자와 자연에 대한 폭력적인 지배가 극에 달한 오늘날의 세계에서 그 어떤 무엇보다도 절실한 비폭력주의 논리의 결정(結晶)이라고 할 수 있을 것이다.

해월 선생에서 장일순 선생으로 이어지는 비폭력주의 사상의 흐름은 한국의 근현대 정신사에서 참으로 희귀한 사상의 맥을 형성하고 있다. 끊임없는 도피와 잠적의 생활 가운데서도 풀뿌리 민중을 하늘처럼 섬기고, 생명의 존귀함과 평등성을 소박한 말과 행동으로 정성을 다하여 가르쳤던 해월 선생의 삶이나 그 삶속에서 진정한 사표(師表)를 발견한 장일순 선생의 생애에서 우리가 보는 것은 지극히 겸허하고 부드러운 여성적인 영혼이다. 이러한 영혼에 깊이 응답할 수 있는 능력의 유무에 우리의 구원의 가능성이 달려있을 것이라는 것은 더 말할 필요가 없다. (1999년)

걸어다니기 — 공경의 문화를 위하여

　지금 영국 남부의 하틀랜드라는 조그만 시골마을은 세계적으로 널리 알려진 녹색운동의 한 메카가 되어있다. 이미 30년이 넘는 역사를 가진 격월간 잡지 《소생(Resurgence)》이 그 마을에서 편집, 발간되고 있고, 이른바 대안학교의 한 모범이라고 할 수 있는 '하틀랜드 작은학교'가 그 마을에 있다. 뿐만 아니라 이런 사업들의 철학적 및 실천적 논리를 선양하려는 목적으로 운영되는 '녹색문고'라는 출판사도 거기에 있으며, 하틀랜드에서 조금 떨어진 다팅턴이라는 곳에는 이 방면의 세계적 성인 교육기관인 '슈마허 칼리지'가 유서깊은 중세건물을 중심으로 자리잡고 있다. '슈마허 칼리지'는 가이아 이론으로 유명한 제임스 러브록이나 우리나라에서도 잘 알려진 '새로운 과학'의 철학자 프리초프 카프라를 비롯하여 대안적 문화를 위한 새로운 지적·도덕적·정신적 토대를 모색하고 있는 각 분야의 명민한 지식인과 활동가들을 강사로 초빙하여 2주 내지 3주간의 합숙형태 교육프로그램을 연중 실시하고 있다.
　그런데, 놀라운 것은 이 모든 일들이 사티쉬 쿠마르라는 장년의 한 인도사람의 손으로 이루어지고 있다는 사실이다. 쿠마르는 일찍이 대학을 다닌 일도 없고, 이렇다 할 만한 큰 업적이 있는 사람도 아니며, 특출한 신통력이 있는 사람도 아니다. 그러한 사람이 벌써 20년이 넘게 세계의 녹색운동을 정신적으로 뒷받침하는 잡지를 이끌어왔고, 산업주의 문명의 절망을 넘어 새로운 인류문화를 꿈꾸는 세계전역의 수많은 사람들에게 희망과 위안을 주고, 상상력을 자극하는 일들의 중심에서 살아왔다.

게다가, 이렇게 엄청난 일을 하면서도 그는 늘 느긋한 마음으로 조금도 서두르는 기색 없이 일을 해내고 있다. 그는 오늘날 지적·정신적 작업에 종사하는 대부분의 사람들에게 쉽게 허용되지 않는 삶 — 텃밭을 가꾸고, 가축을 기르며, 마을사람들과 어울려 지내고, 긴 산보를 즐기며, 때로는 먼 나라로의 순례길에도 나선다. 그의 자서전 《목적지 없는 길》에는 그가 아침마다 암소의 젖을 짜면서 '시간을 초월한 황홀상태'를 경험하는 이야기가 나온다.

이른 아침마다 암소 라다와 만나는 일은 내게는 하나의 명상체험이다. 명상에는 여러 형태가 있을 수 있다. 한편으로 우리는 고요한 곳을 찾아서 가부좌를 한 채 눈을 감고 거룩한 만트라를 암송하거나 스스로의 호흡을 응시하면서 우리 자신의 육체적·감정적·정신적 상태에 대한 깨달음을 고양시킬 수 있다. 다른 한편으로, 우리는 나날의 생활활동 그 자체에 전적으로 깨어있는 의식으로 완전히 몰두함으로써 생활활동 그것을 명상으로 바꿔놓을 수 있다. 내게는 젖짜는 일이 바로 그러한 명상이 된다.

비단 젖짜는 일뿐만 아니라 잡지를 편집하고, 작은학교와 출판사의 일에 관계하고, '슈마허 칼리지'의 교육프로그램을 기획하는 등 좀더 큰 사회적 의미를 갖는 그의 '생활활동'도 쿠마르에게 있어서는 전부 명상체험인지 모른다. 아마 그가 수많은 일을 조금도 피로의 기색 없이 해낼 수 있는 에너지의 원천은 여기에 있을 것이다. 나날의 삶을 구성하는 한순간 한순간마다 마치 암소의 젖을 짤 때 느끼는 것과 같은 '완전히 긴장이 풀어진, 시간을 초월한 황홀상태'를 경험할 수 있다면, 일이란 고단한 것이긴커녕 끊임없는 즐거움의 원천이 될 것임이 분명하다.

그러한 점과 관계가 있어 보이는 또하나 중요한 것은 쿠마르의 문체이다. 그의 자서전은 물론이고, 그가 가끔 발표하는 에세이나 강연기록 등을 읽어볼 때 우리가 느끼는 것은 그의 말과 글에는 거칠고 딱딱한 표현이 거의 없고, 그 어떤 대상에 대해서도 원한이나 적개심, 또는 분노의 감정을 품고 있는 흔적이 조금도 드러나지 않는다는 점이다. 그에게 있어서 언어는 세상만물을 공경하고 섬기기 위해 쓰여지는 것이지, 비판하고 공격하기 위해 쓰여지는 것이 아니라는 느낌을 우리는 받는다. 쿠마르의 글에서는 설혹 무엇인가를 비판하거나 부정해야 할 필요가 있을 때에도, 그 비판은 흔히 악의없는 유머속에서 이루어진다. 예를 들어, 지금 전세계를 파국으로 이끌어가고 있는 이른바 세계의 정치지도자들에 대해 언급할 때, 그는 옛 이슬람의 정신적 스승이 정치의 자문을 구하는 국왕에게 주었다는 충고를 모방하여, 그들이 제발 잠을 많이 자는 것이 좋겠다고 권고한다. 왜냐하면 정치가들이 잠을 많이 자면 잘수록 세계는 그만큼 덜 손상될 것이기 때문이다. 그러나 이런 말을 할 때 그의 언사는 비아냥이나 독설을 내뿜는 것이 아니다. 그는 오늘의 정치지도자들이 스스로의 내면을 돌아볼 수 있는 인간이 되기를 바라는 그의 진심을 토로하고 있는 것이다.

생각해보면, 자신의 내면이 평화롭고 자유스러운 사람만이 남들과 자기자신에게 관대할 수 있는 법이다. 이것은 반드시 사람 사이의 관계에만 해당되는 것이 아니다. 지금 우리의 삶의 기초적인 바탕인 공동체와 생태계가 걷잡을 수 없이 황폐화하고 손상되어가는 것은 다른 무엇보다도 우리 자신의 내면이 커다란 불안과 부자유속에 갇혀있기 때문이라고 할 수 있다. 우리는 우리가 도대체, 무엇을 위하여, 어디로 가는지도 모르면서 무턱대고 달려왔고, 또 달려가려고 한다. 숨이 턱까지 차올라 이대로 계속 달리기만 하다간 목숨이 위태롭다는 것을 모르지 않으면서도 그저 달리는 관성에 익숙한 나머지 여기서 벗어나지 못하는 것이다.

사티쉬 쿠마르의 일상생활이 우리에게 보여주는 것은 오늘날의 현실에서 드물게 건강하고 존경스러운 삶의 패턴이다. 그는 실제로 지금 시점에서 우리 자신과 지구생태계의 손상을 치유하는 데 우리에게 과연 무엇이 필요한지 가장 잘 가르쳐주고 있는 사람인지 모른다. 그는 대중교통수단이 거의 없는 영국의 남부 후미진 시골에 살면서도 일상의 생활을 위해서 자동차 없이 걸어다닌다. 그가 즐겨 하는 말은 "시간은 무한한데, 바삐 서둘러야 할 까닭이 무엇인가" 하는 것이다.

젊었을 때나 지금이나 무일푼으로 살고 있는 쿠마르가 '걸어다니기'의 정신적 의미를 깨달은 것은 20대 청년시절부터였다. 원래 그는 집안의 전통에 따라 아홉살이라는 어린 나이에 자이나교의 수행승이 되어 속세와 절연된 생활을 시작하였지만, 열여덟살 때 다시 세상으로 돌아와 처음에는 간디를 따라다니다가, 간디 사후에는 간디의 수제자 중의 한사람인 비노바 바베의 사회운동에 합류하였다. 비노바 바베는 당시에 인도에서 가장 존경받는 스승의 한사람으로서 토지공여운동에 헌신하고 있었다. 이 토지공여운동이란 대지주들을 설득하여 그들이 소유한 토지의 일부를 토지없는 가난한 농민들에게 무상으로 나누어주는 것을 목적으로 한 사회운동이었다. 얼핏 보아 극히 비현실적인 몽상으로 비쳐짐직한 이러한 아이디어를 비노바 바베와 그의 일행은 실제로 광대한 인도대륙을 걸어다니면서 실천으로 옮겼고, 그 결과 400만에이커에 이르는 토지가 땅없는 사람들에게 선물로 주어질 수 있었다.

아마 스승들의 모범을 통하여 얻은 영감이겠지만, 1960년대 말 핵위협으로 전세계적인 불안이 고조되어 있던 시절 사티쉬 쿠마르는 동료 한사람과 함께 세계를 걸어서 일주하는 '평화를 위한 순례'를 시작하기로 하였다. 그는 당시에 백발이 성성한 노철학자 버트란드 러셀이 반핵 평화시위를 이끌고 있는 뉴스사진을 보면서 커다란 감동과 충격을 받았다고 한다.

저렇게 늙은 노인도 평화를 위해 투쟁하고 있는데 자기 같은 젊은이가 마냥 방관자적인 삶을 사는 데 대해 부끄러움을 느꼈던 것이다. 그래서 그는 인도에서 출발하여 러시아와 유럽을 거쳐 아메리카에 이르는 8,000마일의 거리를 눈보라와 사막과 강과 산을 뚫고 걸어서 가기로 작정하고, 그 결심을 자기의 스승에게 말하였다.

비노바 바베는 이 혈기왕성하고 다정다감한 두 청년의 결심을 찬미하면서 작별의 순간에 그 순례여행의 성공을 위해 두가지의 '비폭력의 무기'를 선물로 주었다. 그 무기라는 것은 첫째, 처음부터 끝까지 단 한푼의 돈도 지니지 말고 여행하라는 것이었고, 다른 하나는 어디에서나 채식주의를 실천하라는 충고였다.

비폭력주의 철학에 토대를 둔 이 두가지의 '무기'가 갖는 효력은 여행의 시초부터 드러났다. 두 인도청년이 무일푼으로 평화를 위해 걸어서 세계를 순례하기로 했다는 소식이 입에서 입으로, 마을에서 마을로, 도시에서 도시로, 이 나라에서 저 나라로 자연스럽게 전달되었고, 그 결과 그들이 다다르는 곳이면 현지 주민들이 먼저 나와 젊은이들을 기다리고 있는 것이었다. 당시 인도와 날카롭게 대립해 있던 파키스탄으로 국경을 넘어 들어갔을 때도 그 지역 파키스탄 마을사람들은 이 젊은이들의 먹을 것과 잠잘 곳이 걱정되어 그들을 기다리고 있었다. 이 모든 것은 그들의 여행이 무일푼의 도보여행이었기에 가능한 일이었다.

이 이야기는 인간사에 있어서 근원적인 진리의 하나를 드러낸다. 사람은 보통 강자에게, 또는 빈틈없고 똑똑한 사람에게 동정과 연민을 느끼지 않으며, 그들의 안위에 대하여 염려하지 않는다. 사람들의 마음속에

측은지심이 발동하고, 도움을 주어야겠다는 충동이 일어나는 것은 약자 또는 가난한 사람의 현실에 직면했을 때이다.

그리고 또, 인간성의 수수께끼 같은 신비의 하나는 도움을 베풀면 베푸는 사람 자신의 마음이 매우 너그러워지고 평화로워진다는 점이다. 쿠마르의 스승은 아마 이러한 진리를 간파하고 있었음이 분명하다. 그리하여, 두 인도청년의 '평화를 위한 도보여행'으로 인해, 그 젊은이들에게 밥과 잠자리를 선물로 제공하는 사람들의 마음속에는 자기도 모르게 너그러운 평화의 공간이 끊임없이 확대되고 있었다고 할 수 있다. 게다가, 그들에게 식사가 제공될 때마다 젊은이들은 자연스럽게 채식주의에 관해 말하게 되고, 또 그것을 통해서 많은 사람들은 채식주의라는 것이 괴상한 사람들의 엉뚱한 취미가 아니라 이 세상의 생명에 대한 존경심을 표현하는 한가지 방식 — 즉, 비폭력주의에 뿌리를 둔 삶의 방식임을 이해할 수 있게 되는 것이었다. 대중들에게 채식주의를 소리높여 말해보았자 그런 설교는 사람들을 지치게 하고, 지루하게 하기 쉽다. 그러나 자기들이 자발적으로 베푼 음식을 공경스런 태도로 받아들이는 젊은이들로 인해 이미 마음이 매우 너그러워진 사람들에게는 채식주의에 관한 이 젊은이들의 견해는 깊이 감동적일 수밖에 없다. 그렇게 해서, 다시한번 생면부지의 타인들 사이에 같은 지구, 같은 세상을 공유한 존재들로서의 공감과 연대가 확인되는 순간이 마련되는 것이다.

이 모든 일을 미리 꿰뚫어 보고 있었을 스승도 스승이지만, 그러나 돌이켜 볼 때 이 모든 일의 성취는 무엇보다 애초에 '걸어서' 세계를 순례하기로 마음먹었던 청년 쿠마르 자신의 결정에서 비롯되었음이 분명하다. 걷는다는 것은 사람과 사람, 사람과 사람 아닌 것들 사이에 진정하게 평화적인 관계를 수립하는 데 가장 기본적인 조건의 하나라고 할 수 있다. 우리가 자동차를 타거나 비행기를 타고 다니면서 평화에 대해 말하고, 사회정의와 생태적 건강에 대해 말하지 못할 것은 없는지 모른다. 그러나 권력욕망과 경쟁의 논리에 뿌리를 두고 속도와 힘을 끊임없이 과시하는 그러한 '현대적' 교통수단에 언제까지나 몸을 맡긴 채 우리가 진정한 평화를 희구한다는 것은 불가능한 일일 것이다. 왜냐하면 말의 참다운 의미에서 평화와 사회정의와 생태적 건강이란 우리의 진심으로부터 우러나오는 생명에 대한 존경심 없이는 불가능한 것이기 때문이다. 그리고 생명에 대한 이러한 존경심은 구체적으로 우리가 우리 자신의 삶을 극히 검소하게, 가난하게 꾸려가려는 자발적인 선택을 통해서만 표현될 수밖에 없는 것이다. 우리가 걸어다니기를 선택한다는 것은 우리 자신을 우리 자신보다 더 큰 생명의 공동체에 종속시킴으로써, 진정한 내면적 행복과 자유에 근접하고자 하는 시도의 하나가 될 수 있을 것이다. (1998년)

상인의 논리를 넘어서

　산중(山中)의 스님들이 모처럼 궐기하였다.
　국립공원 가야산에 대규모 골프장을 조성하려는 기업에 맞서서 벌써 수년째 현지주민과 환경단체들의 반대운동이 치열하게 전개되어왔다. 그런데 지난해에는 문화체육부의 결정으로 그 골프장의 건설이 중단되는 듯하더니 올해 법원의 판결로 골프장 건설은 다시 합법적인 것으로 되었다. 그러자 이번에는 해인사의 스님들과 신도들이 합심하여 이 골프장 건설을 저지하려는 운동에 대대적으로 참여하기 시작한 것이다. 골프장 공사가 강행되면 해인사는 산문(山門)을 폐쇄할 결정을 내렸다는 얘기도 들리는 것을 보아 가야산을 지키려는 스님들의 결의가 비상한 것임을 느낄 수 있다.

　생태적 파손이 이 추세대로 계속된다면 우리의 삶터가 회복불능의 상태로 되고, 결국 우리 자신과 다음 세대의 생존 자체가 불가능하게 될 것이라는 끊임없는 경고와 우려에도 불구하고 우리의 온 국토와 산천에 대한 파괴행위는 조금도 줄어들지 않고 있다. 광활한 삼림지대를 초토화하여 이국종 잔디를 깔고, 그 토양에 맞지 않는 잔디를 유지하기 위하여 독성 농약을 한없이 살포하게 되면 지하수가 심각하게 오염되고, 농촌공동체와 농경지가 붕괴될 것은 거의 자명한 일이다. 그럼에도 불구하고 왜 자꾸 골프장인가? 국민 스포츠 시설의 확충이니 국토의 효율적인 이용이니 하는 거짓된 명분이 흔히 나열되지만, 결국은 골프장 건설을 통해 막대한 이익을 챙기려는 사람들이 있고, 사회와 환경에 미칠 장기적인 영향에는 아랑곳하지 않고 골프에 열광하는 사람들이 있기 때문이다. 더욱이 지금으로서는 이 나라의 법이 우리의 삶터를 지켜주리라는 기대를 갖기도 어려운 형편이다. 근본적이고 장기적인 시각에서 인간생존의 자연적 기초를 보호하여야 한다는 생각은 사유재산권의 자유로운 행사를 저지할 수 있는 법적 근거가 없다는 논리에 의해 간단히 무시되어버리고 마는 현실인 것이다. 게다가 지금은 개발독재시대의 이데올로기보다도 훨씬 더 교묘하고 치명적인 논리, 즉 '세계화' 논리의 압도적인 위세속에서 우리는 노골적인 소득의 경쟁에 우리의 모든 에너지를 쏟아붓도록 강요당하고 있는 상황이 아닌가?

이런 상황이 앞으로 얼마 동안 더 계속될지는 아무도 모른다. 지금은 온 세계적으로도 파멸을 이끄는 악마적인 힘은 너무나 강력하고, 그것을 막아낼 대항세력은 미약하기 짝이 없는 것으로 보인다. 인류사회가 정확히 언제부터 무엇 때문에 이러한 자멸의 길로 들어서게 되었는지 알 수 없지만, 근본적인 대전환이 이루어지지 않는다면 머지않아 무서운 파국을 맞이하게 될 것을 암시하는 징후들이 벌써 허다하게 나타나고 있다.

그러나 그러한 전환이 쉽게 이루어지지 않을 것이라는 것은 말할 필요도 없다. 그렇다는 것은 우리의 온갖 일상적인 행동과 태도에서 우리가 이기심으로부터 해방되는 것이 거의 불가능하다는 사실에서 늘 실감하는 일이다. 뿐만 아니라 세계를 파멸로 이끄는 악마적인 힘에 대항하여 싸우는 사람들의 노력속에서도 바로 그 악마의 논리가 끈질기게 따라다니는 것을 보는 것은 드물지 않다. 가야산을 지키겠다는 결연한 태도를 표명하고 나선 스님들에게서도 우리가 이런 모습을 볼 수 있다고 한다면, 어떨까?

 신문보도와 몇가지 자료에 따르면, 골프장 건설에 대하여 해인사의 스님과 신도들이 내세운 주요한 반대논리의 하나는 만일 골프장이 만들어지면 거기서 살포하는 농약의 일부가 기류를 타고 해인사의 장경각 근처까지 날려와서 팔만대장경판에 훼손을 가할 우려가 있다는 것이다. 이것은 물론 지금 당장 증명할 수 있는 '과학적' 진실은 아닐 수도 있지만 충분히 우려할 만한 일이며, 따라서 세계적인 문화재의 보호를 위해서는 아무리 작은 위험성이라도 미리 대비해야 한다는 점에서 마땅히 귀기울여 들어야 할 얘기라고 할 수 있다.

 그러나 물론 이런 논리는 가야산에 골프장이 들어서서는 안된다는 것을 좀더 설득력있게 주장하기 위해서 나온 것이지만, 조금 곰곰이 들여다보면 여기에는 대국적 견지에서 반드시 떳떳한 논리라고 보기는 어려운 측면이 있는 것으로 보인다. 무엇보다, 그것은 대장경판에 대한 훼손의 우려가 없다면 골프장 건설은 용인될 수 있다는 얘기로도 될 수 있다. 이런 논리가 통한다면, 가야산은 해인사의 존재로 해서 끝끝내 지켜질 수 있다고 하더라도, 그같은 큰 절도 스님들의 뭉쳐진 힘도 없는 산들은 어떻게 지켜질 수 있겠는가 하는 좀더 근본적인 문제가 제기될 수 있다.

 내가 여기서 얘기하려는 것은 골프장 농약살포에 의한 장경각 훼손의 가능성이 부차적인 문제라는 것이 아니다. 내가 의아스럽게 생각하는 것은 출세간(出世間)의 수행자들이 골프장 건설과 같은 극단적으로 자멸적인 생태파손 행위를 막아내려는 싸움에서 왜 세간의 우리들처럼 손익관념에 의존해야 하는가 하는 것이다. 가야산 훼손에 대하여는 가야산과 직접 이해관계를 가지고 있는 해인사의 스님들만 나서야 하고, 그것도 대장경판에 미칠지도 모를 악영향에 관련해서 소리높여 반대시위를 해야 한다면, 이것이야말로 정말 문제가 아닐까?

생각해보면, 오늘날 갈수록 걷잡을 수 없이 심화되어가는 환경위기는 모든 사람이 모든 곳에서 자기의 이익을 위하여 서로 경쟁하고 투쟁하는 오래된 생존방식의 필연적인 결과라고 할 수 있다. 물론 여기서 이익이라는 것은 극히 단기적이고 좁은 범위의 이익이며, 궁극적으로는 자기파멸을 이끄는 이익추구 행위라는 것은 말할 것도 없다.

오늘날 우리의 생존에 가해지고 있는 온갖 위협 중에서도 가장 불길하고 두려운 것이 생태적 위기라는 것은 길게 이야기할 필요가 없다. 인간을 포함한 모든 생명체들의 서식처인 생태계가 거의 회복하기 어려운 수준으로 파괴되거나 오염되어가고, 지금 이 순간에도 세계 도처에서 대규모의 급속한 환경훼손이 이루어지고 있다는 것은 이른바 문명사회에 살고 있는 사람들이라면 모르는 사람이 없는 사실이 되었다. 그러나 사람들이 이 문제의 진상을 얼마나 정확히 알고 있으며, 그 심각성을 얼마나 절실하게 이해하고 있는지는 분명치 않다.

사람이란 어디까지나 생물학적인 존재인만큼 자신의 생물학적 기반을 망가뜨리면서 살아남을 수 있다는 것은 생각할 수 없는 일이다. 그러나 마치 그런 기적같은 일이 현실적으로 가능하기라도 한 것처럼 지금 인간은 도처에서 문명생활의 향유라는 이름으로 자연에 대한 공격과 착취를 끝도 없이 자행하고 있다. 지구생명체들을 위한 보호막인 오존층이 극히 엷어져 구멍이 뚫리는 사태가 일어나고, 온실효과에 의한 지구온난화와 이상기후는 그 위협적인 징후를 이미 분명하게 드러내고 있다. 그런가 하면 열대우림을 비롯하여 온갖 곳에서 삼림벌채가 가속적으로 진행되고, 급속한 인구증가에 반비례로 농경지는 두려운 속도로 줄어들고 있다. 도시는 비대화 일로에 있고, 개인승용차는 갈수록 불어나며, 낭비적인 생산과 소비패턴은 지구 전역으로 확산되고 있다. 뿐만 아니라 이러한 환경파괴적이며, 자원낭비적인 산업문명체제의 유지에 이바지하고 있는 모든 정치적·사회적·문화적 기구들이 갈수록 규모가 커지고 있다. 오늘날 산업체제를 구성하는 모든 기구와 조직들은 자신의 존재이유가 오로지 자기 몸뚱이의 확대에만 있는 것으로 보인다. 경제와 언론은 물론이고, 학문과 교육기구들도 예외없이 성장논리에 묶인 채, 환경위기라는 문제가 아예 없는 것처럼 행동하고 있고, 그런 한에서 그러한 제도와 기구는 궁극적으로 인간의 집단자살을 준비하는 거대한 광기의 소용돌이에 참여하고 있을 뿐인 것이다.

권력엘리트들과 주류언론을 포함하여 대다수의 사람들은 지금의 생태적 위기를 단지 기술적 보완이나 부분적인 정책의 변화를 필요로 하는 문제로 보는 경향이 있다. 그리하여 좀더 발전된 과학, 기술, 정보망이 우리를 구원할 수 있는 길인 것처럼 얘기하고, 그것을 위해서도 보다 크고 빠른 경제성장의 지속이 필요하다고 일치된 목소리로 주장하고 있는 것이다. 물론 기술의 잠재적 가치를 우리가 부정하는 것은 어리석은 일일 것이다. 실제로, 사태의 악화를 막고, 망가진 생태계를 복원하고 치유하기 위해서도 과학과 기술은 반드시 필요할 것이다. 그러나 이런 경우 그러한 과학과 기술은 생태적으로 조화로운 것이어야 하고, 또 기술문제는 결국 부차적이라는 사실이 똑바로 인식될 필요가 있다. 다시 말해, 인간에게 아무리 탁월한 기술이 주어진다 하더라도 무한한 물질적 욕망충족의 방식은 근원적으로 이 지구상에서는 지속될 수 없다는 엄연한 사실이 있는 것이다.

문제는 부분적인 증상이 아니라 산업체제 자체가 바로 집단자살체제라는 사실을 명확히 하는 것이다. 그러나 산업체제에 길들여진 사람들은 이러한 엄연한 사실을 쉽게 수긍하려 들지 않는다. 성장논리에 깊이 세뇌되어왔고 또 부분적으로 경제성장이나 개발의 혜택을 받고 있다고 느끼는 사람들의 처지에서 볼 때, 생태적 파국이라는 임박한 위기는 지금까지 그들 자신이 충성을 바쳐온 이데올로기와 그들에게 익숙한 사고방식이나 생존방식과는 완전히 다른 방식을 요구하는 것이기에 (또는, 요구하는 것이라고 막연히나마 느끼기에) 어떻게 할 바를 모르고 당황하거나 아예 문제 자체가 없는 것처럼 행동하려 하는 것이다.

오늘날 그 어떤 위협보다도 더 두렵고 불길한 생태적 위기라는 위협 앞에서 문명사회가 아직 아무런 실질적인 변화의 노력을 보여주지 않고 있다고 할 때, 이러한 무감각 또는 무책임의 원인은 궁극적으로 심리적인 데 있는지도 모른다. 경쟁과 대결의 논리, 그리하여 사회적 약자와 자연에 대한 지배력의 확대를 통해서만 자기 체제를 유지, 확대해올 수 있었던 문명의 최신형태인 산업체제를 근본적으로 거부하는 데 필요한 심리적 에너지가 오늘의 사람들에게는 고갈되어버렸는지도 모른다. 올 여름 서울에서 빈번히 내려졌던 오존주의보에도 불구하고 자동차의 운행이 줄어들었다는 증거는 어디에도 드러나지 않았다는 것, 그리고 자동차를 줄여보려는 의도에서 나온, 그러나 그다지 혁신적인 것이라고도 할 수 없는 서울시의 제안이 여론의 압력으로 무산되어가는 것 등은 단지 경제적 이유만으로 충분히 설명할 수 없는 것이다.

요컨대, 우리의 불행은 근본적으로 우리 각자가 공생과 협동의 논리를 마음으로 받아들이는 능력을 결여하고 있다는 데 있는 것이다. 우리들 대부분에게는 인간의 사회적 관계를 지배하는 원리는 이기심이며, 따라서 우리의 욕망충족의 전형적인 방식은 이익추구와 권리주장을 통하는 것이다. 다시 말하여, 상인논리야말로 우리에게 가장 익숙한 삶의 방식인 것이다.

그러나 우리가 언제까지나 같은 방식을 고집하고, 변화를 거부하는 한 다가오는 파국을 면할 수 없다는 것은 모든 정황으로 볼 때 틀림없는 일이다. 중세 독일의 영성적 스승의 한사람이었던 마이스터 에카르트는 인간이 하느님에게로 다가가는 것을 막는 가장 큰 장애는 상인의식이라고 하였다. 상인의 마음은 손익관념과 주고받음에 철저하다. 인간의 자기실현에 있어서 가장 큰 장애를 상인의식속에서 찾았을 때, 아마 에카르트는 "베풀되 베푼다는 생각을 갖지 말라"라고 하는 불가의 핵심적인 가르침의 하나를 말하고 있는지도 모른다. 남을 도와준다는 생각이 남아있는 한 우리의 행동은 거짓된 것이고, 우리 자신이 자유롭게 되는 데 아무런 도움이 못된다 — 라고 하는 이러한 불가에서의 오래된 가르침의 배후에는 세상만물은 형제이며, 한 몸뚱이라는 것, 따라서 누가 누구에게 도움을 준다는 것은 있을 수 없고 다만 자기가 자기를 돕는 일만 있을 뿐이라는 통찰이 들어있는 것이다. 간디도 언젠가 이것과 근본적으로 같은 이야기를 한 바 있다. 생애의 마지막 무렵 어느날 어떤 서구의 저널리스트가 간디의 생애를 찬미하며, 어떻게 해서 마하트마께서는 평생동안 남을 위해서 자신을 희생하는 삶을 살 수 있었느냐고 질문하였고, 여기에 대한 간디의 대답은 "나는 남을 위해서 산 적은 없고, 철저히 나 자신을 위해서 살았다"는 것이었다.

　우리는 간디에게서 보는 이러한 확대된 자아개념을 '생태적 자아'라고 명명해도 좋을 것이다. 저기 서있는 나무와 풀과 곤충들은 모두 나 자신의 일부라는 깨달음이야말로 대립과 분열과 갈등의 구조화에 토대를 둠으로써 사회적 약자와 자연을 끝없이 정복하고 침탈해온 문명, 특히 산업문명을 근본적으로 극복할 수 있는 원리를 제공하는 것일 것이다. "티끌 하나에 시방세계가 들어있다"라는 말씀이 참으로 진리라면, 자연을 단지 자신의 이익을 위해 이용하고 변경시킬 수 있는 대상으로 여기도록 인간에게 강요하는 오늘의 산업문명은 한마디로 진리에 반하는 체제이며, 따라서 이 체제의 존속속에서 인간이 병들고 자연이 파괴의 위험에 노출되는 것은 필연적이라고 할 수밖에 없을 것이다.

　해인사 스님들의 골프장 건설에 대한 반대입장은 전적으로 정당하다.

그러나 스님들이 제시한 반대이유 중의 일부는 조금은 서글픈 느낌을 주는 점이 있다고 이 글에서 말하였다면, 그것은 내가 그 논리의 타당성을 믿지 않아서가 아니라 그것이 오늘날 우리의 삶을 망가뜨리고 있는 주류의 논리에서 크게 벗어나지 않는 생각이라는 점 때문이었다. 힘의 논리에 또하나의 힘으로 맞서려는 시도를 통해서는 우리에게 구원의 희망이 없다. 가야산을 당장 지키기 위해서 이런저런 명분과 재간과 꾀와 힘을 다 동원할 필요가 있다는 논리로써는 끝내 가야산을 살리기 어려울지도 모른다. 가야산과 또 나아가서 모든 산들과 자연과 생명을 지키기 위해서, 우리는 병든 사회 전체의 치유를 근원적으로 도모하는 길이 무엇인가를 깊이 헤아려볼 필요가 있다. 산사(山寺) 구석구석마다 즐비한 자동차를 포기하는 일로부터 그러한 치유의 가능성이 열릴 수 있을지도 모른다고 나는 어리석게 생각해본다. (1996년)

태어남과 삶과 죽음의 순환

　이상기후에도 불구하고 어김없이 계절은 바뀌고, 이제 스산한 가을바람에 낙엽이 지고 있다. 이런 날 산책길이든 어디서든 떨어진 낙엽이나 아직까지 나뭇가지에 매달려 있는 잎사귀들을 찬찬히 들여다보면 빛깔만 달라진 것이 아니라 몸뚱이에 아무 상처가 없는 잎사귀는 하나도 없다는 것을 보게 될 것이다. 봄에서 여름 그리고 가을의 결실기에 이르는 동안 향기와 그늘과 소리와 빛깔로 세상을 아름답고 풍요롭게 만들어주던 나뭇잎들이었건만, 하나하나의 잎사귀들에게 있어서 계절의 변화와 성숙은 비바람에 찢기고, 햇볕에 타고, 벌레들에게 먹히며, 스스로의 피로로 쇠잔해지는 과정이었던 것이다. 나이가 들고, 늙어간다는 것은 결국 상처투성이가 되어가는 과정이라고 할 수 있다. 그러나 그러한 상처를 통해서만 나뭇잎이든 사람이든 조만간 닥쳐올 죽음에 대한 육체적·정신적 준비를 할 수 있게 되는 것인지도 모른다.
　그러나 죽음은 물론 회피해야 할 재앙이 아니다. 땅에 떨어진 낙엽이 이윽고 썩어서 거름이 되고 또다시 흙이 됨으로써 거기서 새로운 생명이 태어나듯이 죽음은 모든 것의 소멸이 아니라 새로운 생명을 잉태하고 있는 씨앗이다. 죽음은 삶의 단순한 끝이 아니라 삶의 일부이며, 끝없이 순환하는 생명과정의 필수적인 고리이다. 또는 거꾸로 생각해서, 삶이 죽음의 일부라고 해야 옳을지도 모른다. 20세기의 정신과학자로서 인간의 죽음과 죽어가는 과정에 대하여 가장 골똘한 관찰과 사색의 기록을 보여준 엘리자베스 큐블러-로스의 아름다운 표현을 빌어 말하면, 우리가 삶을 누리다가 죽음을 맞는다는 것은 애벌레의 상태에서 벗어나 훨훨 자유롭게 하늘을 나는 나비로 탈바꿈하게 된다는 것을 뜻하는 것이다. 큐블러-로스는 사람이 죽음을 두려워하는 것은 낯선 경험을 앞두고 느끼는 두려움일 뿐이며, 실제로 그것은 근거없는 두려움이라고 말한다.

죽은 뒤에 사람이 반드시 나비로 변신하는지 어떤지는 모르지만, 죽음에 대한 두려움이 우리의 어리석은 생각 — 미망(迷忘) — 에 연유한다는 것은 인류의 스승들이 줄곧 말해온 핵심적인 가르침이었다. 권력과 재화와 명예에 대한 끝없는 탐욕의 궁극적인 근원은 따져보면 죽음에 대한 두려움이라고 할 수 있다. 그리하여 죽음을 용기있게 대면할 수 없는 결과로서 우리가 끊임없이 쌓아가는 탐진치(貪瞋痴) 삼독(三毒)의 늪에 빠져 허우적거리게 될수록 더욱더 죽음은 밑도 끝도 없이 무조건 회피하고 싶은 공포의 재앙으로 다가올 뿐인 것이다.

죽음에 대한 두려움은 물론 본능적인 것이라고 할 수 있고, 우리 자신의 의지로써 어떻게 달리 변경할 수 없는 인간의 실존적인 한계라고 할 수 있다. 그러나 주목해야 할 것은, 그러한 한계 내에서도 사람이 어떠한 세계관과 문화속에서 살고, 어떠한 삶의 방식을 갖고 있느냐에 따라 죽음을 받아들이는 태도가 크게 달라진다는 사실이다. 예를 들어, 산업주의 문화가 사람들의 생활 전체를 지배하기 이전의 동서양의 전통사회들이나 또는 좀더 나아가서 오늘날에도 산업문명의 주류 바깥에서 살아가고 있는 세계의 적지않은 토착민족들에게 있어서 죽음의 의미는 상당히 다른 것이었다. 실제로, 아프리카의 피그미족이나 아마존의 인디언들의 문화에 대한 여러 인류학적 보고들 가운데는 이들 토착민들이 죽음을 받아들이는 의연한 태도에 놀라움과 존경을 표시하고 있는 증언이 적지않다. 인적이 없는 숲속에서 홀로 되었을 때에도 아프리카나 아마존의 토착민들은 결코 겁먹거나 공포에 떨지 않는다. 북미 인디언의 한 지도자는 밀물처럼 들이닥치는 유럽 백인들에 의해 자기 종족의 삶의 터전이 무자비하게 침탈당하고 그 결과로 종족 자체의 종말이 눈앞에 다가온 상황에서도 "바다의 파도처럼 왔다가 가는" 인간의 운명에 너그럽게 순종해야 할 필요에 대해 말한다. 이러한 점은 무엇보다도 자연과 세계를 자기자신과 동떨어져 있는 존재로 여기지 않고 만물을 형제로 받아들이는 세계관과 감수성에 연유하는 것이라고 할 수 있다. 상생과 조화의 세계를 근원적으로 받아들이고 있는 토착민들은 자신을 생명의 그물의 한가닥으로 인식할 뿐 배타적인 이익이나 권력을 탐하고자 하는 욕망을 갖지 않는다. 겉으로 보기에 남루하고 뒤떨어져 보일지 모르지만, 토착민들의 문화는 이처럼 비상하게 비폭력적인 공생의 세계관에 뿌리를 박고 있기에 그들은 자연히 깊은 내면적 안정과 행복을 누리는 삶을 오랫동안 누려왔다.

오늘날 산업사회에서 살고 있는 우리들에게 아마도 가장 결여된 것은 이와 같은 내면적 평화일 것이다. 산업사회를 뿌리로부터 지배하고 있는 성장의 논리 자체가 인간의 삶을 그 자신의 내면과 그 이웃과 자연세계에 대하여 끝없는 폭력을 자행하도록 강제하고 있는 것이다. 우리는 우리의 생존의 궁극적인 한계를 쉽게 망각하고, 끊임없이 기술수단을 개발함으로써 자연에 대한 통제력을 갈수록 크게 하고, 우리 자신의 자아를 무한히 확장하고자 하는 욕망에 사로잡혀 있다. 그러나 역설적인 것은 새로운 첨단기술을 통해 자연에 대한 지배력을 강화하면 할수록 우리의 내면은 더욱더 공허하고 우리의 삶은 갈수록 황폐화하며, 생태적 위기는 걷잡을 수 없이 심화되어간다는 사실이다. 그리고, 무엇보다도 죽음을 받아들이는 데 있어서 우리는 갈수록 무능력을 드러내는 것이다.

산업주의 문화와 그것을 떠받치는 과학기술이 근원적으로 죽음에 대한 두려움이나 공포에 기초하고 있다는 것을 말해주는 가장 단적인 예는 이른바 유전자 기술을 비롯한 첨단기술의 발전이다. 지금 각국 정부의 비호까지 받아가며 대대적으로 연구가 진행중인 이러한 기술개발들의 주요 명분은 인류의 건강을 지키고 식량문제를 해결한다는 것이다. 인간게놈 프로젝트를 통하여 인간 유전자의 전체 지도를 읽어내는 일도 이제 거의 시간문제가 되었고, 그 결과 인간의 모든 질병치료는 물론이고 노화방지도 얼마든지 가능한 상황이 곧 다가온다는 것이다. 다른 한편으로, 유전자 조작기술을 통해 종래의 육종, 교배방식으로는 상상도 할 수 없었던, 종(種)간의 벽을 가로질러 동물도 아니고 식물도 아닌 새로운 생물이나 작물을 인공적으로 대량생산할 수 있게 되었다. 그리고, 양이나 소와 같은 포유류 동물의 복제도 가능해졌고, 인간복제는 이제 기술문제가 아니라 단지 윤리적 저항에 부딪쳐 있을 뿐이다.

유전자 기술의 눈부신 발전이 초래할 수 있는 생태학적 위험에 대해서는 이미 심각한 경고가 있어왔다. 예를 들어, 지구상의 생물진화의 오랜 역사에서 한번도 나타나본 적이 없는 새로운 생물이 유전자조작에 의해 돌연히 자연계에 투입되었을 때 그것이 생태적 균형에 어떤 영향을 미치고, 그리하여 어떤 가공할 결과를 초래할 것인지는 예측불가능한 일이다. 그러므로 사전예방 원칙이라는 견지에서 볼 때, 조금이라도 사려있고 책임감있는 사람이라면 유전자조작은 마땅히 거부해야 할 프로젝트인 것이다. 그러나 이러한 조심스러운 생각은 첨단기술이라면 덮어놓고 환호하는 오늘날의 지배적인 분위기에서는 무시되거나 조소를 당할 뿐이다. 말할 것도 없이, 현재 유전자조작을 비롯한 생명공학이 급속도로 발전하는 것은 일차적으로는 이 분야의 새로운 시장을 통한 엄청난 이익을 노리는 다국적기업의 이해관계 때문이지만, 그러나 그것만이 사태의 전부를 설명하지는 못한다. 어떤 식으로든 기술에 대한 맹목적인 신앙이 널리 퍼져있는 오늘의 산업주의 문화와 그 문화에 깊이 세뇌된 대중들의 의식도 결코 무시할 수 없는 요인인 것이다.

　생태적인 또는 건강상의 위험성 여부를 떠나서도, 과연 유전자 조작기술이 식량문제를 해결할 수 있느냐 하는 문제도 실은 엄격히 따져보아야 할 문제이다. 이미 여러 비판자들이 지적해온 것처럼 유전자 조작기술은 오히려 전통적인 농민들의 손으로 오랜세월 동안 보존되어온 생물 및 작물의 다양성을 파괴하고 토양의 질을 떨어뜨림으로써 전세계적인 범위에 걸쳐 인공적인 기근을 불러올 가능성이 더 크다고 할 수 있다. 한마디로 유전자 조작기술은 부분적인 합리성에 매달리다가 전체 국면을 돌이킬 수 없이 손상시키는 전형적인 현대기술의 무모함과 무책임성을 대변하는 기술이라고 할 수 있다.

　그러나, 우리가 여기서 특히 주목해야 할 것은 그러한 무책임한 기술의 근저에 있는 정신적·심리적인 토대이다. 이것은 유전자 기술들이 명분으로 내세우고 있는 또하나의 주요 혜택, 즉 인간의 모든 질병을 퇴치하고 노화를 방지한다는 생각에서 좀더 분명하게 드러나 있다. 요컨대, 이제 인간은 아프지도, 늙지도, 그리고 가능하다면 죽지도 않으려 하는 것이다. 하기는 건강과 장생 또는 영생에 대한 꿈은 인류사의 시초부터 있어온 자연스러운 심리였다. 그러나 지금 우리가 보고 있는 것은 그러한 단순한 꿈의 연장선에서 볼 수 있는 현상이라고 할 수는 없다. 이것은 무엇보다도 끝없는 자기확대를 겨냥하는 권력욕망의 극치, 다시 말해서 자신이 운명적으로 죽는 존재로 태어났다는 사실마저 부정하려고 하는 엄청난 교만성의 표현인 것이다.

　그러나, 내면을 들여다보면 이러한 극단적인 교만성의 뿌리에는 치유하기 어려운 정신적인 빈곤이 도사리고 있다. 사람이 죽음을 받아들이지 못하고, 도리어 죽음을 자신의 기술적 재간으로 극복할 수 있을 것으로 믿는다는 것은 결국 정신적인 미숙함의 결과이며, 어리석은 망상일 뿐이다. 우리가 실지로 병들지도, 늙지도, 죽지도 않는다면 어떻게 되겠는가? 장생불사에 대한 꿈이 아무리 큰 것이라 해도 그것이 단지 소박한 꿈으로 남아있는 동안에는 인간의 정신적 건강은 근본적인 손상없이 유지될 수 있을 것이다. 그러나 만약에 그러한 꿈이 소박한 수준을 넘어서 첨단 과학기술을 이용하여 광적인 열정으로 추구되는 상황에서는 이야기는 전혀 달라질 것이 분명하다. 그렇게 될 때, 그러한 과학기술은 자연의 전체적 질서와 균형을 무시하는 폭력의 기술이 되는 것이며, 우리의 삶은 자기중심적인 비뚤어진 욕망충족에만 매달리는 심히 야만적이고 천박한 수준으로 떨어지고 말 것이다.

초음파 기술로써 태아의 성과 건강상태를 미리 감별하고, 그 결과를 가지고 자기 마음대로 아이를 낳을지 말지를 결정한다는 일이 거의 관습화된 상황을 우리는 어떻게 받아들여야 하는가? 그러한 상황에서 생명의 신성함과 존엄성에 대한 감각이 살아있을 수 있을까?

오늘의 첨단기술들은 한결같이 인간의 복지를 향상시키고, 인간의 고통을 경감시키는 데 기여한다는 명분을 갖고 있다. 불임부부의 고통을 덜어주기 위해서, 난치 또는 불치병 환자를 위해서, 기형아 출산을 예방하기 위해서, 노화방지를 위해서 인공수정, 장기이식, 유전자치료, 초음파검사, 기적의 약품개발이 필요하다는 것이다. 그러나 이러한 모든 일들이 실지로 실현된다고 할 때 인간의 삶은 과연 어떤 모습이겠는가. 우리는 이 점에 대하여 곰곰이 생각해볼 필요가 있다. 인간을 인간답게 하는 것은 인간의 마음속에 존재의 신비를 느끼고, 생명의 근원적인 거룩함을 느끼는 능력이 있기 때문일 것이다. 우리가 우리의 삶에서 결핍을 느끼고, 고통을 느끼는 것은 우리 자신의 인간적인 성숙과 교육에 필수불가결한 과정이다. 예를 들어, 난치병으로 고통을 겪는 환자나 그를 돌보는 가족이나 이웃의 경험은 단순히 소모적인 경험으로 끝나는 것이 아니다. 그러한 고통과 보살핌의 체험을 통해서 사람은 사람살이의 궁극적 테두리와 한계를 성찰하고, 자기보다 더 큰 존재에게로 다가가는 기회를 얻을 수 있는 것이다.

점점더 걷잡을 수 없는 수준으로 악화되고 있는 사회적·생태적 위기의 현실에 직면하여, 첨단 과학기술에 대한 의존심리는 갈수록 심화되고 있다. 그러나 우리는 과학기술의 발전에 대한 일방적인 의존이 우리가 구하고자 하는 삶 자체를 근본적으로 무의미한 것으로 만든다는 것을 기억할 필요가 있다. 건강한 인간생존은 태어남과 삶과 죽음의 끊임없는 순환 가운데서만 가능하다. 우리에게 정말 필요한 것은 또하나의 눈부신 기술이 아니라 인간생존의 근원적인 바탕을 늘 잊지 않게 해주는 인문적 지혜와 종교적 감수성이다. (1998년)

不敢爲天下先

> 그들은 그들이 앉아있는 나뭇가지들을 계속하여 톱질했다.
> 그리고 어떻게 하면 더 잘 톱질할 수 있는지를
> 서로서로에게 소리쳐 가르쳐주었다.
> 그런 다음 그들은 요란한 소리를 내며 심연으로 떨어졌다.
> 그 모습을 보고 있던 사람들은 고개를 흔들었다.
> 그리고는 다시 톱질에 열중하였다.

오늘날 역사상 유례가 없는 사회적·생태적 위기속에서 문명세계의 인간이 처한 상황을 이처럼 간명하게 드러내는 비유적 표현은 흔치 않을 것 같다. 이것은 지금과 반드시 같은 것이라고는 할 수 없는 상황에서 씌어진 베르톨트 브레히트의 시구절이지만, 여기에 그려진 인간행동은 지금 우리 자신이 밤낮없이 행하고 있는 바로 그러한 행동과 조금도 다른 것이 아니다.

우리는 지금 폭력을 행사하지 않고는 단 하루도 영위할 수 없는 생존구조를 유지하면서, 이것을 진보니 선진화니 하는 이름으로 미화하고 있다. 그런데 그 폭력은 다름아닌 우리 자신의 생존의 기반을 망가뜨리는 일인 것이다. 어리석음의 극치라 할 만한 이러한 행동패턴에 대하여 세계의 곳곳에서 많은 사람들의 깨우침의 소리가 나오고 있지만, 대세는 여전히 '톱질'을 계속하는 데 있다.

지난 6월에 브라질에서 열린 유엔환경회의를 계기로 환경문제에 대한 경각심이 일반적으로 높아진 것은 사실이다. 주요 언론들은 거의 날마다 지구환경문제에 관련된 보도를 전했고, 잇따라서 지금 큰 고민거리가 되어있는 쓰레기문제를 해결하는 한 방법으로 쓰레기줄이기 운동도 본격적으로 시작되었다.

보통 사람들이 오존층고갈이나 지구온난화 같은 현상을 직접 실감하기는 아직 어렵기 때문에 이런 문제가 매우 중대한 것이기는 하나 아무래도 둔감할 수밖에 없다면, 쓰레기 같은 것은 당장 고통이 따르는 문제인 만큼 이것을 언제까지나 외면한다는 것은 불가능하다. 그런데, 쓰레기문제가 쓰레기줄이기 혹은 분리수거 운동으로 해결될 수 있는 것일까?

환경문제를 집중적으로 토의한 유엔회의가 막을 내리고, '지속가능한 개발'이라는 공식이 새로운 사회발전 전략으로 인정되었다는 소식이 전해진 지 얼마 되지도 않은 시점에서, 한강에서 물고기들의 떼죽음이 보름이 넘게 매일 계속되고 있다는 보도가 나오고 있다. 이 사건에 대한 당국이나 전문가들의 해명이 무엇이든간에 이것이 한강의 극심한 오염과 관계있다는 것은 누구라도 알 수 있는 일이다. 그렇기 때문에 이 소식을 듣는 사람들 대부분이 매우 불안한 기분에 사로잡히지 않을 수 없는 것이다. 물고기의 떼죽음은 곧 인간의 죽음으로 이어지리라는 것은 말할 필요도 없다. 만사를 사람중심으로, 그것도 자기 혼자의 몸중심으로 생각하는 습관이 큰 문제이긴 하지만, 그런 이기적인 관심에서 보더라도 물고기의 떼죽음은 불길하기 이를 데 없는 것이다. 이 나라의 강과 시내와 바다에서 물고기들의 죽은 시체가 허옇게 수면 위로 떠오르는 일이 시작된 것은 이미 오래되었지만, 보름이나 넘게 계속하여 물고기들이 자꾸만 죽어가고 있는 현상은 사태가 보통 급박하지 않다는 것을 알려주는 신호일 것이다.

아마 하수종말처리장을 빨리 증설해야 한다는 주장이 터져나올 것이 분명하고, 머지않아 그런 방면의 토목공사가 대대적으로 시도되리라고 예상하는 것도 어렵지 않다. 아무리 환경문제 따위는 외면하고 싶더라도 권력당국이나 대기업들이 더이상 오염된 물로는 산업생산활동도 계속할 수 없다는 것을 인식할 날이 반드시 오게 될 것이므로 미봉책이나마 어떤 형태의 하수처리장들을 건설하는 데 동의하지 않을 수 없을 것이다. 뿐만 아니라 그러한 토목공사의 시행이 또하나의 이윤창출의 기회도 되느니만큼 이것을 외면할 이유가 없을 것이다.

그런데, 이와 같이 하수처리시설이 충분히 확보된다 할지라도 한강이 살아나는 것은 아닐 것이다. 겉으로 보기에 강물이 조금 더 깨끗해지고, 물고기들 가운데 적응할 수 있는 종들이 그 강속에 서식하는 일도 있을 수 있겠지만, 온갖 약품으로 처리된 강물이 생명있는 것일 수는 없고, 콘크리트 제방과 댐과 그밖의 갖가지 인공 시설물에 의하여 물의 자연스러운 흐름이 엄청나게 교란되고 있는 강이, 넓은 백사장 위로 물새들이 유유히 날고 있는 제 본래의 모습으로 소생한다는 것은 불가능할 것이다.

사람들은 지금까지 기술적 통제력을 강화하고 확대함으로써 모든 문제를 해결하려고 시도해왔고, 또 어떤 한계 안에서 그러한 시도들이 성공했다고 평가되기도 했지만, 이제는 그것이 더이상 통용되지 않게 되었다. 오히려 가만히 내버려두었으면 차라리 나았을 것을 거기에 인위적인 노력을 가함으로써 사태를 악화시켜온 예가 허다한 것을 알지 않으면 안되는 때가 된 것이다. 이것은 비근하게 개인의 건강문제에 있어서 쉽게 확인할 수 있다.

실제로 영국의 어느 의료전문 기관은 현대적 의료처치를 받은 결과로

不敢爲天下先 255

오히려 건강상태가 악화된 압도적인 사례를 확인한 바 있다. 인체에 본래 내재된 자기회복능력을 믿지 않고 약물이나 외과적 처치를 받아야 치료가 가능하다는 새로운 미신에 사로잡힌 결과로 오늘날 이른바 문명사회는 실제로 환자투성이의 사회가 되었다.

이러한 현상은 그대로 현대농업에도 해당된다. 농사라는 것은 거기에 인위적인 노력이 가해질 수 있는 여지가 물론 있지만, 본질적으로는 하늘의 뜻에 따를 도리밖에 없는 것이다. 그런데 기계와 화학약품을 대규모로 구사하는 현대적 과학농법이라는 것은 비록 일시적인 다수확을 가능케 했으나 장기적으로 볼 때 땅을 죽여놓는다는 절망적인 결과를 초래하였다. 생산성이라는 한가지 목표에 골몰한 나머지 자연과 생명의 기본법칙을 완전히 어김으로써 본래 의도도 계속적으로 실현할 수 없게 되었을 뿐만 아니라 이제는 인류의 지속적인 생존에 커다란 암운을 던져놓기에 이른 것이다.

오늘날 세계적으로 가장 큰 위협 중의 하나는 지금까지 비옥한 것으로 여겨졌던 수많은 농경지의 표토가 급속도로 유실되고, 농토로서의 생명을 잃어가고 있다는 사실이다. 유엔의 추정에 따르면, 현재 지구 전체 땅의 삼분의 일에 사막화가 진행되고 있다고 한다. 최근 가뭄이 극심한 아프리카 남부를 여행하였던 아프리카 출신 영국작가 도리스 레싱은 이번 가뭄이 주기적으로 닥치는 한발이라기보다는 급속히 진행되는 전반적인 사막화의 징후일지도 모른다는 것을 암시하는 증거를 보았다.

비행기에서 내려다본 아프리카 남부지역은 불과 몇년 전까지와도 다르게 초록빛보다는 거의 붉은빛을 더 많이 띠고 있었던 것이다. 아프리카뿐만이 아니다. 현재 세계의 식량기지라고 하는 미국의 방대한 농토에서도 빠른 속도로 표토유실이 일어나고 있다. 세계의 농업에 밀어닥치는 이러한 재난은 주로 기계화와 약품에 의존하는 현대적 집약농업, 그리고 단작영농에 말미암은 것이다. 자연의 도를 존중하지 않고, 순전히 인간의 이기적인 욕심이 척도가 됨으로써 자연에 대한 통제와 지배력을 확대하는 데만 급급해온 문명의 비참한 결과를 우리는 보고 있는 것이다.

이제 지구의 생명지원체계가 크게 파손되었다는 것은 누구도 부정할 수 없는 사실이 되었다. 이 손상을 그대로 방치하고서는 인간에게 미래가 없다는 것이 분명하다. 어떻게 하면 이 손상된 생명의 세계를 치유할 수 있을 것인가. 여기에 관심을 갖지 않는 어떠한 인간의 말과 행동도 이제는 부질없는 잡담에 지나지 않는다.

우리는 무엇보다 기술적 능력이나 외면적·객관적 통제수단을 발달시킴으로써 이 문제를 해결할 수 있으리라고 생각하는 태도가 가장 큰 장애물이라는 것을 똑바로 보지 않으면 안될 것이다. 문제를 원천적으로 일으킨 그 원인을 가지고 상처를 치유하자는 것이나 다름없는 그러한 태도야말로 사실상 기술주의에 중독된 사람들이 가장 손쉽게 기대고 싶어하는 대책일 것이다. 문제의 심각성을 진정으로 느낀다면, 더이상 인위적인 손을 대려고 하기보다는 차라리 손을 거두는 편이 사태해결의 올바른 길에 근접하는 태도일지도 모른다.

생태계를 보전하고, 하늘과 땅을 되살려놓으려면 우리의 지금과 같은 생활방식은 포기하는 수밖에 없다. 단 하루도 무고한 생명에 대하여 폭력을 가하지 않고는 지속할 수 없는 산업적 생활방식을 뿌리로부터 변경하지 않고는 그나마 이 폭력적이고 범죄적인 생활도 더이상 계속할 수 없게 된 것이다.

우리는 생태계의 손상이라는 현상을 다만 외부적인 사건으로 간주하는 어리석음에서 벗어나야 한다. 생태계의 훼손의 근원에는 오늘날의 산업적 문화를 진보와 선진성이라는 이름 밑에서 받아들여온 인간 자신의 어떤 정신적 결함이 도사리고 있는 것이다.

지금은 인간이 이 지상에서 산다는 것이 도대체 무엇인가라는 근원적인 질문이 필요한 시대이다. 사람이 물질생활의 기초적인 욕구를 충족시키지 않고는 인간다운 삶을 영위하기는 불가능하지만, 그렇다고 해서 물질생활의 번영을 배타적으로 추구한다면 그 결과는 인간다운 삶을 보장하기는 고사하고 단순한 생존마저 어렵게 된다는 것을 이제 겸허하게 인정하지 않을 수 없게 된 것이다.

그동안 우리는 너나 없이 너무나 무사려하게 가난을 혐오하는 시대적 추세에 안이하게 동조해왔다. 물질적 번영과 안락과 편의의 생활이라는 것이 실제로 인간을 얼마나 어리석고 간사하고 무책임한 존재로 만드는 것인가에 대하여 일찍이 선인들이 누누이 이야기해왔음에도 불구하고, 우리는 일방적으로 물질적 권력의 확대를 거의 무조건적으로 지지해왔고, 그 결과 지금 우리는 어느 때보다도 생명의 질서와 인간본성에 반하는 온갖 흉한 일에 시달리게 되었다.

이제 우리에게 가장 필요한 것은 가난을 받아들일 수 있는 정신적 능력일 것이다. 개인으로나 집단으로나 우리가 살아남고, 또 사람답게 살려면 탐욕과 사회적 갈등을 끝없이 부추기면서 인간심성을 끝없이 피폐시키는 산업주의적 생활에 단호하게 반대할 필요가 있다. 우리는 무엇보다 가난과 비참을 구별하지 않으면 안된다. 이것을 구별해 보지 못하기 때문에 가난을 무조건 기피해야 하는 것으로 보는 태도가 만연하는 것이다. 물론 사람은 먹어야 살 수 있는 생물이기 때문에 극단적인 금욕생활을 보편적인 것으로 할 수는 없다. 먹지 못하면 정신도 마음도 쉽사리 피폐해지는 것은 분명한데, 하물며 인간다운 존엄함을 유지하는 것은 불가능하다.

그러나 기본적인 욕구충족을 넘어서 탐욕을 끊임없이 자극하고, 사람끼리의 기본적 관계를 경쟁관계로 만들고, 자연에 대한 인간의 태도를 본질적으로 공리주의적·약탈적인 것으로만 만들어버리는 산업문명을 가난에 대한 대안으로서 채택한다는 것은 또하나의 형태가 다른 비참을 선택하는 일인 것이다. 중요한 것은 절대적인 결핍에 따른 비참의 상태는 극복되어야 하지만, 이른바 풍요라는 것도 본질적으로는 자기파멸적이라는 사실을 명확히 이해하는 것이다.

역사의 방향을 되돌려놓자는 이야기가 아니라 이 터무니없는 광기의 체제를 바로잡지 않으면 안된다는 것이다. 새로운 전환이 정말 필요하다면, 그 방향은 가난을 자발적으로 선택하는 삶이어야 한다는 것은 너무나 당연한 것이다. 가난이라는 것은 인간이 다른 생명체들과 더불어서 평화롭게 조화를 이루어 사는 공생의 삶에서 필수적이다. 어떻게 보면 공존공영(共存共榮)이라는 말보다도 어리석고 무의미한 말장난이 없을지도 모른다. 공존하자면 — 사람끼리도 그렇지만 사람과 자연만물 사이에 참다운 조화가 유지되자면 — 무엇보다도 끝없는 번영의 추구가 아니라 자발적인 가난의 선택이 반드시 전제되어야 하는 것이다.

무엇보다 중요한 문제는 우리가 어떻게 하면 비폭력적 문화를 재건해낼 수 있느냐 하는 것일 것이다. 비폭력의 문화란 자기자신만을 내세우지 않고, 다른 생명체들과의 조화로운 관계를 우선적으로 고려하는 생존방식이라고 할 때, 그것은 결국 자기를 비우는 삶, 즉 가난한 삶일 수밖에 없는 것이다. 무엇인가 남들보다 많이 가지고, 보다 많은 특권을 소유하고, 남들보다 앞서고자 하는 욕망의 구조가 철저히 청산되어야 하는 것이다.

주역의 관점에서 말한다면, 오늘날 우리에게 닥친 위기는 양(陽)의 기운이 너무나 극성한 결과라고 할 수 있고, 따라서 이제 음(陰)의 기운을 되살리는 것이 순리인 것이다. 우리가 보통 산업화로 인해 지구의 운명이 위태로워졌다고 말하지만, 근원을 따라 올라가자면 특권적 소유와 권력에 대한 의지가 사회생활속에 구조화되기 시작한 이래 오늘의 위기는 준비되어왔다고 할 수 있다. 권력욕망과 그러한 욕망을 부추기는 위계적 사회구조의 형성이 악의 근원인지도 모른다. 그리하여 산업화 이후 그러한 배타적인 권력욕망에 막강한 과학기술의 힘이 동원됨으로써 걷잡을 수 없는 파국으로 치달아온 것이다.

물론 지배와 소유의 욕망이 자극될 필요가 없고, 가난이 도리어 행복으로 받아들여질 수 있는 사회구조를 재건하는 것이 무엇보다 중요한 것이다. 그러한 사회적 구조는 본질적으로 농업중심의 자치적 공동체들이 기초가 되는 것이 당연한 것으로 생각되지만, 이러한 새로운 공동체의 필요성을 좀더 진지하게 고려하기 위해서도 지금 가장 시급한 것은 어째서 우리가 가난을 자발적으로 선택해야 하는가를 깊이 생각하는 것이다. 가난이 자발적인 선택으로 이루어지는 한, 이것은 인간이 교만성을 버리고, 자연의 일부로서의 자신의 운명과 책임을 자각하면서, 천지만물과 한 형제임을 적극적으로 받아들인다는 것을 의미하는 것이다.

막히면 돌아가라는 말 그대로, 지금 우리의 활로는 어떤 새로운 신기한 사상을 받아들이는 데 있는 것이 아니다. 인류의 스승들이 늘 가르쳐왔던 길, 그러나 온갖 미혹에 빠져 우리가 잊고 있었던 옛길[古道]이 바로 살길일 것이다.

이런 맥락에서, "나에게 세가지 보배가 있는데, 자(慈), 검(儉), 불감위천하선(不敢爲天下先)이다"라고 하는 노자의 이야기는 깊이 음미해볼 만하다. 여기서 언급된 세가지 덕목은 각기 독자적인 의미를 가지면서 동시에 연속적인 관계를 가지는 것으로 볼 수 있을 것이다. 즉, 자애로움[慈]이란 가난[儉]을 지키는 생활이며, 동시에 경쟁적 권력주의와 인연이 먼[不敢爲天下先] 태도인 것이다. 혹은 세가지의 순서를 바꾸어서 이해해도 될 것이다. 우리는 이 세가지 덕목이 본질적으로는 하나의 의미, 즉 비폭력주의의 정신적 조건을 이야기하는 것이면서 거기에 중심적으로 강조되어 있는 것이 여성적 원리라는 것을 간과할 수 없다.

노자의 세계에서 여성 혹은 모성적 원리는 언제나 핵심적이지만, 경쟁과 그에 따른 폭력이 아니라 어디까지나 공생의 관계를 회복하는 일이 급선무가 된 오늘의 상황에서 노자의 모성원리가 가지는 현실적 의의는 과거 어느 때에도 비할 수 없는 절실성을 갖게 된 것으로 생각된다.

노자가 언급한 세가지 보배에 대한 부연설명을 보면, 첫째 자애로우면 능히 용감해질 수 있고, 검소하면 능히 넉넉해질 수 있다라고 되어있다.

간디는 언젠가 인간의 탐욕으로는 이 세상이 매우 궁핍한 곳일 수밖에 없지만, 인간의 필요를 위해서는 이 세상이 더없이 풍요로운 곳이라고 말했는데, 이것은 노자의 생각과 닮은 것이다.

그런데 흥미로운 것은 마지막으로 언급된, "앞서려고 하지 않으면 능히 만물을 기를 수 있다"(不敢爲天下先故能成器長)라고 한 대목이다. 이것은 "남 앞에 서지 않으면 남들을 거느릴 수 있게 된다"라는 의미로 흔히 해석되고 있다. 그러한 해석이 아주 틀린 것이라고 할 수는 없겠지만, 그러나 그것은 노자의 이 구절이 내포하는 모성원리를 충분히 강조하지 못할 가능성이 있는 것으로 보인다. 되풀이되지만, 노자가 여기서 말하는 것은 처세술이 아니라 비폭력적 삶의 원리인 것이다. 이것을 말함에 있어서, 특히 자기를 내세우지 않는 태도를 중히 여기고 있는 점에서 우리는 노자사상의 비상하게 심오한 통찰을 느낄 수 있다.

앞서고자 하는 욕망, 배타적인 이익을 선점하고자 하는 욕망이 극단적으로 제도화되어 있는 형태가 오늘의 산업문명인 것이다. 조화와 공생의 관계에 대한 철저한 경멸이 내재되어 있는 산업문화 그 자체를 비껴가면서 환경위기를 말한다는 것은 처음부터 부질없는 노력에 지나지 않는다.

우리가 가난을 자발적으로 선택하는 문제를 숙고할 필요가 있다라고 하는 것은 그런 생활이야말로 진실로 세계에 대한 우리 자신의 관계를 근본적으로 자애로운 상호의존의 관계, 다시 말해서 가장 근원적인 의미에서 비폭력적인 관계로 유지할 수 있게 할 것이기 때문이다.

어느 농부가 밤에 잠들려고 하다가 바깥에서 인기척이 있어 내다보니 어떤 도둑이 과수나무에 올라가 과일을 훔치는 일에 열중하고 있었다.

그 농부는 도둑 몰래 광으로 들어가서 사다리를 들고 나와서는 그것을 과일나무에 받쳐놓고 방으로 들어왔다. 도둑이 나무에서 급히 내려오면서 다칠지 모른다고 생각하고 사다리를 받쳐놓았던 것이다. 이것은 어딘가에 나오는 옛날 이야기이지만, 바로 여기에 근원적인 의미에서 가난을 받아들일 줄 아는 정신적 능력이 표현되어 있는 것이 아닌가?

  우리들 각자가 어렸을 때, 혹은 어른이 다 된 뒤에도 어머니에게서 늘 느꼈던 자기를 앞세우지 않는 이러한 마음, 가난하기 때문에 도리어 넉넉해지는 마음이야말로 이 파괴된 세상을 건질 수 있는 힘의 원천일 것이라는 것은 길게 말할 필요가 없다. 마음만으로 되겠느냐고 하겠지만, 마음없이 시작될 수 있는 것은 없을 것이다. 모든 것은 마음이 만들어낸다는 말씀의 의미를 생각해본다. (1992년)

히말라야의 나무

　우리나라에도 비교적 알려져 있는 프랑스의 저널리스트로 기 소르망이라는 이가 있다. 나는 언젠가 신문에서 그의 인도방문기의 한 대목을 읽고 느닷없는 충격을 느낀 일이 있다. 그것은 간디의 제자이기도 하면서 그 자신 진보적인 사회철학자로서 세계적으로도 꽤 알려진 아시스 난디라는 지식인을 만나 나눈 대화의 한토막이었다고 기억된다. 기 소르망은 오늘날 대부분의 지식인들이 가지고 있는 일반적인 상식에 입각하여, 빈곤문제를 포함하여 현대 인도민중의 상황을 개선하려면 무엇보다 먼저 인도의 높은 문맹률을 줄여나가야 하는 것이 아닌가 하고 질문하였다. 이 질문에 대하여 아시스 난디는 인도의 대다수 민중이 문자를 이해하게 되면 당연히 신문과 책을 읽으려고 할 것이며, 그리되면 히말라야에는 단 한그루의 나무도 살아남지 못하는 날이 곧 올 것이라고 대답하였다는 것이다.
　나는 우연히 이 얘기에 접하고, 한동안 얼떨떨한 느낌에 사로잡혀 있었다. 이 충격적인 발언에는 오늘의 우리 삶 전체에 관련된 기막힌 성찰이 들어있는 것이 아닌가? 여기서 우리가 느끼는 것은 무지와 빈곤에 허덕이는 민중의 상황에 아랑곳하지 않는 특권적 지식인의 자세가 아니다. 아시스 난디라는 사람이 현대 인도의 유수한 양심적 지식인이라는 사실을 모른다고 해도, 그의 답변이 민중에 대한 지식인의 오만한 편견을 담고 있는 것이 아니라는 것쯤은 누구라도 알 수 있는 것이다. 오히려 아마 이것은 오늘날 인류사회가 직면한 근본적인 딜레마에 관련하여 우리가 들어볼 수 있는 가장 뜻깊은 발언의 하나라고 해야 할 것이다.

  대다수 민중이 글을 읽고 이해할 능력이 없다면 현대적 문명생활에서 소외될 수밖에 없다는 것은 자명한 일이다. 그것을 인도의 지식인이 모를 리가 없다. 그러나 아시스 난디의 시선은 좀더 근원적인 문제로 향해 있는 것이다. 다시 말하여, 이른바 문명생활의 향유가 설령 그 자체로 좋은 것이라 하더라도 그것이 인간생존의 근본토대, 즉 자연적 기초를 망가뜨림으로써 얻어질 수 있는 것이라면 도대체 그러한 문명이란 무엇인가 — 하고 그는 반문하고 있는 것이다. 이러한 반문에는 흔히 서구적 진보사관에 길들여진 지식인들이 일반적으로 드러내는 시각이 얼마나 피상적이고, 때로는 자기기만적인 것인가에 대한 예리한 비판도 들어있음이 틀림없다. 이것은 사람살이를 늘 자연세계와의 근본관련속에서 생각하는 습관이 깊이 몸에 배어있는 사람이 아니고서는 할 수 없는 사고방식, 즉 에콜로지의 논리를 표현하고 있는 발언인 것이다.

  지금 인류사회는 전체적으로 역사상 유례없는 물질적 풍요를 누리고, 경제적으로 하나의 교역권속에 빠르게 통합되어가고 있지만, 바로 그 때문에 인류사회 그 자체의 존속이 불투명해지고 있다는 기막힌 현실에 처해 있음은 우리가 다 아는 사실이다. 이 문제의 세부에 있어서는 다소간 견해차이가 있을 수 있다고 하더라도, 어떻든 지금까지와 같은 방식으로는 파국이 필연적인 것임을 부인할 사람은 많지 않을 것이다. 지금의 위기는 예로부터 인간사회를 괴롭혀온 온갖 종류의 갈등이나 분쟁, 재해 등과는 본질적으로 성격이 다른 것이다. 자신의 삶터를 잘못 다루어온 결과로 끝내 망해버린 사회와 문명은 실제로 허다하였으나 그럼에도 불구하고 그것은 전부 국지적인 현상이었다. 그러나 지금은 세계 전체가 생태적 붕괴의 위험에 직면해 있는 것이다.

망본초란(忘本招亂)이라는 옛말도 있지만, 실제로 오늘의 이 어처구니없는 생태적 위기는 삶의 근본을 망각한 결과임이 분명하다. 이제 삶의 근본이 무엇인가를 다시금 철저히 물어보는 일이야말로 우리의 지적·도덕적·정신적 역량 전체에 과해진 제일의적(第一義的) 숙제임은 다시 말할 필요가 없을 것이다.

그럼에도 불구하고, 끊임없는 사회적 대립과 분쟁, 빈부격차, 실업사태, 정신적·육체적 질병의 확산, 도덕적 퇴폐, 정신적 불모성, 농업의 후퇴, 그리고 자연생태계에 가해지는 부단한 손상, 거기에 수반된 이상기후, 자연재해 … 이러한 재난들과 함께 퇴폐문명의 말기적 징후라고 해야 할 쉴새없는 '잡담' 속에서 우리의 주의력은 끊임없이 분산되고 지리멸렬해지고 있다. 삶의 근본이 허물어지고 있는데도 불구하고 우리의 마음은 단기적·일시적 이해관계에 사로잡혀 헤어날 줄을 모르고 있는 것이다.

땅이 죽어버리면 만사가 헛일이라는 것을 환기하는 것이 에콜로지 논리의 핵심이라고 한다면, 조금이라도 생각있는 사람이라면 에콜로지의 논리를 외면할 수는 없을 것이다. 그러나 문제는 사람의 주의력은 간단없이 흩어지려 하고, 우리의 사회적 현실은 장기적이며 근원적인 성찰을 쉽사리 허용하지 않는다는 데 있다. 지식인이라고 해서 예외는 아니다. 세계적으로도 그렇다고 해야 하겠지만 특히 오늘의 한국사회에서 에콜로지의 문제는 다수 지식인들의 주된 관심사에서 거의 비켜나 있다고 하는 것이 옳은 관찰일 것이다. 최근의 어떤 텔레비전 뉴스 전달자의 말에 의하면, 우리에게는 생태적으로 건전한 주거공간이 문제가 아니라 '부실공사'가 긴급한 문제라는 것이다. 이것은 물론 옳은 말이다. 부패가 뿌리깊이 만연한 사회에서 에콜로지의 논리를 들먹이는 것은 한가로운 얘기일 수 있다. 그러나 조금 더 깊이 생각해볼 때, 사회로서의 존속 자체가 위협을 받을 지경까지 이른 현재의 이 사회의 부패구조야말로 생태적 무감각과 무책임성에 직결되어 있는 것이 아닌가? 인간본성과 자연에 대한 구조적 폭력에 기초한 경제적 번영이란 필연적으로 인간심성을 왜곡하고, 이기심 이외에 아무런 도덕적 원리도 용납하지 않는 사회를 만들어낼 수밖에 없지 않는가?

사회발전의 문제와 히말라야의 숲을 대뜸 결부시키는 한 인도 지식인의 발언이 충격적인 까닭은 적어도 지난 몇십년 동안 우리가 그러한 사고방식에서 너무나 거리가 먼 삶을 강요당하여왔기 때문인지도 모른다. 산업주의의 성장이라는 서구식 발전모델에 충실함으로써만 사회발전이 가능하다는 가정은 사회주의적 프로그램에서도 예외는 아니었다. 그것이 실제로 현실화되었건 안되었건간에 일반적으로 사회주의적 기획은 자연에 대한 인간의 지배력을 강화하는 것을 기본전제로 한다는 점에서 자본의 논리와 근원적으로는 뿌리를 같이하는 것이다. 유감스럽게도, 자연은 인간의 자기중심적 욕망충족을 위하여 막무가내로 이용되고 약탈되어야 하는 '자원'이 아니라 그것 자체로 공경을 받아야 할 거룩한 생명이라는 것을 습관적으로 상기시켜주는 문화적 틀이 우리에게는 너무나 결핍되어 있었던 것이다.

여기서 우리는 아시스 난디에게서 보는 에콜로지의 논리는 기실 예외적인 개인의 발언이라기보다 어떤 형태로든 아직 생명력을 유지하고 있는 한 위대한 문화전통의 산물임을 주목해야 한다. 인도는 가난한 사회이지만 그 가난은 서구적 사회진보의 논리로써 간단히 잴 수 있는 현상이 아닐 것이다. 물론 사람에게 비참과 굴종을 강요하는 극심한 빈곤상태가 긍정될 수는 없다. 그러나 빈곤문제의 해결방식이 반드시 산업주의적 패턴을 따라야 하는 것이냐 하는 것은 심각히 따져볼 일이다. 더 나아가서 우리가 생각해보아야 할 것은 '가난'이라는 것은 우리가 사람답게 살기 위해서는 반드시 어느 수준까지는 받아들여야 할 덕목이 아닌가 하는 것이다. 그 수준은 물론 한 사회의 지리적·문화적 조건에 따라 결정되어야 하겠지만, 하여튼 어떤 한도 안에서만 물질적 부가 허용되는 것이 옳다고 그것을 기꺼이 받아들이려고 하는 사람이 있다면, 그러한 가난은 단순한 가난이 아니라 자발적으로 선택된 가난인 것이다.

따져보면, 인도사회뿐만 아니라 생태적으로 건전한 삶이 유지되었던 세계 도처의 토착문화 전통에서는 '자발적 가난'이 그다지 낯선 개념은 아니었다. 토착사회들에서의 가난이 과학기술의 미비에 연유한다고 보는 것은 매우 피상적인 판단이라고 할 수 있다. 왜냐하면 진실은 그 반대이기가 쉽기 때문이다. 다시 말하여, 토착사회들은 일반적으로 자연에 대한 공격적 기술이 처음부터 발붙일 수 없도록 하는 자연관 및 세계관을 공유하고 있었던 것이다. 그러니까 이러한 사회들에서의 가난은 진실로 인간다운 삶이란 다른 생명체들과의 공생의 질서를 어지럽히지 않는 한도 내에서만 가능하다고 보는 극히 지혜롭고 책임있는 인식의 반영이었던 셈이다. 일찍이 간디는 "지구는 인간의 기본필요를 위해서는 풍족한 곳이지만, 인간의 탐욕 앞에서는 지극히 척박한 곳"이라고 말하였는데, 이것은 본질적으로 토착사회들의 지혜를 집약하는 발언 이외에 아무것도 아닌 것이다.

지금에 와서 우리가 산업화 이전의 토착문화의 세계로 되돌아가야 한다거나 되돌아갈 수 있다고 생각하는 것은 어리석은 생각임이 분명하다. 그리고 산업문명이 인간복지의 증진에 이바지해온 바를 전적으로 부정하는 것도 불가능한 일이다. 그러나 지금 우리에게 주어진 핵심적인 과제는 부분적인 성과나 후퇴에 대한 대차대조표를 작성하는 일이 아니다. 우리에게 주어진 진실로 다급한 문제는 인간이 이 세계에 존재하는 방식이 어떠해야 마땅한가를 깊이 성찰하는 일인 것이다. 오늘날 산업문명의 성과와 혜택은 그대로 보존·확대하면서 생태적 위기를 극복하는 지혜가 아쉽다고 말하는 사람들도 있다. '지속가능한 개발'이라는 기술주의적 사고와 근본적으로 궤를 같이하는 이러한 논리는 깊이 따져보면 결국 한갓 말장난에 불과한 것일 수 있다. 왜냐하면 산업문명의 성과라는 것 자체는 인간과 자연을 이원론적인 대립관계로 파악하여 자연에 대한 인간의 지배력의 강화를 통해 얻어진 것일진대, 그러한 성과를 보존하자는 제안은 현재의 위기상황을 초래해온 바로 그 세계관을 답습하자는 얘기와 다른 것이 아니며, 따라서 생태적 위기의 진정한 본질에 대한 불철저한 인식의 소산이라고밖에 할 수 없기 때문이다.

필요한 것은 낯익은 관행의 수선이나 보강이 아니다. 많을수록 좋고, 클수록 좋고, 강할수록 좋다고 믿는 문화 — 권력주의 문화속에서 오랜 세월 길들여진 우리의 욕망의 구조에 대한 뿌리로부터의 비판이 있어야 하는 것이다.

생각해보면, 자발적인 가난이야말로 권력주의 문화를 비판하는 가장 강력하고 철저한 방식인지 모른다. 가난의 선택은 권력지향적 욕망보다도 더 고귀한 가치가 있다는 믿음의 표현이다. 이 세상의 궁극적인 진리가 무엇인지는 우리가 사람으로서 알 길이 없는 것이겠지만, 생명에 대한 근원적인 외경심과 자애로운 마음이야말로 평화로운 세상을 위한 빠뜨릴 수 없는 근본전제란 것은 인간문화의 뿌리깊은 믿음이 아닌가?

그리고, 히말라야의 숲에 대한 한 인도 지식인의 언급에 관련하여 사람의 문자생활이 갖는 의미를 다시 생각해보는 것도 중요한 일이다. 과연 인간문화에 있어서 문자생활이란 필수적이며 바람직한 것일까? 이것은 일률적으로 평가하기 어려운 문제일 것이다. 그러나 글을 읽고 쓰는 생활에는 본원적으로 인간이 자연과 공동체와 자기자신으로부터 멀어지게 되는 일종의 소외작용이 불가피하게 개입한다는 사실은 한번쯤 우리가 되새겨볼 필요가 있다. 이반 일리치는 중세 후기에 서양사회에서 '고립속에서 침묵으로 행하는 독서'라는 습관이 형성되는 과정에 주목하고, 그것이 나중에 산업주의 문명으로 연결되는 문제를 거론한 바 있지만, 실제로 배타적인 공간과 개인적인 고립을 필요로 하는 독서행위라는 것이 사람끼리의 직접적인 대화속에서만 꽃피어날 수 있는 공생공락(共生共樂)의 삶을 위축시키는 데 다소간 기여해왔다는 사실은 전적으로 부정하기 어려운 것이다. 더욱이 그런 독서습관은 인류사 전체로 볼 때 극히 예외적인 경험이라는 사실도 음미해볼 만하다. 하여튼 우리가 보통 당연한 것으로 여기는 독서행위나 문자생활에는 비록 간접적이지만 자기확장의 욕망이 반영되어 있는지 모르며, 그런 한에서 '폭력성'이 내포되어 있는지도 모르는 것이다.

그렇게 생각해볼 때, 세계의 많은 토착사회에서 전통적으로 글을 읽고 쓰는 일이 그다지 숭상할 만한 습관으로 여겨지지 않았다는 것은 우연한 일이 아닐지 모른다. 인도의 문화전통도 예외는 아니었던 것 같다. 인도에서 스승은 구루(guru)라고 하는데, 구루의 가르침의 핵심은 철저히 인격적 대화를 강조하는 데 있었다. 그것은 그들의 교육의 궁극적 목적이 지식과 정보의 전달에 있는 것이 아니라 '아힘사(ahimsa)', 즉 '생명에 위해를 끼치지 않음'을 구체적인 삶속에서 실현하는 데 필수적인 삶의 실제적 기술을 익히고 정신적 깨달음을 이루는 것에 있었기 때문인지 모른다. 〈바가바드 기타〉에서 끊임없이 얘기되고 있는 것은 이 세계가 존재하는 원리는 자기희생(yajna)의 보편적 실행이라는 것이다. 이것이 불교적인 용어로 표현되면 공양(供養)의 논리가 되겠지만, 여기에 내포되어 있는 중심적인 생각은 이 세상의 모든 개체는 개체들 사이의 빈틈없는 상호의존성에 의해서만 생명을 구가하는 것이 가능하다는 것일 것이다. 히말라야 높은 산의 나무 한그루는 결국 있어도 그만 없어도 그만인 존재가 아니라 그것이 없어질 때 모든 다른 생명체에 돌이키기 어려운 재난이 주어지기 시작하는 것이다.

인도의 전통사상에서 '아힘사'라는 개념은 실로 오랜 역사를 가지고 있는 것으로 보인다. 간디의 사회운동의 원리로서 '아힘사'는 서구인들에 의해 간단히 비폭력주의라고 번역되어왔지만, 비폭력주의라는 말이 암시하는 소극적인 성격보다는 훨씬 더 철저하고 강력한 울림을 내포하는 것이 '아힘사'의 원래 의미인 듯하다. 예를 들어, 일찍이 간디에 의하여 '아힘사'의 원리가 인도독립운동 과정에서 식민지 권력을 무력화시키는 유효한 투쟁수단으로 활용되었을 때, 타고르는 간디의 방식이 비록 민족의 적이지만 타인을 괴롭히는 방식인 한 오히려 '아힘사'의 사상에 반하는 것이라고 비판했던 것이다. 타고르의 논리는 대결과 투쟁을 떠나서 인간생활을 상상하기가 거의 불가능한 사람들에게는 어쩌면 불가사의한 것으로 비치기 쉬울 것이다. 그러나 우리는 지금도 인도사회에는 자기도 모르게 입안으로 들어올 수 있는 날벌레를 죽이지 않으려고 무더운 기후속에서도 마스크를 쓰고 생활하며, 땅바닥의 벌레 한마리도 덜 해치기 위하여 외출을 삼가는 적지않은 자이나교 사람들이 있다는 사실을 기억할 필요가 있다.

이러한 얘기가 설득력이 없다고 생각하는 사람들은 적어도 한가지 사실에 대하여는 숙고할 필요가 있을지 모른다. 그것은 오늘날 우리가 세계의 숲을 망가뜨리면서 ― 그리하여 무수한 생명체와 토착민들의 삶터와 문화를 파괴하면서 ― 가령 인도사람들보다 엄청난 양의 종이를 끝도 없이 소비할 도덕적인 근거가 과연 어디에 있느냐 하는 것이다. 모든 것은 이른바 '자기표현'이라는 개념으로 우리가 우리의 문자생활이나 문학행위를 흔히 정당화하는 데 익숙해 있기 때문인지 모른다. 자기표현이라는 욕망은 절대적으로 합법화될 수 있는 욕망인가? 일찍이 생명에 대한 외경을 가르쳐온 모든 지혜로운 정신적 전통에서 한결같이 얘기해온 것은 인간이 행하는 모든 창조적 노력의 궁극적 목적은 자기를 내세우는 것이 아니라 '거룩한 존재'를 섬기는 데 있다는 것이었다. 이른바 정보화

시대라는 이름으로 홍수처럼 쏟아지는 인쇄물을 통하여 무수한 잡담과 말장난이 계속되고, 그것이 풍요로운 문화적 활동이라고 일컬어지는 상황이 이대로 간다면 우리의 삶은 갈수록 야만주의로 빠져들 가능성이 클 것이라는 것은 길게 말할 필요가 없다. (1996년)

과라니의 아이들

브라질 남서쪽 열대우림지역에 과라니라고 하는 부족이 살고 있다. 현재 인구 6천명 정도의 이 부족의 오랫동안의 삶터였던 숲이 최근에 대규모 축산단지를 조성하려는 외국자본에 의해서 헐리게 되었다. 숲을 잃고 숲에서 쫓겨난다는 것은 곧 자기들 나름의 토착적인 삶의 상실을 뜻하는 것이기 때문에 과라니 사람들은 지금 자기네 삶터를 지키려는 마지막 항쟁으로서 부족 전체의 집단자살을 계획하고 있다고 한다. 실제로 숲이 불도저에 의해 마구 파괴되는 것을 보면서 과라니 사람들 중 일부가 이미 자살하고 말았는데, 그 자살자의 대부분은 십대 소년 소녀들이라고 한다. 희망이 없는 미래를 보면서 그 아이들은 극도의 낙담 끝에 스스로 목숨을 끊은 것이다.

인간의 삶터는 인간 자신과 별개의 것이 아니다. 사람은 환경의 지배를 받고 또 환경에 영향을 끼친다고 흔히 말하지만, 그것은 어디까지나 사람과 환경을 이원론적으로 갈라놓고 본 뒤에 나오는 말이다. 그러한 이원론적인 시각으로는 절대로 포착하기 어려운 좀더 근원적인 교감이나 유대가 인간과 삶터 사이에는 존재하는 것이다. 이것은 이른바 문명인들보다도 훨씬 더 생태적으로 건강한 삶을 영위해온 토착민들의 세계에서는 자명한 진리인 것으로 보인다. 하기는 멀리 갈 필요도 없는지 모른다. 지난 수십년간 우리 산천에 엄청난 지형변화를 초래한 대규모 댐들이 건설될 때마다 수몰민들이 겪어야 했던 충격과 상처를 짐작해보는 것으로 충분할 것이다. 물에 잠긴 고향땅에서 쫓겨나 낯선 땅을 헤매며 다시 삶을 일구는 고통스러운 과정은 보상비 따위로 벌충될 수 있는 경험은 아닌 것이다.

그러나 이미 산업문화의 세뇌작용에 길들여졌고, 또 근본적으로 동질적인 토양과 문화속으로의 이동이라고 할 수 있는 수몰민의 경험은 과라니 부족에 비하면 아무것도 아닌지 모른다. 오랜 세월에 걸쳐 자연의 품에서 거의 순진무구하게 살아왔던 사람들이 하루아침에 황무지로 쫓겨나거나 경쟁과 대결의 논리가 지배하는 산업세계의 비참한 변두리 삶을 강요당할 때 그것보다 더 혹독한 비극이 있다고 하기는 어려울지 모른다.

우리는 지구의 허파라고 하는 열대우림이 빠른 속도로 파괴되어가고 있음을 알고 있다. 당연한 결과로 올 여름보다 더 지독한 더위와 가뭄이 앞으로 되풀이될 거라는 두려운 예상도 나오고 있지만, 그러나 숲의 황폐화에 인간의 고통과 죽음과 생물종의 파괴가 거의 반드시 수반된다는 사실은 잊어버리기 쉽다. 기껏해야 의약품과 식품자원의 보고로서 열대우림이 지켜져야 한다는 천박한 공리주의적 관점이 지금 활개를 치고 있을 뿐이다. 우리는 자유롭고 평화로운 삶의 포기를 강요당하고, 근본적으로 폭력적인 산업세계에 적응할 수 없어 집단자살을 계획할 수밖에 없는 과라니 사람들의 운명이 바로 우리의 운명이 될 수 있다는 사실을 생각해야 한다. (지금과 같이 우리의 땅과 하늘과 물이 경제성장논리에 의해 계속 유린될 때 언젠가 우리의 삶터가 붕괴되는 것은 필연적이다.)

그러나 무엇보다도 열대의 생태 및 인간 파괴에 우리가 현실적으로도 큰 책임이 있다는 사실을 알 필요가 있다. 일본 다음으로 아시아에서 가장 큰 목재 및 펄프 수입국으로서 한국의 산업체제는 열대우림의 파괴 없이는 유지될 수 없는 형편이다. 또 어느새 쇠고기 소비가 엄청나게 불어난 우리의 식사습관은 아마존을 비롯한 열대의 숲을 벗겨내고 거기에 대규모 목장을 만들어 돈을 벌려고 하는 반생태적·반인간적 자본에 협력하고 있는 것이다.

국제경쟁력의 확보라는 지상명령 밑에서 우리가 추구하는 이 산업체제의 성장과 발전이 계속되면 될수록 우리는 자신도 모르게 과라니 아이들을 죽음으로 몰아붙이는 데 갈수록 크게 기여하는 것이다. '풍요'의 소비문화란 결국 범죄적인 생활을 의미할 뿐이다. (1994년)

경쟁의 논리를 넘어서

1959년 중국 공산군의 대대적인 포격에 의하여 티베트의 수도 라사에 있던 많은 사원과 수도원들이 무참하게 파괴되었다. 달라이 라마는 그의 추종자들과 함께 험난한 산맥을 넘어 인도 북부지방으로 망명길에 오르지 않으면 안되었다. 그후 중국 당국은 수많은 중국인들을 이주시킴으로써 티베트의 중국화를 추진하고, 방대한 티베트 땅을 중국의 핵실험 및 폐기물 처리장, 벌목장, 광산, 채굴장 등으로 마구 약탈하기 시작하였다. 이렇게 하여 히말라야의 고원에서 평화로운 심성을 지키며 살아온 한 유서깊은 민족공동체와 그 땅이 처참하게 유린되어왔다.

그러나 티베트 문제는 강자의 논리가 지배하는 국제관계에서 철저하게 외면되어왔다. 아마도 사태가 이런 식으로 계속된다면 티베트의 주권회복은 끝내 불가능한 일이 될지도 모른다. 지금 벌써 티베트에는 중국인들이 다수 인구를 차지하고 있다고 한다.

그런데도 오늘날 달라이 라마를 방문했던 사람들의 일치된 증언은, 망명지의 티베트인들이 중국인에 대하여 적개심이나 증오심을 표현하는 경우는 거의 없다는 것이다. 이 믿기 어려운 태도는 우리가 감히 헤아릴 수 없는 크나큰 정신적 깊이에서 나오는 것임이 분명하다.

이른바 정치적 리얼리즘에 충실하면서 경쟁력 강화만이 유일한 생존전략이라고 믿는 사람들에게 티베트인들의 태도는 우스꽝스러운 것일지 모른다. 하기는 신중상주의적 세계질서속에서 경쟁의 논리가 활개치는 것은 당연하다고 해야 할지 모른다. 그러나 이것은 누구를 위한, 무엇을 위한 경쟁인가?

이 세상에서 합법화될 수 있는 유일한 경쟁은 진리를 위한 경쟁이다. 물질적 권력의 확대를 위한 모든 경쟁은 인간과 자연과 세계의 황폐화를 가져오는 데 기여할 뿐이다. 이것은 인간역사와 오늘날의 생태적 위기가 증명하고 있다. 무엇보다도 지금 인간생존의 지속가능성 자체를 불투명하게 만드는 이 기막힌 생태적 위기에 관해 말한다면, 이것은 끊임없이 배타적인 권력을 경쟁적으로 추구해온 '정복인간'에 근원적인 뿌리가 닿아 있다고 할 수 있다. 배타적인 권력의 확대를 통해서 인간은 행복해지고 자유로워질 수 있는가? 이런 근원적인 물음과 함께, 그러면 경쟁에서 패배하는 사람은 어떻게 되는가라고 우리는 물어야 한다. 이것은 인간의 존엄성에 아직 관심이 있는 사람이라면 회피할 수 없는 질문일 것이다. 사회적 약자에 대한 관심은 단지 인도주의적인 수준에서 나오는 것이 아니다. 사회적 약자와 생명에 대한 구조적·일상적 폭력 없이는 단 하루도 지탱할 수 없는 산업체제를 더욱더 확대하려는 경쟁력 이데올로기의 거침없는 활보속에서 인간다운 삶의 가능성은 처음부터 부정된다는 사실이 중요한 것이다.

오늘날 다국적기업과 권력엘리트들과 산업소비문화에 중독된 전세계 중산층에 의해 '위로부터 추진되는 세계화'는 오랜 세월 진리를 위해 투쟁해온 인간역사 전체와 생명진화를 한갓 추문으로 만들려고 한다. 그러나 캄캄한 어둠의 시간이 바로 구원의 시간인지 모른다. 경쟁의 논리로써 '진보'가 가능하다는 것은 망상이다. 그것은 야만주의의 승리와 생태적 파국을 필연적인 것으로 할 뿐이다. 티베트인들의 근원적인 비폭력주의를 우습게 보느냐, 아니면 그것에서 구원의 논리를 보느냐 하는 것은 순전히 우리 자신에게 달려있다. (1994년)

자유학원

하니 고로오(羽仁五郎, 1901-1983)라면, 파시즘과의 투쟁에 일생을 바친 현대 일본의 가장 양심적인 지식인의 한사람이다. 그는 일찍이 유수한 귀족가문에 태어났으나 그 자신은 여하한 특권에도 철저히 반대했다. 그의 이런 성향은 뿌리깊은 것이어서, 귀족의 위신 따위와 상관없이 아들이 없는 그의 처가의 성을 자기의 것으로 하는 데 주저함이 없었던 데 벌써 드러났던 것이다. 그는 전전(戰前) 약 10년간 무소속의 참의원 의원으로 활동하기도 했지만, 전쟁 전후를 막론하고 그의 일관된 목표는 민주주의와 평화의 구조를 수호하는 일이었다.

그는 젊은 시절 이탈리아에 유학한 바 있고, 봉건적 질곡과 압제에 대한 투쟁의 산물인 르네상스의 문화에 경도되었다. 그는 그가 신봉하는 자율적 인간이념을 미켈란젤로 평전에서, 지배계급의 사관에 맞서는 일본 민중의 역사를 서술하면서, 또는 살아있는 공동체의 모델로서 도시자치체의 개념을 탐구하는 노작(勞作)속에서 일관되게 표현하였다.

그러나 뛰어나게 자유롭고 유연한 지성의 소유자인 그에게 있어서 학문적 탐구는 필연적으로 군국주의에 대한 저항일 수밖에 없었다. 그리하여 전쟁말기 그는 투옥과 피신과 망명이라는 신고(辛苦)를 겪지 않을 수 없었던 것이다.

파시즘과의 투쟁에서 그가 늘 예의주목한 것은 교육문제였다. 그가 보기에 군국주의의 팽창에 대한 문부성의 기여는 막대한 것이었다. 군국주의의 확대는 교육의 자율성의 유린, 학교의 병영화와 정확히 일치하는 과정이었다.

자주적인 교육이 거의 완전히 봉쇄되기 시작하던 30년대에 하니 고로오는 동료들과 함께 '자유학원'이라는 독특한 자치학교를 설립·운영함으로써 결코 꺾일 수 없는 인간정신의 고귀함을 표시한 바 있다.

이 학교의 공식적인 지위는 형식상 양재학원·부기학원과 같은 것이었다. 문부성의 통제 바깥에 있기 위해서는 학원일 수밖에 없었고, 따라서 공인된 졸업장을 수여할 수 없는 학교였다. 그럼에도 불구하고, 자주적 학습권을 기본권의 하나로 인식할 줄 아는 사람들이 그들의 자제들을 이 학교에 보냈다. 그 존재 자체가 군국주의 체제에 대한 근본적인 도전이었던 이 학교가 비상하게 생기있고 지성적인 분위기에 넘쳐 있었던 것은 말할 필요가 없다.

이 학교에는 몇가지 인상적인 특징이 있었다. 우선 이 학교에는 계단이 거의 없었다. 교사(校舍)는 학교의 표정이다 ─ 라는 것이 설립자들과 건축설계자(당시 일본에 와 있던 프랑크 로이드 라이트가 무료로 설계를 맡았다)의 공통된 인식이었다. 문부성 관할하의 대부분의 학교 건물이 교도소 건물과 구조적으로 일치하는 것은 우연한 일이라고 할 수 없었다. 계단으로 말하자면, 그곳은 결국 권위주의·위계질서주의·인간불평등사상이 그대로 반영된 구조가 아닌가?

참다운 교육이란 지식과 정보의 일방적인 전달을 위한 강제적 과정이 아니라 인격상호간의 자유로운 교류이다. 교육에 필수적인 것은 철저한 상호존중과 신뢰에 기초한 자유와 관용의 분위기이다. 이 세상 만가지

악의 근본인 권위주의가 끼어들면 생명의 자연스러운 성장은 꺾이고, 억압과 눈치와 파괴적 심성이 조장되기 마련인 것이다.

이 학교의 다른 주목할 특징의 하나는 학교의 중심에 행정관이 아닌 식당이 있었다는 사실이다. 거기서 교사와 학생들이 함께 점심을 들면서 매일매일의 공동관심사에 대한 의견을 나누는 대화라는 습관이 형성되었다. 교육이라는 것을 교실에서 시험이나 치고 등수를 매기는 것으로 알고 있는 사람들도 있지만 생명있는 교육이려면 무엇보다도 생활교육이 아니면 안된다. 사람살이의 가장 큰 보람이나 기쁨을 느끼는 데 필요한 인간적 자질이나 교양은 결코 시험제도에 의해 길러질 수 없는 것들임이 분명하다.

'자유학원'의 또하나의 자랑할 만한 특징은 교과서가 없었다는 사실이라고 하니 고로오는 회고한다. 그에 의하면 교과서는 평균 이하의 교사를 위해 필요한 것이지 창조적인 교사들에게는 오히려 방해물일 뿐이다. 교육은 철두철미 양심적인 교사의 전적인 책임으로 이루어질 수 있을 뿐이다. 교육권이 근본적으로 국민에게 있다는 사상에 냉소를 보내면서 "국가권력이 교육내용과 국민의 가치관에 개입하는 것은 정당하고 무제한적이다"라고 하는 파시즘적 교육관으로써 가능한 것은 노예교육일 뿐인 것이다. 현실적으로 공인된 교과서라는 것은 문부성에 의한 사상통제의 유력한 수단이었다. 따라서 교과서의 철폐는 — 그리고 오늘날 일본에서 교원노조가 선두에 서서 문부성의 교과서 검정제도에 대해 투쟁하는 것은 — 무엇보다 군국주의 체제에 대한 항거의 의미를 갖는 것이기도 했다.

'자유학원'에서 교과서 철폐의 뚜렷한 성과는 학생들의 지성적인 사고와 주체적인 판단력에 반영되어 나타났다. 당시 역사와 문학을 가르쳤던 그는 출간된 지 얼마 안되는 《채털리부인의 애인》을 학생들에게 읽히고 소감을 말하게 했던 일이 있다. 그때 발표자였던 한 고등과의 여학생은 비평가들 사이에서 외설 여부로 논란되고 있던 로렌스의 이 소설을 철저히 반전사상(反戰思想)의 표현이라는 각도에서 해석하였다. 작품이 세간에서 어떻게 이야기되고 있건 자기의 자주적인 판단에 입각하여 현대문화와 사회의 근본적인 불모성과 폭력성에 대한 심각한 비판이 들어있는 이 작품의 깊은 진실에 대뜸 도달할 수 있는 능력을 길러주는 데 성공할 수 있었던 것은 '자유학원' 교육의 승리를 뜻하는 것이었다.

하니 고로오의 군국주의에 대한 저항은 전쟁이 끝난 뒤에도 계속되었다. 전후 일본은 평화헌법을 공포하고 군국주의와의 항구적인 결별을 선언하였으나 이른바 전후 경제부흥, 자민당정권의 장기집권, 독점재벌의 재등장, 그리고 미국의 반공정책 등으로 군국주의 부활의 조짐은 도처에서 나타났다. 그리하여 국가권력 자신에 의한 헌법유린의 사태는 일상적인 것으로 되었던 것이다. 그러나 무엇보다도 파시즘 체제의 가장 위험스러운 부활의 조짐은 문부성의 교육통제력이 점차 강화되고 있는 사실에 있다고 그는 지적하고 있다.

일반 민중이 충분히 자율적이고 지성적일 때 어떠한 억압적 권력도 설 자리가 없을 것이다. 자유로운 생각, 판단력, 평화를 염원하는 마음, 배타적 이익이나 편의주의가 아니라 상호협동속에 삶의 보람을 느끼는 능력의 함양 — 본래 이것이 교육의 목표여야 함에도 불구하고, 팽창경제를 토대로 점차 군사대국화하는 노선에 따라 교육을 편성하려고 기도하는 지배권력과 재벌, 그리고 그것을 집행하는 문부성에 의해서 일본의 교육은 위기에 처해 있다고 그는 경고하기를 멈추지 않았다. 그러한 진단과 분석을 보여주는 그의 만년의 저술 《교육의 논리》는 문부성폐지론이라는 부제를 달고 있다. (1989년)

어머니의 이기심

우리에게 희망이 있는가?

한해 두해도 아니고 수십년 동안이나 권력에 의한 통제와 몽매주의 밑에서 죽어가고 있는 우리의 학교와 아이들을 살리고자 하는 양심적 노력이 어마어마한 탄압과 몰이해에 부딪치고 있는 것을 보는 일은 참으로 슬픈 노릇이다.

오늘의 권력이나 제도권 언론이 교원노조운동을 달가워하지 않는 이유는 짐작하기 어렵지 않다. 모든 억압적 권력과 관료체제는 본질적으로 민중의 자주적 선택이나 자치에 대하여 호의적일 수 없다. 민중이 충분히 주체적이며 책임있고 성숙해질 때 권력에 의한 일방적 통제와 관리는 사실상 불가능하게 되는 것이다. 어떠한 권력이 정말 개명한 민중을 원한다고 할 수 있는가? 오늘날 권력과 언론에 의해 집중적으로 공격당하고 있는 '의식화 교사'는 어떤 사람들인가?

　… 교육은 그 자체가 하나의 의식화 과정이다. 물질만능시대에 개인의 이기성만 추구되는 사회에서 다같이 참되고 인간답게 살도록 일깨

우는 일, 그것을 위해 우리에겐 학교가 있고 교사가 필요한 것이 아닐까? 그런데 언제부터인가 이 '의식화'는 남들처럼 편하게 안주할 수 있는데도 진실을 위해 몸부림치는 교사들을 후려치는 말이 되었다. 재작년에 어느 도교육위원회가 발표한 문제교사 식별법 열가지에는 '남들보다 열심히 가르치는 교사', '돈봉투를 거부하는 교사', '애정을 갖고 학생들과 대화를 유난히 많이 하는 교사'들이 끼어 있었으니….

― 《샘이깊은물》 1989년 6월호, 79쪽

관료주의적 방식에 익숙한 권력당국이나 제도언론은 그렇다 하더라도 죽어가는 아이들을 살리려는 이 힘겹게 나온 교육운동에 반대하고 나서는 일부 학부모들의 행동은 어떻게 이해할 수 있을까? 거의 대부분 어머니들로 된 이 학부모들의 경우를 관제라는 용어로 설명할 수도 있고 또 그것이 현실에 대개 부합하는 바가 많겠지만, 그렇게는 설명이 안되는 면도 분명히 있는 것으로 보인다. 비록 세뇌의 결과라 해도 자진해서 반대하고 나서며 '의식화 교사'를 규탄하는 학부모들도 적지않은 것이 현실인 듯하다. 얼핏 불가사의하게 생각되는 이러한 어머니들이 진정으로 원하는 것은 어떤 학교, 어떤 교사들인가?

교원노조 반대의 명분으로 어머니들이 들고 나오는 구호를 보면 "우리는 노동자 선생님을 원치 않는다"라고 되어있다.

노동자를 어떻게 스승으로 존경할 수 있느냐 하는 말도 들린다. 그러나 이런 구호가 설득력이 있다고 생각하는 사람은 거의 없을 것이다. 아버지가 노동자이면 자식들은 아버지를 존경하지 않는가? 노동자 스승을 원치 않는다는 말은 실상 자기도 모르게 자기 내심의 노동자 천시사상을 드러낸 것인지 몰라도 우리의 교육의 사활이 걸려있는 문제 앞에서는 진실성도 설득도 없는 공허한 소리에 불과하다. 아무리 몽매주의가 활개를 치는 세상이라고 해도 그러한 공허한 구호에 어머니들의 마음이 움직일 수 있는 것일까.

　우리의 교육현실이 말할 수 없이 한심한 지경에 있다는 것을 알기 위해서 전문적인 공부와 높은 지성이 필요한 것이 아니다. 조금이라도 생각있는 사람이라면, 오늘날 우리사회가 운영하고 있는 공식적인 정규의 학교교육을 통해서 사람의 이성적인 마음과 착한 성품이 북돋아지기는커녕, 타고난 본래의 모습대로도 보존되기 어렵다는 생각을 하지 않을 수 없을 것이다. 최소한 여섯해, 많은 경우 열여섯해라는 기나긴 세월 동안 거의 모든 학생들이 학교생활에서 경험하는 것은 단편적인 지식과 정보를 주입받고 그것을 외우는 것을 강요당하는 일, 일방적인 지시와 명령에 순종하는 일, 자잘한 규칙에 끊임없이 시달리는 일이다. 그들은 자유롭고 책임있는 인간으로서 교육되지 않고, 관리되고 있을 뿐이다. 여기에 아이들을 옭아매고 있는 무엇보다 강력한 동기는 다른 아이들을 제치고 승리해야 한다는 강박관념이다. 상호배타적·경쟁적 생존의 원리를 끊임없이 생리화하는 일 — 이것이 오늘날 학교교육이 시험과 점수와 보충수업과 자율학습과 돈봉투를 가지고 아이들의 정서적·육체적 건강을 혹독하게 훼손하면서 전투를 수행하듯이 되풀이하고 있는 일의 핵심이다. 본래 자유로움과 너그러움속에서만 싱싱하게 성장하는 것이 가능한 생명체로서, 아이들이 학교를 지긋지긋하게 생각하고, 자기도 모르게 신경증환자로 되어가며, 때로는 심지어 자살까지도 결행하는 것은 지극히 당연하다고 할 수밖에 없다.

　개인의 자유로운 마음과 상상력을 억누르고, 사람이 사람에 대하여 갖는 동정적 관심과 마음씨와 연대의식을 오히려 비웃는 교육을 가지고 우리가 어떻게 하겠다는 것인가.

　그러나 학교교육의 이러한 비인간성과 반생명성을 지적하는 발언들은 이미 오래전부터 터져나왔고, 이 문제에 대하여 어머니들이 완전히 무지하였다고 볼 수는 없다. 문제는 무지에 있다기보다 어머니들의 이기심에 있는 것이다. 이른바 의식화교육의 진실을 알고 나서 "문교부나 수사당국이 말하는 대로 북한동포를 사랑하게 될까봐 염려하는 부모는 아무도 없을 것이다"라고 말하면서도, 어머니들은 "원칙적으로 찬성하고, 남의 아이들 얘기라면 인정할 수 있어도 입시경쟁사회에서 뒤처질까봐 내 아이의 경우라면 걱정할 수밖에 없다"라고 하는 것이다(《샘이깊은물》 같은 호, 79쪽).

자식에 대한 어머니의 사랑이 무한하듯이, 어머니의 이기심도 무한한 것인지 모른다. 한 사람의 여성이 아닌, 한 어머니에게 자식에 대한 배타적인 사랑을 포기할 것을 기대하는 것보다 더 어리석은 노릇은 없을지 모른다. "세상의 어머니들은 사회가 아무리 부패해 있어도 자기 아이들은 거기에 적응할 수 있는 교육을 받기를 원한다"라고 괴테는 말했다. 《파시즘의 대중심리학》을 쓴 위대한 심리학자 빌헬름 라이히에 의하면, 이 세상 모든 악의 근원에 어머니가 있다. '내자식'에 대한 맹목적인 집착이 파시즘을 허용하고, 끝내는 아우슈비츠를 만들어내는 데 협력하게 된다는 것을 인식한다 하더라도 이 세상 어머니의 이기심만은 영원할 것인가? (1989년)

"인간에 대한 모욕"

 완전히 광적이다 싶을 정도의 탐욕이 활개를 치는 세상에서 인간다운 가치를 수호하려는 노력에 마주치는 것만큼 소중하고 감동적인 경험은 없다. 나는 최근 우연히 신문을 읽다가 그러한 경험을 갖게 되는 행운을 누릴 수 있었다.
 국내 신문에도 조그맣게 보도된 사건 자체는 비교적 단순한 것이었다.
 일본의 도쿄에서 지난 3월 초 수송중이던 우편물이 도난당하는 사건이 일어났다. 그때 잃어버린 우편물에는 재일교포작가 이회성 씨가 출판사로 보내는 소설 원고가 들어있었던 모양이다. 이회성 씨라면 그의 작품의 일부가 〈다듬이질하는 여인〉이라는 제목으로 일찍이 우리나라에도 번역 소개된 적이 있는, 일본의 권위있는 문학상인 아쿠타가와상(芥川賞)을 수상한 바가 있는 중견작가이다.
 저명한 작가들을 존경하는 일본 사회 특유의 분위기도 작용하였음인지 이 도난사건은 상당히 크게 머릿기사로 보도되었다고 한다. 다른 물건도 아니고 소설의 원고가 분실되었다는 점에 일반의 흥미를 더 끄는 대목이 있었는지도 모른다. 하여튼 이 사건을 처리하는 데 우정성당국은 이회성 씨에게 백만엔의 보상금을 지불하기로 제의했다는 것이다. 그런데 일본 우편관계 법령에는 이런 경우 보상금의 최고 한도액은 일만엔으로 되어 있다고 한다. 그러니까 이회성 씨는 일반 규칙의 테두리를 훨씬 넘는 보상금을 탈 수 있게 된 셈이다. 그러나 작가는 다음과 같은 말로써 당국의 제의를 거부했다. "이것은 인간에 대한 모욕이다. 이런 경우 보편적 규정에 따르는 것이 원칙이며 특별대우는 안된다"라고ㅡ.

따지고 보면 특혜라는 것은 차별대우의 또다른 형태일 뿐이다. 이것은 매우 당연한 것이면서 보통 우리가 얼마나 자주 잊어버리고 있는 일인가? 우리는 우리 자신에게 가해지는 차별이나 학대에 대하여 분노하고 저항하기는 쉽지만, 자기에게 주어지는 특혜에 대하여는 그것이 실상 차별과 다름없는 부당한 대우라는 것을 망각하면서 살아가는 것이다. 모든 차별에 대하여 반대하려면 우선 자기에게 주어지는 특혜도 거부할 줄 알아야 한다. 적어도 이것이 상식이 될 때 비로소 사회적 이성이 살아있는 인간공동체가 가능할 것이 아닌가?

이회성 씨의 경우를 보면서 오늘날 우리사회의 상황에 생각이 미치면 거의 절망감을 느끼지 않을 수 없다. 치유하기 불가능한 단계에 도달한 이른바 기성권력 주변의 정신적 타락과 부패에 대해서는 더 말할 필요가 없지만, 이른바 지배권력에 맞서는 민주주의적·진보적 가치를 신봉하는 사람들의 행태에서도 흔히 이기심에 오염된 흔적이 노출되고 있는 것이다.

상대방의 약점은 철저히 이용하면서 자기의 약점은 온갖 논리로 변호하는 데 익숙해 있는 사람들의 마음으로는 이회성 씨의 행동은 우습게 보일지도 모른다. 실제 오늘의 풍토에서는 설혹 이회성 씨가 백만엔을 말없이 받았다 해도 그것은 아무런 흉이 되지는 않았을 것이다.

그러나 작가는 그러한 사회적 통념을 받아들이기를 단호히 거부함으로써 진리를 옹호하고자 했다.

물론 그가 재일 한국인으로서 일본 사회에서의 민족적 차별에 늘 민감하게 반응할 수밖에 없는 환경적 요인이 전혀 작용하지 않았다고 말하기 어려울지 모른다.

그러나 어떻든 그의 발언에서, 인간사회를 추하고 짐승스럽게 만들 뿐만 아니라 이제는 돌이킬 수 없는 파멸로 이끌어가고 있는 이기적 탐욕의 지배로부터 벗어나기를 열망하는 성숙한 인격이 살아숨쉬고 있음을 우리는 느끼는 것이다.

작가 이회성 씨의 인용된 발언 가운데 "이것은 인간에 대한 모욕이다"라는 구절은 특히 인상적이다. 금전적 보상이라면 모든 것의 해결이 가능하다고 믿는 것 — 그것은 바로 이 시대의 핵심적인 비극과 비인간화로 연결되는 사고체계이다. 자동차사고를 내고 생명에 훼손을 끼치고도 보험이라는 편리한 장치 뒤로 숨어버릴 수 있는 구조속에서 비인간화가 만연한다는 것은 당연한 일이 아닌가?

모든 것을 물질주의의 기준에 따라 측정하고 인간영혼의 가장 내밀한 가치조차도 상품으로서밖에 의미를 가지지 못하는 산업사회, 사람의 에너지의 거의 전부를 야비한 소득과 소비의 경쟁속에 쏟아붓도록 강요하는 이 가공할 만한 체제속에서 걷잡을 수 없이 창궐하는 것은 지극히 단세포적인 어리석은 욕망일 뿐이다.

오늘의 교육, 언론, 대중문화, 광고, 심지어 가정에서조차 인간은 단지 일회적으로 쓰고 버리는 휴지조각 이상으로 대접받지 못한다. 그러나 작가 이회성 씨가 '인간에 대한 모욕'을 운위했을 때 그것은 아무리 비참한 상황, 아무리 무거운 압력 밑에서도 결코 굴할 수 없는 고귀한 인간정신이 살아 숨쉬고 있다는 것을 말하고 싶었던 것이 아닐까? (1991년)

밥과 하늘과 사회참여

나와 같은 속인에게 특히 인상적인 것은 불가에서 밥을 공양이라고 부르는 언어습관이다. 공양이라는 말이 본래 공희(供犧) 또는 희생이라는 말과 같은 뜻이라는 사실을 주목하면, 밥을 공양이라고 하는 불가의 용어에는 실상 사람살이의 근본에 대한 투철한 의식이 작용하고 있음을 느끼지 않을 수 없다.

하나의 생명체로서 인간의 근본문제는 먹는 문제를 떠나서 생각할 수 없을 것이다. 그런데 다른 생물들과 마찬가지로 인간 역시 생존을 위해서는 불가피하게 내가 아닌 다른 생명체를 입으로 넣지 않으면 안된다. 결국 우리는 타자의 생명을 희생시키면서 나날이 살아남는다. 생명활동의 근저에는 끊임없이 먹고 먹히는 냉혹한 폭력의 과정이 되풀이되고 있는 것이다.

그러나 생각해보면 이것은 반드시 생존의 비극적 조건으로서 우리가 유감스러워해야 할 문제는 아닐 것이다. 한 생명체의 생존에 다른 생명체의 희생이 필수적이라는 이러한 자연질서는 나에 대한 타자의 일방적인 희생만을 강요하는 것은 아니다. 그 희생은 생명계 전체의 거대한 순환적인 고리의 일부를 점하는 것일 뿐이다. 타자의 희생으로 나의 생명이 유지된다면 나도 역시 타자를 위해 희생하게 되어있는 것이 자연의 질서인 것이다.

로자 룩셈부르크가 옥중에서 보낸 서신들 중에 나오는 이야기이지만, 유럽에서 철새들이 이동할 때 독수리나 매와 같은 맹금들도 그들의 최종 기착지인 나일강가에 도착하게 되면 며칠 동안이나 움직이지도 못할 만큼 기진맥진하게 되는 험난한 여행을 경험해야 한다고 한다. 그런데 몸집이 작은 방울새니 나이팅게일이니 하는 연약한 새들은 어떻게 그렇게 멀고 힘든 항로를 날아갈 수 있는가? 룩셈부르크가 감옥에서 읽었던 조류학관계 문헌에 의하면 철새들이 이동할 때면 하늘의 휴전이 성립한다고 한다. 즉 평소에는 잡아먹고 먹히는 관계에 있지만 이때가 되면 작은 새들은 몸집이 큰 맹금들의 등에 업힌 채 멀고 먼 하늘을 날아간다는 것이다. 거의 시적이라고 할 만한 이 아름다운 이야기는 우주의 근본적인 짜임새가 경탄하리 만큼 신비스러운 방식으로 빈틈없는 상호의존과 상호희생 — 다시 말하여 무한한 사랑과 자비심으로 기초지워져 있다는 사실을 암시하는 또하나의 흥미로운 예를 제공하는 것으로 보인다.

불가의 오랜 관습에서 밥을 공양이라고 부르는 것은 결국 이와 같은 생명의 상호의존적인 본원적 존재방식을 일상생활속에 끊임없이 기억하고자 하는 노력의 표현인지 모른다. 사실상 우리가 일용하는 밥이 있기 위해서는 인간 상호간의 협동적인 노동뿐만 아니라 땅과 무수한 미생물과 물과 공기와 햇빛과 무수한 별들의 도움이 있지 않으면 안된다. 한톨의 쌀과 한그릇의 밥, 이것을 위해서 이 우주 전체의 어마어마한 협동작업이 진행되고 있는 것이다. 일찍이 시인 휠덜린은 사람이 빵을 맛보는 것은 그대로 '하늘'을 기억하는 행위라고 말한 바 있지만, 따지고 보면 우리가 먹는 밥과 그것으로 인해 지속되는 우리의 삶은 본질적으로 하나의 기적이며 그것은 또 하늘로부터의 눈에 보이지 않는 선물이자 축복임이 분명하다.

오늘날 우리 시대의 근본적 비극은 모든 존재가 타자에 대하여 필수적인 존재라는 것, 상호간의 의존과 희생 없이는 처음부터 아무것도 가능하지 않다는 점에 대한 인식이 거의 철저히 죽어버린 문화속에서 우리의 삶이 영위되고 있다는 사실에 있을 것이다. 우리는 우리의 밥이 얼마나 큰 사랑과 희생의 선물인지를 기억하는 것을 거의 불가능하게 만드는 병든 문명을 인류진화의 높은 성과인 양 착각하고 있는 어리석음속에 매몰되어 있다. 오늘날 우리에게 있어서 밥은 슈퍼마켓에서 언제든 쉽게 구할 수 있는 상품의 하나이며 너무나 쉽게 먹어치우고 너무나 쉽게 버리는 소모품에 지나지 않는다.

이 시대를 지배하고 있는 것은 생명의 근본질서에 대한 겸허한 귀기울임과 응답이 아니다. 모든 것을 인간 자신의 재간과 의지로써 조작하고 만들어낼 수 있다고 생각하는 엄청난 교만과 공격적인 자기주장이 휴머니즘이라는 이름으로, 과학과 기술의 진보와 합리성의 증대라는 명분 밑에서 자행되고 있을 뿐이다. 그 결과 개인적으로 사회적으로 직면하게 된 갖가지 재난, 거의 붕괴 직전에 이른 공동체의 윤리, 생명에 대한 일상적이고 구조적인 파괴, 소외와 질병의 만연, 권력과 물건에 대한 어리석은 욕망의 멈출 줄 모르는 확장, 좌절감과 허무주의의 확산, 그리고 생태계에 대한 돌이킬 수 없는 파괴를 우리는 경험하고 있는 것이다.

최근 대승불교승가회의 조사에 의하면 오늘날 우리나라 승려 대다수가 적극적인 사회참여의 필요성을 느끼고 있다고 한다. 스님들의 사회참여의 구체적인 모습이 어떤 것인지 나는 모른다. 그러나 불가의 사회참여가 정말 문제라면, 그동안 불교단체의 일부가 보여온 금권추수주의라든지, 개인적 수행위주의 편협성이 극복되어야 한다는 식으로만 논의가 진행되는 것은 매우 피상적인 논의를 벗어나지 못할 것이다. 마찬가지로 불가의 현실참여의 구체적인 방식으로서 가령 가톨릭의 추기경처럼 종정 스님이 때때로 절실한 대사회적 발언을 해주기를 기대한다는 것도 조금 우스운 일이다. 누구나가, 모든 개인, 모든 단체들이 자기자신을 내세우고, 자기를 주장하기에 급급해 있는 이 시대에 불가의 사회참여가 또하나의 '자기주장'의 모습으로 나타난다면 그것은 참으로 쓸쓸한 일이 될 것이다. 불가의 참다운 사회참여의 구체적인 방식이 무엇이건간에 내 생각에는 그것이 정말 의미있는 것이려면, 오늘날 이 시대의 병든 삶과 병든 문명의 근저에 있는 신념체계와 욕망의 구조에 대하여 본질적으로 다른 대안적인 가치 ― 상호의존적으로 어울려 사는 삶의 창조적인 가치를 선양하는 것이 되지 않으면 안될 것이다. 그리고 그러한 선양의 노력이 진실되고 설득력있는 것이 되자면, 또하나의 공격적인 자기주장의 형식을 통해서가 아니라 불가의 오랜 가르침 그대로 스스로 남의 밥이 되고 공양이 되기를 염원하는 마음을 통해서밖에 다른 길이 있을 것인가?
(1989년)

고무신 두 켤레

 어느날 택시를 탔다가 운전사에게서 재미있는 얘기를 들었다. 그날 그는 동대구역에서 달성공원까지 가는 두 할머니를 승객으로 맞이했다. 그런데 목적지에 도착했을 때 어쩐 일인지 할머니들이 얼른 내리지 못하고 신발을 찾는 것이었다. 무슨 말인가 하면 택시에 탈 때 두 할머니는 신발을 길가에 벗어놓고 올라왔던 것이다. 당황하는 할머니들을 모시고 운전사는 왔던 길을 되돌아 동대구역으로 다시 가보았다고 한다. 그랬더니 택시 승강장에 흰 고무신 두 켤레가 나란히 놓여 있는 것이 아닌가!
 이 미소를 자아내기 충분한, 순진한 이야기는 단지 우스운 얘기거리로 지나칠 수 있는 것이 아닐 것이다. 아마 틀림없이 시골에서 모처럼 벼르고 별러서 대구라는 큰 도회지를 구경하러 기차를 타고 온 할머니들은, 대구라면 예전부터 달성공원이라는 유명한 큰 공원이 있다는 얘기를 들었으니까 우선 거기부터 가려고 사람들이 일러준 대로 난생 처음 택시라는 것을 이용해본 것이다. 그러면서 택시에 타는 순간 무심히 신발을 벗었던 것이다. 하기는 기차나 버스 같은 교통수단과는 달리 택시의 내부는 보기에 따라서 잘 정돈된 조그마한 방같은 느낌이 없다고 할 수는 없을 것이다. 사실 따지고 보면, 오늘날 일상적으로 택시나 소형 승용차를 이용하는 많은 도시인들도 잠재의식에 있어서는 할머니들의 경우와 본질적으로 다르지 않을 것이다. 실제로 이런 경험은 지금은 드문 것이 되었지만, 택시가 대중교통수단의 하나로 본격적으로 보급되기 시작하던 즈음에는 그와 비슷한 이야기들이 종종 있었던 것이다.

지금은 고인이 된 지 오래지만 생존시에 갖가지 기행(奇行)으로 유명했던 시인 김관식도 그런 사람이었다. 그는 술취한 채로 시내에서 택시를 타면 거의 반드시 구두를 잃어버리곤 했다. 그가 택시가 무엇인지 모를 리 없었겠지만, 만취되었을 때는 이성적 판단에 앞서서 그의 행동은 뿌리깊은 습관에 좌우되었던 것이다.

요컨대 습관의 문제라고 할 수 있다. 우리가 흰 고무신을 벗어놓고 택시를 탔던 할머니들의 이야기를 들으면서 단순히 재미있는 얘기거리라는 것을 넘어 어딘가 마음이 따뜻해지는 느낌을 받게 되는 것은, 할머니들의 그러한 행동속에 암시되어 있는 물건을 아끼고, 삼가고, 수줍어하면서 살아가는 사람들의 겸허한 인생태도의 편린을 순간적이나마 느낄 수 있기 때문일 것이다. 그리고 그러한 겸허한 태도는 특정한 인물들의 유별난 자질이라기보다도 그들이 그속에 살고 있었던 공동체의 문화에 의해 규정된 것이라는 점을 주목할 필요가 있다. 오늘날 우리들의 생활의 일반적인 양식이 난폭하고, 성급하며, 긴장과 적의에 가득차 있는 것이 개개인들의 인간적 자질 탓이라기보다 우리들의 생활을 규정하는 산업체제 자체의 폭력성에 근본적으로 연유하고 있는 것과 마찬가지인 것이다.

생활방식이 변하면 습관이 예전처럼 유지되기 어려운 것은 당연하다. 이제 자동차들이 엄청난 부담이 될 정도로 사람들의 일상의 한가운데 깊숙이 자리잡게 된 시점에서 할머니들의 이야기는 차라리 아련한 향수가 느껴지는 이야기로 된 것이다. 개인적인 차이는 있겠지만 결국 사람들은 새로운 사회생활의 규율에 적응해가게 마련이다. 더구나 오늘날의 삶을 지배하고 있는 산업체제의 상황은 여하한 종류의 일탈도 허용하지 않는 물샐틈 없이 조직화된 체제이다. 사람들은 그속에서 옛습관을 유지하는 것이 고통스럽다는 것을 재빨리 이해하는 것이다. 뿐만 아니라 갖가지의 새로운 문명의 이기와 물건들의 압도적인 범람속에서 사람들이 쉽게 기대는 것은 편의주의이기 쉽다. 그러나, 일상적으로 자동차를 이용하고, 아파트 생활의 편의성에 적응하며, 끊임없이 제공되는 상품과 서비스를 낭비적이라고 할 수 있을 만큼 끝없이 소비하는 생활에 젖어들면서, 사람들은 과연 행복을 느끼는 것일까?

사람살이의 기본적인 영위방식은 어떤 고매한 도덕적·철학적 가르침에 따른 윤리적 원칙에 의해서가 아니라 거의 대부분 습관에 의지한다. 습관이란 것은 한 사회공동체가 오랜 세월을 두고 지속시켜온 전체적인 생활방식, 즉 문화에 의하여 결정되는 것이다. 한국사람들이 실내로 들어갈 때는 신발을 벗고, 타인을 만나 인사를 나눌 때는 고개를 숙이고, 아기가 태어나면 대문에 금줄을 치고, 비내리는 것을 비가 오신다라고 표현하고, 쌀 한톨이라도 소중하게 여기고 한 것들이 모두 우리 전통문화를 구성하고, 거기서 규정되었던 습관들인 것이다. 그런데 이러한 습관들의 여러 항목은 결코 생활의 편의상 필요 때문에 이루어진 것만은 아니라는 사실이 강조될 필요가 있다. 반드시 한국문화에만 해당된다고는 할 수 없는 어떤 정신적 원칙이 모든 사회의 전통문화에 개입하고 있었던 것이다. 그것은 오늘날 서구의 어떤 학자들이 자본주의 이전의 전통적인 경제생활을 도덕적 경제라는 개념으로 설명할 때 그 용어속에서도 엿볼 수 있는 것으로, 여기서는 특히 경제의 측면을 강조할 때의 경우이지만, 그것은 비단 경제문제뿐만 아니라(도덕적 경제라는 것은 간단히 말해 상부상조의 윤리를 말하는 것이다) 문화 전체에 걸쳐 작용했던 것으로 믿어지는 원칙, 즉 생명을 존중하는 태도였던 것이다. 물론 일반적으로 생산력의 수준이 낮았던 점에 기인하여 절약을 강조하고, 소박한 생활의 미덕을 가르치고, 또 일종의 자발적인 민간 사회보장제도인 상부상조와 상호협동의 생활습관이 보편화되어 있었던 것이라고 설명하는 것도 가능한 일이다.

그러나 어떻게 설명하든지간에 전통문화속에서는 일찍이 횔덜린이 이야기했듯이 "빵은 대지와 햇빛의 축복의 손길이 닿아 만들어진 열매이며" 따라서 "빵을 맛볼 때 사람들은 하늘을 생각하는" 일이 가능했던 것이다. 생명의 원초적인 질서와 존재의 초월적인 차원에 대한 감각이 살아있는 문화에 대한 언급은 특히 산업혁명 후 근대시인들에 의하여 끊임없이 되풀이되었다. 그들은 그러한 살아있는 문화의 소멸에서 근대적 산업생활의 비극의 핵심을 보았던 것이다. 서구에서 시작된 산업문명이 전세계적으로 확산되고, 다양한 민족공동체들의 자율성을 파괴하고, 물질생활의 확대재생산에 대한 맹목적인 신앙이 지배적으로 되면서 세계 곳곳의 여러 민족들이 가꾸어온 생명있는 문화가치들은 크게 위축되고, 획일적인 산업체제의 논리가 패권을 차지하게 된 것이다.

더구나 한국의 상황과 같은, 식민지 지배와 근대문물을 동시에 경험하게 된 사회속에서는 근대화, 산업화는 자기자신의 전통을 기꺼이 버리고 추구해야 하는, 경의를 표해야 마땅한 진보적인 가치였다. 온갖 인간적·사회적 재해를 무릅쓰고 오로지 서구적인 것이라는 것만으로 겉치레만이라도 모방하기에 급급해왔던 과정이 현대 한국의 문화(또는 문화부재)의 기본상황이었다.

생명을 존중하고, 하늘을 의식할 줄 아는 문화가, 사람살이의 참다운 필요를 위해서가 아니라 이윤동기에 의해서 삶이 철저히 지배되는 상황에서 유지되는 것은 불가능하다. 오늘날 우리는 자식을 낳고 기르고, 가족의 임종의 자리를 마련하고, 나날의 생활의 일터와 안식처를 위해서 집을 마련하지 않는다. 비싼 값에 팔기 위하여 집을 사는 것이다. 소득을 높이기 위한 수단으로 마련한 집이 사람에게 어떤 정신적 의미를 가질 수 있을까. 우리의 영혼은 사람과 사람 사이, 사람과 자연 사이, 그리고 사람과 물건 사이의 오래고 길들여진 사귐의 과정을 통하여 풍부한 내용을 갖게 되는 것이다. 그러나 산업체제의 논리는 사람과 사람 사이의 관계를 탐욕스러운 이리떼의 관계로 만들고, 자연에 대한 인간의 태도를 공격과 착취적인 것으로 만들었으며, 인간과 물건과의 관계를 냉담한 것으로 만들어버렸다. 이런 상황에서는 아무리 많은 물건을 외면적으로 소유하고 있다 하더라도 그것들은 인간의 내면생활의 풍요에 기여하지 못한다. 그렇기는커녕 인간과 물건과의 관계가 외면적인 것에 머물 때, 물건의 증가는 인간을 점점더 빈곤하게 하고 더욱더 많은 물건에 대한 탐욕스러운 추구를 강제하는 것이다.

오늘날 인간생존 자체가 위태롭게 될 정도로 사회적 붕괴와 생태계의 파괴가 극심해진 것은 산업문명의 절도를 모르는 끊임없는 자기확대의 결과임이 분명하다. 톨스토이의 우화 〈사람은 얼마나 많은 땅이 필요한가〉에 나오는, 자기가 죽을 것도 모르고 좀더 많은 땅을 차지하기 위해서 자꾸만 더 멀리 달음질치던 욕심 많은 농부처럼, 오늘의 지배적인 문명은 목전에 파멸을 보면서도 그 자신의 생명파괴적인 논리를 멈출 줄 모르고 가속화하고 있는 것이 아닌가.

이 위기에서 빠져나올 수 있는 희망은 과연 있을까? 사람의 행동이 크게는 습관에 의해 좌우된다고 할 때, 산업문명의 반생명적인 생활방식에 이미 깊숙이 길들여져버린 수많은 사람들이 자기자신들의 생활방식에 문제가 있고, 그것을 고쳐야겠다는 것을 인정하고 기왕의 편의주의적 생활의 안이성을 포기하는 데 동의할 수 있을까? 길이 그것밖에 없다면 도리없는 것이라는 차원에서보다도, 중요한 것은 지금의 생활방식으로는 절대로 참다운 인간다운 행복도 자기실현도 가능할 수 없다는 것을 광범위하게 인식하는 것이다. 그러니까 새로운 금욕주의를 받아들인다는 의미가 아니라, 그것이 참다운 행복에 이르는 유일한 길이라는 각도에서 단순하고 소박한 생활방식을 선택하는 것이 중요한 것이다. 오늘날 서양에서 일부이기는 하지만 특히 젊은이들 가운데서 자동차의 소유를 거부하고, 냉장고를 사용하지 않고, 심지어는 특권적인 대학졸업장마저 포기하는 사람들이 나오고 있다는 것은 주목해볼 만하다. 개인의 생각으로는 자가용 자동차 하나쯤 큰 문제겠느냐고 생각하기 쉽지만 그것들이 모여서 지옥을 이루는 것이다. 도대체 사람마다 자기의 자동차를 가지는 것을 조장하는 문명이 존속될 수 있겠는가.

인류의 위대한 스승 노자의 말씀 중에 "사람답게 살고 하늘을 섬기는 데에는 아끼는 것만한 것이 없다"라는 것이 있다. 생명을 아끼고, 물건을 아끼는 태도를 일상화하는 것, 그리고 그러한 일상화를 제도적으로 가능하게 하는 사회를 향하여 나아가는 일보다 지금 더 긴급한 일은 없을 것이다. (1990년)

사라지는 제비, 어리석은 권력욕망

　지금 내가 사는 동네는 십여년 전에 우리 가족이 이 고장에 처음 와서 살게 되었을 때만 해도 아직 논밭이 있고 드문드문 농가가 있을 뿐인 매우 한적한 동네였는데, 이제는 완전히 거대한 아파트단지로 변해버렸다. 지난 십여년 사이에 이렇게 몰라볼 만큼 달라져버렸지만, 그래도 불과 삼사년 전까지만 해도 여름밤에는 아파트의 방속에서도 어디선가로부터 개구리 울음소리를 들을 수 있었고, 비탈진 언덕쪽으로 보기좋은 작은 소나무 숲이 있어서 날마다 그걸 보는 조그마한 기쁨을 누릴 수도 있었다. 그런데 여기저기 아파트와 집단주택들이 서둘러서 들어서고, 그나마도 숨통을 트이게 해주던 비어있는 땅이 거의 모두 시멘트로 뒤덮이면서 개구리 울음소리도, 새소리도 아주 들리지 않게 되었다. 소나무 숲은 무참하게 파괴되고 그 자리에는 새로운 천주교회 건물이 들어섰다.
　재작년부터 고층아파트의 팔층에 있는 우리 집 베란다에 제비들이 찾아와서 집을 짓고 살기 시작했다. 옛날 시골집에서 제비가 처마밑에 집을 짓는 일은 흔한 일이었지만, 이 살벌하기 짝이 없는 시멘트 구조물의 매끄러운 벽면에 아슬아슬하게 집을 짓고 있는 제비들을 보면서 나는 이것은 매우 심각한 일이라는 것을 느끼지 않을 수 없었다. 나는 제비들이 한번 집지을 자리를 정하면 아무리 사람이 반대하더라도 고집스럽게 그 자리를 자꾸 찾아온다는 것을 알고 있었기 때문에, 또 무엇보다도 얼마나 마땅한 집자리를 찾기가 어려웠으면 이런 고층아파트의 베란다까지 찾아왔을까 하는 딱한 생각 때문에 가족과 의논하여 그 시멘트벽에 널빤지를 하나 대어주었다. 그 덕분인지는 몰라도 제비들의 집짓는 일은 한결 수월해 보였고, 얼마 안있어 입이 한없이 큰 제비새끼들이 베란다쪽에서 짹짹거리는 소리가 들려오기 시작했다. 베란다쪽으로 창이 있는 둘째 아이의 방에서는 그 소리가 어스름 새벽부터 거의 요란한 소음으로 들릴 만했고, 새끼들에게 쉴새없이 먹을 것을 물어다주기 위해서 몇마리지 알 수 없는 제비들이 하루종일 파닥이면서 분주하게 들락거렸다. 그리고 제비집 쪽으로부터 끊임없이 떨어지는 분비물과 제비똥으로 인하여 우리 집 베란다가 아주 엉망으로 되어갔다.

  나는 이런 모양을 보면서 왜 제비들이 우리 집까지 오게 되었는가를 이해할 수 있게 되었다. 이미 우리들의 도시에는 제비들이 마음 붙이고 살 만한 흙으로 만든 집들은 거의 볼 수 없게 되었을 뿐만 아니라 설령 그런 데가 남아있다 한들 도시환경과 사람들의 인심은 제비들을 받아들일 수 없게 되었다. 지옥 같은 소음과 탁한 공기와 자동차들의 독가스에 절어있는 도시공간에 집짓고 싶은 마음이 내킬 제비도 없겠지만, 어쩌다 괜찮은 장소를 골라 자리를 잡기 시도하면 이제는 제비들에게 방해받고 싶어하지 않는 사람들로부터 박대를 당하게 되는 것이다.

  작년에도 제비들이 우리 집으로 찾아왔다. 그리고 그 제비들은 비록 시멘트벽이기는 하지만 비바람으로부터 안전한 그 베란다 천장밑에서 새끼들을 낳아 기르면서 한철을 보내고 강남으로 갔다. 우리는 제비들이 떠난 뒤 제비똥들로 범벅이 된 베란다 바닥을 치우면서, 어떻든 제비들이 우리 집을 선택해서 찾아준 것에 대해서 고마움을 느끼지 않으면 안된다는 생각을 했다.

　작년에 보도된 어떤 조사에 따르면, 경북지방에서 발견되는 제비가 십년 전에 비해서 60퍼센트나 줄어들었다고 한다. 우리들이 제비를 박대하지 않는다 해도 이미 오염될 대로 되고 황폐할 대로 된 이 땅에서 단지 먹이를 더 구하기 힘든 탓으로도 제비가 영영 찾아오지 않는 날이 곧 올 것이다. 제비뿐만이 아니다. 반딧불이도 나비도 점점 보기가 어려워져간다. 강가나 바닷가에서 독성물질로 죽어 나뒹굴어진 물고기들이나 새들의 모습을 보는 것은 이 강산에서 아주 흔한 일상사가 되어버렸다. 이런 것들을 대하면서 우리가 기껏 한다는 것은 우리 자신이나 우리 자식들의 입에 들어가는 음식이 오염되지나 않았을까 하고 신경을 곤두세우면서 이른바 무농약, 무공해 농산물에 관심을 기울이는 것이 고작인 것이다. 물고기가 떼죽음을 당하거나 등이 휘어진 고기에 대하여 관심을 갖는 것은 그런 것이 조만간 우리 자신의 운명을 예고해주는 신호일지도 모른다는 불길한 근심 때문이지 물고기 그것의 생명의 훼손을 진정으로 마음 아프게 생각하기 때문은 아닐 것이다.

　너나 없이 우리가 너무나 조그만 이기심의 노예가 되어 살고 있다는 것이 모든 비극의 원인인 듯하다. 그런데, 이러한 이기심은 우리가 만물과 형제라는 생각을 가질 수 없게 하지만, 다른 한편으로는 만물과 우리의 관계를 형제로 볼 수 없는 우리 자신의 무능력이 또한 우리의 이기심의 원인이 되고 있는 것인지도 모른다. 자연에 대한 우리의 태도는 일반적으로 지극히 공리주의적이고 그렇기 때문에 우리 자신을 자연의 일부로서 받아들이는 정신적 습관을 갖춘다는 것은 대단히 어려운 일이 되어 있지만, 내 생각에 이러한 정신적 태도가 하나의 습관이 되지 않고서는 오늘날 우리가 당면한 이 엄청난 생명파괴와 낭비와 폭력의 문화를 극복하는 것은 불가능할 것 같다.

　나는 아침에 어쩌다가 기분이 내키고 시간여유가 있을 때 동네 뒷산에 올라 산책하는 것을 즐기는 편인데, 그것은 단순히 신체의 건강에 도움이 된다는 점에서뿐만 아니다. 내가 사는 동네가 불과 몇해 전까지는 논밭이 있던 곳이라는 사실이 말해주듯이 여기는 본래 도시의 변두리지역이었던만큼 동네 뒷산에만 올라도 오래된 무덤들을 자주 볼 수 있다. 무덤들은 다양해서 어떤 것들은 봉분이 다 허물어진 것도 있지만, 어떤 것들은 으리으리한 크기에다가 값비싼 석물들로 장식되어 위압적인 느낌을 주는 것도 있다. 그런가 하면 적당한 크기의 부드러운 봉분에 아무런 장식 없이 편안한 느낌을 주는 무덤들도 간혹 보인다. 나는 오늘날 묘지문제가 우리나라의 장래를 위해서 매우 심각한 문제라는 것을 잘 알지만, 아침 산책길에서 이 오래된 무덤들을 자주 만나면서 이것이 내게는 가볍지 않은 교육이 된다는 것을 느낀다. 이 오래된 무덤들은 죽음에 대한 공포감을 불러일으키지 않으면서 사람으로 하여금 죽음과 삶의 구극적 의미에 관하여 잠시라도 생각하지 않을 수 없게 하는 것이다. 그런 의미에서 아침에 뒷산에 올라 무덤들에 마주치면서 걸어다니는 일은 어떤 형태의 조그만 명상체험에 가까운 것이라고도 할 수 있다. 우리는 호사스러운 무덤을 보면서 분개할 수도 있지만, 잠시 후 마주치게 되는 아주 소박한 무덤에서 정답고 편안한 느낌을 받으면서, 그 호사스러운 무덤의 주인과 자손들의 욕망의 어리석음에 차라리 안타까운 동정도 느낄 수 있는 것이다.

그러나 유감스럽게도 이렇게 모처럼 너그러워진 마음도 오래가지는 못한다. 계속하여 산길을 걷다 보면 십중팔구 크게 마음이 상하는 광경에 마주치지 않을 수 없기 때문이다. 그것은 아침 산책을 나온 사람들이 여기저기서 나무나 나뭇가지들을 치고 밟고 때리는 모습들이다. 아마 그런 짓들을 무슨 운동으로 하는 모양인데, 이런 광경 앞에서 나는 나도 모르게 아득한 절망을 느낀다. 아침 일찍이 산에 오른 사람들이라면 무엇인가 마음에 다른 느낌이 있을 것인데, 기껏 한다는 것이 나무를 못살게 하면서 자기들의 근육의 힘을 기르겠다는 것이다. 권력과 소유에 대한 지칠 줄 모르는 탐욕으로 일관된 우리의 오늘날의 지배적인 삶의 관행이 아침부터 이 동네 뒷산에서 고스란히 실연되고 있는 것이다.

우리는 오늘날 산업기술문명의 진로에 근본적인 수정이 가해지지 않으면 머지않아 커다란 파국이 닥치리라는 것을 알고 있다. 오늘날 산업문명을 움직이는 기술은 본질적으로 파괴와 폭력과 소외에 봉사하는 기술인 것이다. 그러나 따지고 보면, 가장 근본적인 문제는 기술 그 자체가 아니라 그러한 폭력적인 기술의 바탕에 들어있는 인간 자신의 교만성이다. 이 교만성은 인간 자신이 이 세계를 창조한 존재가 아니라는 것을 망각하고, 따라서 자연의 순리가 아니라 인간 본위의 절제없는 욕망이 삶의 기본적인 척도로서 활개치는 세상을 만들어낸 것이다. 권력과 물건에 대한 이 끝없는 탐욕으로 인하여 우리들의 생활공간은 이미 지옥으로 변한 것이 아닌가? 이 지옥에서 벗어나기 위해서 이제 우리는 우리들 자신 속에 구조화된 이러한 욕망 — 남들보다 많이 가지고, 남들보다 앞서고, 남들을 지배하겠다는 권력욕망이야말로 오늘의 모든 비극의 진정한 원인임을 철저히 깨닫지 않으면 안된다.

오랜 옛날부터 인류의 스승들이 늘상 힘주어 얘기해온 것은 사람이 사람답게 살려면 교만해서는 안된다는 것이었다. 이것은 사람과 사람 사이의 관계에서만 이야기되는 것은 아니고, 인간생존의 토대인 이 자연과 모든 목숨붙이들에 대한 사람의 기본적 태도를 가르치는 말일 것이다. 인간은 자연의 정복자가 아니라 자연의 일부이며, 창조된 대로의 자연이 보존되지 않는 한 인간 자신의 미래도 없다는 사실이 지금은 그 어느 때보다도 뼈저리게 자각되지 않으면 안되는 상황이 아닌가?

제비가 사라지고, 반딧불이가 보이지 않는 것은 사태가 심히 급박함을 알리는 징후이다. 제비가 다시 돌아오기 위해서 무엇보다 필요한 것은 어떠한 기술이나 자본이 아니다. 정말 필요한 것은 겸손과 가난의 삶을 스스로 선택할 줄 아는 우리 자신의 정신적인 능력임이 분명하다. 그리고 그러한 능력을 우리는 일찍이 가장 순수한 형태로 생명에의 외경을 몸소 실천하고 그것을 인류에게 가르친 아씨시의 성인 프란치스코의 감동적인 생애의 이야기를 통해 배워야 한다. 우리의 구원은 결국 이 이야기를 우리가 어떤 자세로 받아들이느냐에 달려있다고 할 수 있다. (1992년)

생태적 건강회복이 선결문제

 온 세계의 바다에 사는 거의 모든 종류의 물고기들에서 종양이 발견되고 있다고 한다. 그런데 웬일인지 상어가 다른 물고기들에 비하여 종양 발생률이 현저하게 낮다는 것이 알려졌다. 이것을 궁금하게 생각한 몇몇 과학자들을 중심으로 미국의 어떤 연구실에서는 상어의 몸속에 항암물질이 있을지도 모른다는 가설을 입증하려는 조사가 진행중이라고 한다. 과학자들의 생각으로는 아마도 상어의 간에 포함되어 있는 스쿠알렌이라는 물질과 상어의 항암능력 사이에 깊은 관련이 있을 것 같다는 것이다.
 이것은 수년 전 외국의 과학잡지에서 읽은 내용인데, 지난 몇년 사이에 우리나라 일본 같은 곳에서 스쿠알렌이라는 건강식품이 크게 유행하는 것을 보면서 나는 일반대중의 경험과 지식은 과학자들의 연구실보다 언제나 훨씬 앞지르고 있다는 것을 다시 한번 생각해보았다. 오늘날 현대의료기관의 전문가들이 스쿠알렌과 같은 건강식품에 대하여 갖고 있는 태도가 어떤 것이든간에 이러한 건강식품이 여전히 인기를 누리고 있다는 것은 사실이고, 그렇다는 것은 실제적으로 이런 종류의 건강식품의 효험을 경험한 사람들이 적지않기 때문일 것이다. 물론 기승을 부리는 상업적 전략과 광고의 영향을 배제할 수는 없다. 그러나 상어의 몸에서 스쿠알렌이라고 일컬어지는 특이한 생체활성물질이 과학적으로 확인되기 훨씬 이전에 전통적으로 상어의 간유가 몸에 좋다는 민속적 지혜가 존재하고 있었던만큼, 현대의학의 분석적 논리로 이것을 부정해보았자 그다지 설득력이 있지는 않을 것이다.

그러나 여기서 정말 생각해야 할 문제는 상어간의 기름이 의학적으로 증명될 수 있는 효과가 있느냐 없느냐 하는 것이 아니다. 우리가 주목해야 할 것은 오늘날 모든 물고기들도 암에 걸릴 정도로까지 진행되어 있는 생태적 오염과 파손의 문제이다. 우리는 한강이나 낙동강에서 등이 휘어진 물고기들을 수도 없이 보아왔다. 그러면서도 이것을 어느새 무심하게 지나쳐버리고 있다. 우리가 날마다 먹는 농작물이 기계와 화학물질에 크게 의존하는 이른바 현대적 농법의 결과로 엄청나게 오염되어 있다는 것을 모르는 사람은 거의 없을 것이다. 우리가 생명을 유지하기 위해서 잠시라도 없어서는 안될 공기가 거의 숨쉬기도 어려울 정도로 더럽혀지고, 우리가 마시는 물이 날이 갈수록 유독성물질에 의해 오염되고 있다는 것도 우리는 알고 있다. 그러면서 우리는 무엇을 하고 있는가?

우리들 대부분이 이런 상황에서 기껏 하고 있는 일이란 예를 들어 스쿠알렌 같은 특이물질을 열심히 찾아나서는 것이 아닌가? 오늘날 새로운 의료기관이 끊임없이 생겨나고, 전통의학의 재발견이라는 명분 밑에서 온갖 비공식적 건강지식과 기술이 보급되고, 건강식품산업이 번창하고 있다는 사실이 의미하는 것은 궁극적으로 환경파괴 및 오염이라는 치명적인 상황속에서 각자가 살아남으려는 자구적인 노력의 표현이라고 할 수 있다. 그러나 문제는 이러한 생존을 위한 노력들이 너무나 지나치게 개인주의적이고, 시장경제논리의 틀속에서 이루어지고 있다는 사실이다. 예를 들어 스쿠알렌의 항암효과가 실제로 증명된다고 하더라도 우리는 세계의 바다에서 '인간의 필요'를 위해서 잡아들일 수 있는 상어가 어차피 제한된 수량일 수밖에 없으며, 따라서 기성의 사회체제와 시장논리의 지배속에서 스쿠알렌과 같은 물질은 특권적으로만 이용될 수밖에 없다는 것을 인식해야 한다. 모든 사람이 고르게 누릴 수 없는 물건과 기술과 지식의 독과점적 향유는 본질적으로 죄악이라는 것을 우리는 생각할 필요가 있다. 오늘날 인류의 계속적인 존속 가능성을 극히 불투명하게 만들고 있는 환경파괴와 생태적 위기의 근본적인 원인은 궁극적으로 사람이 자기의 이웃과 공동체와 자연계의 일부로서 조화와 균형을 유지하는 데 이바지하지 않고, 오히려 배타적으로 이기적인 욕망을 추구하려 해온 데 있는 것이다.

스쿠알렌의 항암효과에 마음을 뺏길 것이 아니라 우리가 진정으로 인간다운 책임을 느끼는 사람이라면 우리는 모든 바다의 물고기들이 암에 걸려가고 있다는 사실에 마음이 아파야 한다. 제아무리 상어간유가 좋다 한들 모든 생물이 죽어가고, 지구생물권 자체가 붕괴되어가고 있는 판국에 내 몸뚱아리 혼자 살아남아 본들 무엇하겠는가? 실제로, 생태계가 파손되면 어느 누구의 육체라도 살아남을 수는 없는 것이 아닌가?

언젠가 간디는 "당신은 어째서 딴 사람들을 위해서 자기희생을 하는가?"라는 질문을 받은 적이 있다. 이 물음에 대하여 간디는 대답하기를, 자기희생이라니? 나는 오직 나를 위해서 일할 뿐이다 — 라고 말하였다. 따져보면, 간디의 말은 조금도 과장이 아니라고 할 수 있다. '나'라는 것은 도대체 무엇인가? 우리가 오늘날 영위하는 산업적 경쟁논리의 문화는 우리가 '나'라는 개념에 대한 정당한 인식을 갖지 못하도록 끊임없이 방해하지만, 우리가 가만히 생각해볼 때 '나'라고 하는 것은 결코 내 몸뚱아리를 경계로 하여 국한될 수 있는 어떤 실체가 아니라는 것이 분명해진다. 나는 내 가족과 내 이웃이 없으면 존재할 수 없고, 내가 그 일부로서 참여하고 있는 인간공동체는 말할 것도 없고, 지구생물권, 나아가서는 광대한 우주 자체의 운행 없이는 '나'의 존재는 불가능한 것이다. 일찍이 동학의 두번째 지도자 해월 최시형 선생은 이천식천(以天食天)이라는 표현으로써 이러한 진리를 말하였다. 우리가 먹는 것이 전부 한울님이 아닌 것이 없다는 것이다.

우리가 건강을 유지할 수 있는 유일한 조건은 우리의 사회 및 생명공동체 전체가 건강을 유지해야 한다는 것이다. 개인적인 보신책이 전적으로 무의미한 것은 아니겠지만, 딴 사람, 다른 생물, 하늘과 땅이 어떻게 되든 나만 좋으면 그만이고, 스쿠알렌이나 그 비슷한 것을 열심히 복용하면 된다고 생각하는 어리석음에 빠져 있는 한 우리의 생존의 바탕은 무서운 속도로 허물어질 뿐인 것이다. (1992년)

왜 《녹색평론》을 시작하였는가

《녹색평론》이라는 격월간 잡지를 내놓기 시작한 지 어느새 4년이 지났다. 세상물정도 모르고 평생 학교에서만 살아온 꽁생원이 시내에 사무실을 빌려 몇몇 젊은이들과 함께 난생 처음으로 잡지를 만들어내기 시작하면서도 나는 왜 내가 이런 일을 해야 하는지 스스로 명쾌하게 설명할 수 없었다. 내가 특별히 에콜로지문제에 식견이 있는 것도 아니고, 남다른 체험이 있는 것도 아니었다. 잡지창간 이후에, 문학전공자가 어떻게 '환경문제'에 관심을 갖게 되었느냐는 질문을 자주 받았다. 그 질문 앞에서 나는 적어도 환경분야에 관한 한 무자격자임을 절감하면서, 굳이 《녹색평론》은 환경잡지가 아니라고 강조하면서, 이것은 나로서는 또다른 형태의 인문적인 노력이라고 답변했다. 물론 이것은 전혀 틀린 대답은 아니겠지만 오늘날 사회적으로 시급한 대책을 요구하는 '환경문제'에 대한 대응으로는 터무니없이 부족한 《녹색평론》의 처지를 궁색하게 인정하는 셈이었다. 그러나 '환경문제'를 다루기에 적합한 능력과 식견이 없으면서도, 그리고 학교 연구실에서 계속해야 할 일이 산적해 있으면서도, 거의 강박적으로 내가 이 일에 붙들리게 된 것은 근원이 불확실한 충동 때문이었다.

지금 체코 대통령이자 극작가인 바츨라프 하벨은 어떤 글에서 시골에서 학교엘 다니던 소년시절에 겪은 중요한 경험을 회고한 바 있다. 늘 들판을 가로질러 걸어서 학교에 다녀야 했던 소년시절의 어느날, 아마 전시에 급조된 것임에 분명한 큰 공장의 높은 굴뚝에서 시커먼 연기를 내뿜는 모습을 처음 보는 순간 그는 형언키 어려운 깊은 두려움을 느꼈다고 한다. 그 두려움은 인간이 '하늘'을 더럽히는 불경(不敬)을 저지르고 있다는 느낌에서 나오는 것이었다.

인간성이 유지되고 있는 한 소년 하벨이 지니고 있었던 생태적 감수성은 사람 누구에게나 깊이 내재하는 보편적인 본능인지도 모른다. 문제는 오늘날 산업문화의 압력 밑에서 이러한 감수성이 자연스럽게 표현되는 것은 매우 어렵게 되었고, 그 결과 우리는 자연의 엄연한 일부로서의 인간의 생존방식에 대한 근본적인 성찰을 결여한 채 다만 경제논리에 매달려버렸다는 사실이다.

반드시 하벨의 소년시절의 경험과 같은 것이라고는 할 수 없겠지만, 내가 《녹색평론》을 구상하게 된 데에는 그 비슷한 계기가 있었던 게 아닌가 싶다. 91년 늦가을에 잡지의 창간호가 나왔는데, 그해에 유명한 낙동강 페놀방류사건이 있었다. 지금은 오히려 이런 문제에 사람들이 둔해져버렸지만, 그때만 해도 이것은 굉장한 환경사고로 인식되었다. 그래서였는지 《녹색평론》에 호의를 보여준 몇몇 신문기자들도 이 잡지가 페놀사건에 충격을 받아 나온 국내 최초의 환경잡지라고 소개하였다. 그러나 페놀사건이 물론 중요한 것은 틀림없지만, 실은 그것보다 내게는 더욱 심각한 사건이 그해 초여름에 이 나라의 농촌 여러 곳에서 빈발하였다. 겨우내 자라서 수확을 앞둔 보리를 거두지 않고 농민들 자신이 밭째로 불태워버린 일이 일어난 것이다.

지난 수십년 동안 이 나라에서 사회적 약자와 자연을 끊임없이 망가뜨리면서 이룩해온 경제개발의 유일한 합법적 근거는 가난으로부터의 해방이라는 논리였다. 그리고 대부분의 한국사람들에게 '가난'이라면 곧 보릿고개를 뜻하였다. 그런데 이제 우리는 다 자란 보리밭을 통째로 불태워버리는 것이 좀더 합리적인 행위가 될 수밖에 없는 상황에 도달한 것이다. 건전한 인간이성으로는 도저히 받아들일 수 없는 이런 미친 일이 실제로 벌어지는 것을 보면서 많은 사람들은 절망을 느꼈을 것이다. 그 절망은 아마 우리의 삶이 철저한 불경(不敬)에 기초해 있음을 똑똑히 목도한 데서 오는 것이었을 것이다.

이것은 보리를 태운 농민 개인의 문제가 아니라 오늘의 산업문화 전체의 본질적 문제이다. 인간성의 소멸을 대가로 하는 경제성장이니 '진보'니 하는 것이 도대체 무엇이란 말인가? 그해 초여름 이후 나는 내내 이러한 물음으로부터 헤어나지 못했다.

민주회복이 무엇보다 핵심적인 과제였던 시대가 우여곡절 끝에 서서히 물러나면서 지금까지의 정치적 투쟁보다도 훨씬 더 근원적인 투쟁 — 생명과 인간성을 수호하기 위한 투쟁의 필요성이 절박하게 다가오고 있었다. 이미 늦어버린 싸움인지도 모르지만, 이것은 포기할 수 없는 싸움이었다. 우리 자신과 우리의 아이들의 삶터가 걷잡을 수 없이 허물어지고 있는 것을 가만히 보고 있을 수는 없는 일이 아닌가? 그리고, 무엇보다도 우리의 모든 에너지와 열정을 야만적인 소득의 경쟁에 쏟아붓도록 강요하는 산업체제의 논리에 순응한다는 것은 자존심있는 인간이라면 도저히 받아들일 수 없는 것이 아닌가?

나는《녹색평론》이 산업경제의 논리를 극복하는 데 크게 기여할 수 있다고 믿지 않는다. 그러나 아직도 구태의연한 성장경제와 경쟁의 이데올로기에 거의 완전히 지배되어 있는 이 나라의 주류언론, 교육, 문화체제 속에서 갈수록 절망과 소외를 느끼는 사람들에게《녹색평론》이 작은 위안이라도 되었으면 하는 마음에서 이 잡지를 시작하였고, 아직 여기에 붙들려 헤어나지 못하고 있다. (1995년)

간디의 물레
에콜로지와 문화에 관한 에세이

초판 제1쇄 1999년 7월 10일 발행
개정판 제1쇄 2010년 6월 11일 발행
　　　 제8쇄 2022년 3월 11일 발행

저자　김종철
발행처　녹색평론사

주소　서울시 종로구 돈화문로 94 동원빌딩 501호
전화　02-738-0663, 0666
팩스　02-737-6168
웹사이트　www.greenreview.co.kr
이메일　editor@greenreview.co.kr
출판등록　1991년 9월 17일 제6-36호
ISBN　978-89-90274-54-0 03800

* 이 책 내용의 일부 또는 전부를 재사용하려면
저작권자와 녹색평론사의 동의를 받아야 합니다.

* 책값은 뒤표지에 표시되어 있습니다.